KB039357

Natural Resources and Constitution

천연자원과 헌법

전종익

박영사

머리말

이 책은 그간 헌법 제120조 제1항 천연자원 조항에 관하여 발표한 논문들을 모아 단행본으로 구성한 것이다. 천연자원 조항은 1948년 헌법에 규정된 이래 1954년 일부가 개정된 것을 제외하면 현행 헌법에 이르기까지 변함없이 존재하여 왔다. 그럼에도 불구하고 이를 대상으로 한 연구는 찾아보기 어렵다. 헌법학자나 실무계, 정책담당자 누구도 관심을 가지지 않아 거의 '잊혀진 조문'이라 할 수 있을 정도이고, 사실 개인적으로도 연구를 시작하기 전까지는 이러한 규정이 존재하는지조차 인식하지 못하였음을 고백하지 않을 수 없다.

이와 같이 헌법학의 주요 연구 대상이 아니었고 개인적으로도 크게 관심이 없었던 천연자원 조항에 대한 연구는 2009년 우연한 계기로 시작되었다. 서울대학교 법학연구소 법의 지배 센터는 매년 '법의 지배' 연구시리즈로서 단행본을 발간해 오던 중 2009년의 주제로 '기후변화와 법의 지배'를 선정하였다. 당시 이 기획의 책임자였던 조홍식 교수님의 권유에 따라 연구에 참여하였다. 이때 맡은 과제가 '탄소배출권의 헌법적 성격'을 규명하는 것이었다. 그러나 환경법이나 기후변화에 대하여 사전 공부가 미흡했던 상황에서 위 과제에 대한 연구는 기본방향을 잡는 것부터 쉽지 않았다. 함께 참여한 분들의 도움을 받아 재산권이나 직업의 자유 등 이미 확립되어 있는 기본권 이론을 탄소배출권 제도에 적용하여 설명하는 것으로 연구를 수행하려 하였으나 이것만으로는 큰 성과를 기대하기 어려웠다. 근본적인 문제 해결을 위해서는 대기 등 천연자원에 대한 기본적인 헌법원칙을 찾아내야 하였고 이를 모색하던 중 헌법 제120조 제1항이 비로소 눈에 들어왔다. 대기가 위 조항의 '경제적으로 이용할 수 있는 자연력'에 해당한다면 그에 대한 이용권인 탄소배출권을 설정하기 위해서는 국가의 '특허'를 받아야 한다. 따라서 탄소배출권의 헌법적 성격도 위 조항의 해석에 따라 달라질 수밖에 없다. 그러나 그때까지 국가로부터 특허를 받는다는 의미가 무엇인지, 그 대상이 되는 자원이나 자연력에는 어떠한 것들이 포함되어 있는지, 그와 관련된 법적 관계는 어떻게 설명될 수 있는지 등 아무것도 규명된 것이 없었다. 기후변화 프로젝트는 기한이 정해진 것이었으므로 위 연구과제는 이미 정한 방향대로 수행할 수밖에 없었다. 다만 말미에 이후의 연구과제로 헌법 제120조 제1항의 해석이 필요하다는 언급을 하는 것으로 마무리하였다.[1)]

이어서 바로 천연자원 조항의 해석을 시도하였다. 그러나 논문이나 교과서 등 관련 문헌에서 현행 헌법의 위 규정에 대한 의미 있는 해석은 찾아보기 어려웠고, 1987년 헌법개정 시에도 별다른 논의 없이 이전의 조항이 그대로 존속하였으므로 해석의 단서가 될 만한 것들을 찾을 수 없었다. 또한 몇몇 외국의 헌법규정들을 찾아보았으나 유사한 규정조차 발견하지 못하였다. 다음 단계로 위 조항이 헌법에 규정된 연혁을 살펴보았다. 문헌들을 최근부터 시대 순으로 거슬러 올라가면서 해석의 근거가 될 것들을 찾아보던 중 이상한 점이 눈에 띄었다. 현행 헌법 제120조 제1항은 1948년 헌법 제85조가 1954년 개정되면서 '국유'와 '공공필요' 등이 삭제되면서 형성된 것이다. 이와 같이 문언에서 '국유'가 삭제되었다면 개정된 조항은 천연자원을 더 이상 국유가 아닌 것으로 보고 있다고 해석하는 것이 일반적이다. 그럼에도 불구하고 1954년 헌법개정을 전후하여 이에 대한 해석이 전혀 달라지지 않았다. 많은 헌법문헌들이 개정 이후에도 여전히 천연

1) 이 연구는 전종익, 「탄소배출권의 헌법적 성격과 거래제도」, 『법조』 제59권 제5호, 2010으로 출간되었고 이후 조홍식 등 편저, 『기후변화와 법의 지배』, 박영사, 2010에 포함되었다.

자원을 '국유'라고 설명하고 있었던 것이다.

1948년 헌법상의 천연자원 국유화 조항도 쉽사리 이해가 되지 않았다. 1948년 헌법 제85조 천연자원 국유화 조항은 제87조의 주요 산업 국영 또는 공영 조항과 짝을 이루는 것이다. 이러한 '국유화'는 사회주의의 영향에 의한 것으로 볼 수 있다. 그러나 해방 후 정부수립과 헌법제정과정을 보면 공산당, 남로당 등 좌익들은 헌법제정에 직접적으로 관여하지 않았고, 1948년 헌법은 남한단독정부의 설립에 참여한 우익들이 중심이 되어 제정되었다. 따라서 이들 국유화 규정들은 당시 정부와 국회를 구성하는 주요 세력들의 정치적 성격과 서로 일치하지 않는 것이었다.

한편 유진오가 1948년 헌법제정 시 참고한 여러 문헌들 중 우리 천연자원 조항의 원형에 해당하는 규정은 1936년 중화민국헌법초안 이른바 오오헌초(五五憲草)에서 찾을 수 있었다. 이는 1946년 중화민국헌법으로 이어져 그대로 규정되었다. 중화민국 역시 공산당과의 대립속에 국민당에 의하여 수립된 점에 비추어 보면 사회주의의 영향에 의한 것으로 보이는 천연자원 국유화가 헌법에 규정된 것 역시 마찬가지로 쉽게 납득이 되지 않았다. 이들에게 국유화 규정은 어떤 의미였을까? 왜 헌법제정과정에서 사회주의적 성격을 가지는 이들 규정을 제외하지 않은 것일까? 이러한 의문은 우리와 마찬가지로 제기될 수 있었다.

위와 같은 문제들을 풀어 가기 위해서 조문이 형성되고 변화해 온 길을 추적하면서 그때마다 제정과 개정을 행한 사람들의 의도와 함께 배경이 된 사회경제적 상황을 살펴보았다. 이러한 과정에서 찾아낸 작성자의 의도와 조항의 규정배경은 현행 천연자원 규정의 해석을 위한 실마리가 되었다. 물론 헌법조문이 가지는 의미가 이를 작성한 사람들의 의도에 따라서만 정해지는 것은 아니다. 천연자원의 귀속과 법률관계와 관련된 보편적인 법리들이 존재한다면 이 역시 고려되어야 하며, 헌법상의 경제에 대한 많은 헌법규정들과의 조화는 물론 재산권이나 환경권 등 다른 기본권 규정들과의 논리적 정합성에 따라 의미를 밝혀 나가는 것도 필요하다.

이와 같이 천연자원 규정을 해석하기 위한 작업과제들의 윤곽을 어렴풋하게나마 그려 본 것이 2010년 겨울이었다. 당시에는 이를 모두 정리하여 한 번에 완성된 논문으로 작성하는 것이 가능할 것 같았고 이듬해 봄에 있을 법사학회 춘계정기학술대회에 발표를 신청하였다. 그러나 이제야 생각해 보면 이 얼마나 말도 안 되는 것이었는지...... 결국 이날은 중국의 천연자원 규정 도입에 관한 근대헌정사 부분만 정리하여 발표하였다. 이후 생각한 과제들을 하나하나 해결하기 위한 논문들을 작성해 나갔고, 이들은 다음과 같이 이 책의 각장을 구성하고 있다.

제1장: 「중국근대헌법과 천연자원 규정의 도입」, 『법사학연구』 제44호, 2011.
제2장: 「독립운동시기 천연자원과 주요산업 국유화 원칙의 도입」, 『공법연구』 제41집 제1호, 2012.
제3장: 「1948년 헌법 천연자원 및 주요산업 국유화 규정의 형성」, 『서울대학교 법학』 제54권 제2호, 2013.
제4장: 「1954년 헌법 천연자원 및 중요기업 국유화 규정 개정의 의미」, 『헌법학연구』 제24권 제3호, 2018.
제5장: 「헌법 제120조 제1항 천연자원 규정의 해석」, 『서울대학교 법학』 제61권 제2호, 2020.

이 책의 각 장은 역사적 순서에 따라 구성되었다. 제1장에서는 중국근대헌정사를 살펴보면서 천연자원 규정의 형성과정을 추적해 보았다. 천연자원의 국유가 본격적으로 도입되어 규정되기 시작한 것은 국공합작 시기이다. 당시 중국 국민당은 소련 및 중국공산당의 많은 영향을 받아 주요한 경제정책들을 수립하였다. 천연자원 국유는 이 과정에서 국민당의 경제 정책의 하나로 채택되었다. 이는 국공합작이 결렬된 이후에도 계속 이어져 결국 중화민국 헌법에 규정되기에 이른다. 손문사후 국민당이 공산당과 결렬하고 심지어 국공내전까지 벌인 상황에서 사회주의의 영향에 의한 천연자원 국유화 조항이 중화민국헌법에 포함된 것은 모순으로 보일 수도 있다. 그러나 이 정책은 무엇보다 손문의 민생주의와 건국대강에 포함되어 중화민국 헌법제정시 제일 우선으로 고려되어야 하는 대상이 되었다. 또한 중국의 전통법제에 의하면 삼림 등 천연자원은 전 인민에게 사용되어야 하는 것으로 인식되어 왔다. 따라서 중화민국의 헌법제정 시 천연자원 국유화에 대하여 사회주의적이라는 이유로 거부감을 가질 이유는 없었다.

제2장에서는 해방 이후 헌법제정을 살펴보기 위한 전사(前史)로서 일제 식민지 시기 천연자원과 그 개발 및 운용에 대한 독립운동세력들의 입장이 어떤 형태로 생성되고 존재하였는가를 살펴보았다. 해방 후 헌법제정시기까지 관련 정당·사회단체들이 가졌던 입장들이 짧은 기간 동안 급조된 것으로 보는 것은 적절하지 않다. 해방 후 남한에서 활동하였던 주요 정치세력들이 어떻게 하여 그와 같은 입장으로 정리되었는지를 규명하기 위해서는 그 이전의 활동과 입장들을 살펴보아야 한다. 3·1운동 이후 상해에 대한민국임시정부가 수립되었으나 이념과 노선의 차이로 독립운동세력 사이에 분열과 갈등은 계속되었다. 반면 모두가 단합하여 하나의 독립운동 대열에 합류하여야 한다는 대원칙 아래 연합을 모색하는 움직임 역시 계속되었다. 연합을 위해 공통적으로 동의할 수 있는 원칙들을 만들어 가는 과정에서 좌우의 이념과 노선간의 상호이해와 융합이 이루어졌다. 그 결과 독립된 새로운 국가를 건설할 때를 대비하여 준비한 각 분야의 정책방향들에서 일정하게 공통적인 조목들이 등장하였다. 특히 경제정책과

관련하여 각종 천연자원과 주요 산업의 국유 또는 국영 원칙은 일찍부터 독립국가의 주요 정책방향으로 자리매김되었다. 독립 후 모두가 어려움 없이 잘 살 수 있는 보다 평등한 세상을 꿈꾸었던 이들은 이러한 소망을 실현하기 위한 방법으로 각종 생산수단의 국유화를 채택하는 것에 이견이 없었다. 천연자원 국유화가 특히 지하자원이나 임야 및 수면에 대하여 국유 또는 공유의 원칙을 유지하였던 조선의 전통법제와 부합하는 점도 배경이 되었다.

제3장에서는 해방 후 헌법제정시기까지 관련 정당, 사회단체의 천연자원 및 주요산업과 관련된 정책적 입장들을 확인하고 헌법제정과정에서 그러한 입장들이 구체적으로 어떻게 반영되었는지를 검토하였다. 해방 후의 경제적 혼란과 사회적 대립으로 말미암아 당시 좌우를 불문하고 하루빨리 자원과 생산시설들을 총동원하여 전체 국민을 위한 경제건설을 실현해야 할 필요성을 절실하게 인식하고 있었다. 게다가 대부분의 천연자원과 주요기업이 적산으로서 미군정에게 귀속되어 있었고, 조선인 자본가들은 친일의 굴레를 벗어나기 어려웠던 점에서 이들의 사적인 소유를 인정하는 것은 당시 용납되기 어려웠다. 이러한 사정에 따라 독립운동시기부터 중국 내 독립운동 단체들을 중심으로 정립되었던 천연자원과 주요산업의 국유 또는 국영의 원칙은 해방 후에도 이어져 좌우를 불문하고 주요 정당, 사회단체들은 이에 동의하고 있었다. 이러한 정책적 입장은 우익들이 중심이 되어 제정된 1948년 헌법에 천연자원과 주요기업 국유화 조항으로 구체화되었다.

제4장에서는 1954년에 이루어진 헌법의 개정과정을 살펴보았다. 1954년 헌법상 경제규정의 개정은 미국의 공적 원조를 대신할 미국기업의 사적인 투자를 촉진하기 위한 목적으로 이루어졌다. 한국전쟁 후 미국은 재정균형을 위하여 대한원조를 감축하고 감축된 금액을 민간자본의 투자를 통해 보충하려 하였다. 이에 따라 미국 정부는 한국

에게 미국 민간자본의 한국투자를 활성화할 수 있는 방향으로 각종 법제도를 정비할 것을 요구하였고 여기에는 관련된 헌법규정의 개정이 포함되어 있었다. 경제질서의 근본적인 변경이 아닌 미국 자본의 투자를 유치하기 위한 개정이었으므로 헌법 제84조 경제의 원칙 규정이나 제18조의 근로자 이익균점권 규정은 개정에 포함되지 않았고, 제85조 천연자원 국유화 조항등 민간자본의 공익사업 투자와 관련된 4개 조항만이 개정되었다. 이번 개정으로 1948년 헌법 제85조에서 '천연자원 국유화'와 채취, 개발 또는 이용의 특허에 '공공필요' 부분이 삭제되었다. 그러나 이러한 자구의 변경이 천연자원에 대한 기본적인 법리의 변화를 위한 것은 아니었다.

제5장에서는 본격적으로 천연자원 조항의 의미를 밝혀 보았다. 제4장까지의 연구를 통해 파악한 헌법제정 및 개정권자의 의도를 바탕으로 하면서도 나아가 천연자원의 귀속과 관련된 보다 보편적인 의미를 찾아보려고 노력하였다. 천연자원을 국유로 규정한 것은 이를 공동체 전체에 귀속시켜 그 존속과 번영을 위해 사용하기 위한 의도에서 이루어진 것이다. 이는 또한 기본적으로 서구법 전통에서 찾을 수 있는 바와 같이 배타적 지배가능성 및 경합성 등이 인정되지 않는 천연자원 고유의 성질에 의하여도 설명된다. 이에 따라 결론적으로 헌법 제120조 제1항을 천연자원이 국유로서 공동체 전체에 귀속되어 있음을 규정한 것으로 해석하고 이를 바탕으로 광업권 등 관련 법제에 대한 새로운 시각을 제시하였다.

처음 천연자원 조항에 대한 연구를 구상하여 시작한 것이 2009년이고 마지막 해석론을 완성한 것이 2020년 봄이니 시작부터 10년이 넘는 시간이 흘렀다. 그간 이 주제에만 집중할 수 없었던 여러 가지 사정들이 있었다고는 하나 학자로서의 게으름을 반성하지 않을 수 없다. 책 출간을 위해 이전에 썼던 논문들을 읽다 보니 참으로 많은 부분에서 부족한 점을 발견할 수 있었다. 책의 완성도를 높이기 위해 대폭 수정하여 보완할까도 생각하였으나 결국 어색한 문장을 다듬고 부족한 부분들을 일부 보완·수정하는 데 그쳤다. 논문 발표 당시의 문제의식과 맥락을 그대로 살리는 것이 글의 이해에 중요한 점도 근거가 되었으나 무엇보다 그간의 작업속도에 비추어 보면 큰 틀의 수정은 새로이 몇년이 걸릴 수도 있다는 생각에 단행본 출간을 서두르는 것으로 방향을 잡았다. 그 덕에 이 책의 각장은 완결된 논문의 모습을 그대로 유지하고 있으므로 전체를 통독하지 않고 독립적으로 읽어도 여전히 무방하도록 되어 있다.

많이 부족한 글들을 묶어 단행본으로 출간하는 것에 의미가 있는지 망설임이 크다. 게다가 발표된 논문들은 모두 온라인에서 간편하게 검색하여 살펴볼 수 있으니 종이만 낭비하는 것은 아닌지 걱정도 된다. 그럼에도 불구하고 무척이나 중요한 의미를 가지는 천연자원 조항이 지금까지 잊혀져 있었던 아쉬움에 조금이라도 더 많은 사람들이 관심을 가질 수 있기를 바라는 마음에 용기를 내어 책을 출간하기로 하였다. 또한 개별 헌법조항의 형성과정을 역사적으로 추적하고 이를 바탕으로 해석론을 펼친 지금까지의 연구를 독자들이 일목요연하게 살펴볼 수 있도록 하는 것도 의미가 있는 것으로 위안을 삼는다.

2007년 헌법재판소를 떠나 모교에서 교수로서의 생활을 시작한 이래 과연 학자로서의 길을 제대로 가고 있는지 걱정을 하지 않은 때가 없다. 그래도 지금까지 공부를 업으로 한다며 조금씩 나아갈 수 있는 것은 주위의 많은 분들이 애정으로 배려해 주신 덕이 아닐 수 없다. 무엇보다 이 책은 대학원에서 공부라는 것을 시작할 수 있도록 이끌어 주신 박병호, 정종섭 두 분 선생님이 보여 주신 길을 따라가기 위하여 노력하다 만들어진 것이다. 박병호 선생님께서는 법을 역사적으로 공부하는 법사학의 길을 보여 주셨고, 정종섭 선생님께서는 이러한 방법론에 헌법이라는 내용을 채워 나갈 수 있도록 이끌어 주셨다. 두 분이 학자로서 보여 주신 학문적 자세에 언제까지나 미치지 못하겠지만 이분들이 열어 놓으신 길을 한 발이라도 따라가기 위하여 노력하는 제자로서 존경의 마음을 담아 감사의 말씀을 드린다. 또한 이 연구의 계기를 마련해 주시고 크고 작은 어려움이 있을 때마다 가까이에서 애정으로 돌보아 주신 조홍식 교수님, 논문을 발표할 때마다 꼼꼼하게 읽어 주시고 보완할 점과 이후 공부해야 할 점을 지적해 주신 이창희 교수님께도 감사의 말씀을 드린다. 모든 공부가 그렇겠지만 특히 역사적 방법이라는 것이 참으로 많은 시간과 노력을 기울이고 수많은 시행착오를 거쳐도 성과를 찾을 수 없는 경우가 대부분이다. 곳곳에 흩어져 있는 사료를 모으고 그 더미 속에서 갈피를 잡지 못하고 헤매일 때마다 수시로 격려를 아끼지 않으시고 때로는 해답을 제시해 주신 정긍식 교수님이 계시지 않았다면 이 연구는 이루어지지 않았을 것이다. 특히 정교수님께서는 법학연구소장으로서 단행본 출간을 강력히 권하시며 많은 도움을 주셨다. 진심으로 감사를 드린다. 지루하고 귀찮은 교정과 편집과정에서 서울대학교 법학대학원의 최호동 박사와 강정민 조교의 많은 도움을 받았다. 이들의 학문적 성취를 기원한다. 마지막으로 이 책의 출판을 맡아 준 박영사의 조성호 이사님과 편집부 윤혜경 선생님께도 감사의 뜻을 전한다.

2020. 12.
전종익

목 차

제1장

중국근대헌법과 천연자원 규정의 도입

I. 서

헌법은 제9장에서 경제질서를 규정한 제119조 외에도 농지에 대한 경자유전의 원칙(제121조 제1항), 농업과 어업의 보호 및 농수산물의 수급균형과 유통구조의 개선(제123조 제1항), 대외무역의 규제(제125조) 등을 규정하고 있다. 이들 경제규정들은 규율영역이 서로 다르고 그 형식도 다양하여 제119조의 기본적 경제질서를 전제로 한다 하더라도 그 개별적인 의미를 찾아내기는 쉽지 않다. 그러한 규정들 중 하나가 제120조 제1항의 천연자원 규정이다. 헌법 제120조 제1항은 "광물 기타 중요한 지하자원·수산자원·수력과 경제적으로 이용할 수 있는 자연력은 법률이 정하는 바에 의하여 일정한 기간 그 채취·개발 또는 이용을 특허할 수 있다."고 규정하고 있다. 이 규정은 1948년 헌법 제85조[1]가 1954년 개정되면서 '국유로 한다.'는 부분과 채취 등의 특허를 위해 '공공필요'가 인정되어야 한다는 부분이 삭제된 이래 조문의 위치만 변동되고 내용에는 변화 없이 그대로 이어져 온 것이다.[2] 이 규정에 대하여 학자들은 여전히 천연자원 등의 국·

1) "제85조 광물 기타 중요한 지하자원·수산자원·수력과 경제적으로 이용할 수 있는 자연력은 국유로 한다. 공공필요에 의하여 일정한 기간 그 개발 또는 이용을 특허하거나 또는 특허를 취소함은 법률의 정하는 바에 의하여 행한다."

2) 헌법 제120조 제1항의 변천과정은 정종섭, 『한국헌법사문류』, 박영사, 2002, 516-

공유화를 규정하고 있는 것으로 보기도 하고[3] 자연자원의 사회화를 규정한 것으로 해석하기도 하며,[4] 천연자원의 채취·개발·이용을 조정·규제하는 것으로 보기도 한다.[5]

그러나 이러한 개략적인 해석만으로는 위 규정에서 말하는 경제적으로 이용할 수 있는 자연력은 무엇이며 국가로 하여금 특허를 받도록 한다는 것의 의미가 무엇인가, 특허의 대상이 되는 자원이나 자연력의 귀속주체는 누구이며, 국가가 가지는 자연자원이나 자연력의 채취 등에 대하여 특허할 수 있는 지위는 본질적으로 무엇인가, 여기서 특허는 허가와는 어떻게 다른 것인가 등의 구체적이고 세밀한 의미를 찾아낼 수 없다. 이 규정은 광업, 수산업 등을 규율하는 가장 기본적인 규정일 뿐 아니라 대상이 되는 자연력의 범위에 따라서는 시행이 예정되어 있는 탄소배출권 법제,[6] 수력, 풍력 및 조력 등의 개발에 관한 법제 등의 기본원칙을 규정한 것으로 볼 수도 있어 지금까지 별 관심을 두지 않았던 자원 관련 법제의 헌법적 원칙을 찾아내는 점에서 그 의미를 규명해야 할 필요성은 크다.

이 장은 현재까지 주목받지 않았던 헌법 제120조 제1항의 해석을 위한 첫걸음으로 그 역사적 기원을 밝히려는 것이다. 물론 헌법규정의 해석이 역사적인 기원에 의하여만 좌우되는 것은 아니라 하더라도 일단 이 규정이 어디에서 유래하여 형성되었는지를 밝히는 것은 그 의미를 파악하는 밑거름이 될 수 있을 것이다. 이를 위해 위 규정의 원형이라 할 수 있는 중국근대헌법상 천연자원 국유화 규정의 기

517면 참조.

3) 성낙인, 『헌법학』, 법문사, 2011, 272면; 양건, 『헌법강의』, 법문사, 2011, 186면.

4) 권영성, 『헌법학원론』, 법문사, 2010, 168면; 한수웅, 『헌법학』, 법문사, 2011, 319면.

5) 김철수, 『학설 판례 헌법학(상)』, 박영사, 2009, 624면; 정종섭, 『헌법학원론』, 박영사, 2011, 234면.

6) 이에 대해서는 전종익, 「탄소배출권의 헌법적 성격과 거래제도」, 『법조』 제59권 제5호, 2010, 33면 참조.

원과 변화과정을 살펴본다. 중국, 특히 중화민국의 헌법 문헌들을 통하여 관련 규정들의 변화과정을 살펴보고, 나아가 이 규정들의 근본 원천이 어디인지도 밝혀 본다.

II. 중국 근대 입헌주의의 시작

1. 청 말기의 헌법문서

중국인들은 근대통치체제의 위기를 맞이하여 관료층을 중심으로 서양식 군대양성과 공업진흥을 도모하는 양무(洋務)운동과 군사력의 강화를 위한 제도개혁에 한정된 사업만으로는 부국강병을 효율적으로 수행할 수 없다는 반성에서 제도적 개혁을 주장하는 변법(變法)운동으로 대응하였다. 특히 변법운동의 주역이었던 강유위(康有爲) 등은 광서제의 개혁지향적 태도에 힘입어 군권의 능동적 행사에 의한 개혁 추진체의 창출과 그를 통한 전면개혁을 추진(이른바 '신축신정')하였으나 서태후 등 기존 권력층의 반대로 실패로 돌아가고 말았다.[7] 그럼에도 불구하고 청조(淸朝)는 대내외의 위기를 극복하기 위하여 개혁을 추진하지 않을 수 없었고, 이는 입헌추진으로 이어졌다. 서태후는 1905년 5대신을 외국으로 보내 여러 나라의 헌정실태를 조사하도록 하였고 1907년 헌정편사관(憲政編査館)을 설치하여 이듬해 '흠정헌법대강(欽定憲法大綱)'을 제정·반포하였다. 이는 청 말 이래 분권주의적 경향을 보여 오던 지방의 군사권, 재정권을 중앙에 집중하여 중앙집권제를 재확립하고 황제권의 위치를 강화하기 위한 것으로서, 제1조에서 청 황제의 만세일계(萬世一系)의 통치권을 규정하고 제2조에서 군주의 신성불가침을 규정하는 등 대부분의 규정이 황제의 각종 권한으로 구성되어 있었다. 다만 말미에 신민(臣民)의 권리의무가 일부 규정

---

7) 윤혜영, 「변법운동과 입헌운동」, 『강좌 중국사』 VI, 지식산업사, 1989, 29-32면.

되어 있을 뿐이었다.[8] 따라서 경제질서에 대한 내용은 찾아볼 수 없었다.

이러한 정치체제 중심의 헌법규정의 내용은 이어진 '중대신조십구조(重大信條十九條)(1911)'의 경우도 마찬가지였다. 1911년 무창에서 봉기가 일어난 것을 시작으로 각 성(省)이 독립을 선포하자, 청 정부는 군사력으로 진압하는 동시에 서구의 입헌정치를 통하여 왕조를 유지하려는 시도를 하게 된다.[9] 그러한 시도로서 자정원(資政院)에서 초안을 작성하여 공포한 것이 바로 '중대신조십구조'였다. 그 내용은 형식적으로 헌법을 통한 황제권의 축소(제3조 皇帝之權 以憲法所規定者 爲限), 국회의 구성 및 국회의 헌법개정제안권(제6조) 및 총리대신공거권(公擧權)(제8조) 인정 등 입헌정체를 도입하는 모양을 갖추었으나 근본적으로는 황제권 유지를 위한 것이라는 한계가 있었고, 흠정헌법대강과 마찬가지로 경제질서에 관한 내용은 찾아볼 수 없었다.

2. 신해혁명과 중화민국 약법

서태후를 중심으로 한 보수파의 반대로 변법운동이 실패로 돌아간 이후, 청조의 타도와 공화제국가로서 백성의 나라(民國) 수립을 목표로 한 혁명단체가 조직되기 시작하였다. 일찍이 변법에 기대를 걸었던 지식인들은 청왕조의 보수회귀와 러시아 등 외국에 대한 무력한 대응을 보고 중국의 독립을 위해서는 혁명을 통해 새로운 국가를 건설해야 한다고 생각하게 되었다. 손문을 중심으로 하는 혁명단체의 일차 거병이 실패하기는 하였으나 이후 혁명론은 다시 일본유학생으

---

8) 제1조 大淸皇帝統治 大淸帝國 萬世一系 永永尊戴 제2조 君上神聖尊嚴 不可侵犯. 흠정헌법대강의 내용은 繆全吉 編著, 『中國制憲史資料彙編-憲法篇』, 國史館, 1989, 1-5면 참조. 이하 헌법문서들의 구체적인 내용에 대한 서술은 위 책 및 郭衛 編, 『中華民國憲法史料』, 文海出版社, 1947; 張耀曾 等 編, 『中華民國憲法史料』, 文海出版社, 1933를 참고한 것이다.

9) 張晉藩, 『中國法制史』, 한기종 등 역, 『중국법제사』, 소나무, 2006, 754-755면.

로부터 등장하였고 국내의 지식인들도 이러한 움직임을 뒤따랐다.[10)]

국내에서의 봉기에 실패하고 해외에서 망명생활을 하던 손문은 해외유학생들과 접촉을 가지고 예전의 흥중회와는 다른 혁명단체를 구상하였고, 1905년 일본에서 중국동맹회가 결성되었다. 동맹회를 중심으로 기존 혁명단체에서 활동하던 혁명파들과 급진 유학생들이 집결하였고, 이들은 입헌개혁파와의 이론투쟁을 거치면서 혁명이론을 정립해 나갔다. 그러한 과정 속에서 손문의 삼민주의는 명확한 체계를 갖춘 형태로 제시되어 혁명파의 지도이론으로 자리잡게 된다.[11)]

여러 지역에서 산발적으로 일어난 무장봉기가 계속되는 과정에서 1911년 무창에서 있었던 신군(新軍)병사들을 중심으로 이루어진 봉기는 무한 등 주변지역을 완전히 장악하는 성공을 거두었고 이를 시작으로 지방 각성(各省)들은 청조로부터 독립을 선포하고 혁명군에 가담하였다. 이어서 각성의 대표들은 상해에 모여 중앙정부를 조직할 것을 결의하고 임시정부조직대강을 제정하며 남경을 정부 소재지로 결정하는 등 임시정부 수립을 위한 노력을 계속해 나갔다. 그러나 청으로부터의 반격으로 상황이 악화되면서 북벌에 의한 청조의 타도가 어렵다고 판단되자 남방혁명군은 북양군벌의 원세개와 청조의 양위(讓位)와 공화정의 수립 및 남북통일을 위한 협상에 돌입하였다. 이러한 상황에서 중국에 도착한 손문은 1912. 1. 1. 남경에서 중화민국을 선포하고 신해혁명의 성과를 유지하기 위하여 같은 해 3. 11. '중화민

---

10) 小島晋治 · 丸山松幸, 『中國近現代史』, 朴元熇 역, 『중국근현대사』, 지식산업사, 1991, 63면. 손문은 일찍이 하와이로 이민하여 미국식의 교육을 받고 귀국하여 청왕조를 전복하고 인민들이 주인이 되는 민국(民國)을 건설할 것을 주장하였다. 그는 민족 · 민권 · 민생의 삼민주의를 주장하였고 그중 민권주의는 바로 인민주권론에 해당되는 것이었다. 그는 신해혁명기에 민권주의에 따라 군주전제정체를 대신하여 공화정체를 건설할 것을 주장하였고, 총통제, 보통선거권, 의회를 가지는 민주주의 정치체제를 구상하였다. 민두기, 「민국혁명론」, 『강좌 중국사』 VI, 지식산업사, 1989, 103면 참조.

11) 김형종, 「신해혁명의 전개」, 『강좌 중국사』 VI, 지식산업사, 1989, 137-138면 참조.

국임시약법(中華民國臨時約法)'을 제정·반포하였다.[12] 이 임시약법은 송교인을 중심으로 각성대표들이 모여 작성한 것으로서, 중화인민이 중화민국을 조직하였음과 주권이 국민전체에 있음을 규정(제1조, 제2조)하고 참의원, 임시대총통, 법원의 삼권분립을 원칙으로 한 공화국 정치체제를 도입한 점에서 의의가 크다. 특히 제1장 총강에 뒤이어 제2장 인민에서 국민의 권리와 의무를 규정하고 정치체제는 그 뒤에 규정된 점에서 이전의 헌법문서와는 구별되었다. 그러나 임시약법에는 정치체제만이 규정되어 있고 경제질서 등에 관한 내용은 여전히 찾아볼 수 없었다.

임시약법에 따라 국회가 개회되고 원세개가 정식대총통으로 선출된 후 국회는 헌법기초위원회를 조직하여 '중화민국헌법초안(1913)' 이른바 '천단헌법초안(天壇憲法草案)'을 작성하였다. 이는 원세개의 권력을 제한하려는 시도로서, 국체와 국토에 대한 규정 이후 국민의 권리·의무를 규정하고 국회, 대총통, 국무원, 법원 등이 규정되어 있는 기본구조는 앞서의 임시약법과 차이가 없었다. 말미인 제10장에 회계에 대한 규정이 별도로 들어있을 뿐 경제질서 등에 관한 내용을 찾아볼 수 없는 점에서도 임시약법과 같았다. 한편 원세개는 이러한 국회의 시도에 대항하여 국민당의 해산을 명하고 국회 대신 중앙정치회의를 설치한 후 이른바 '신(新)약법' 혹은 '원세개약법'을 제정하였다.[13] 제1장 국가, 제2장 인민 이후 바로 제3장 대총통을 두고 국가원수의 권한을 대폭 확대한 것이 특징인 신약법 역시 제8장에 회계에 대한 규정은 두고 있었으나 경제질서에 대한 규정은 존재하지 않았다. 이러한 약법들의 특징은 원세개 사후인 1917년 손문의 중화혁명당이 서남군벌과 손을 잡고 수립한 광동군정부에서 1919년 기초한 '중화민국

12) 張晋藩, 앞의 책, 756-757면.

13) 小島晋治 · 丸山松幸, 앞의 책, 74-75면.

헌법초안'에서도 그대로 이어져서 그때까지 헌법안은 국민의 권리의무와 정치체제만으로 구성되어 있었다.

Ⅲ. 천연자원 규정의 도입

1. 군벌의 통치와 각성(各省)헌법의 제정

원세개 사후 중국은 군벌에 의한 북경정부의 장악과 각성의 지역적 할거가 본격적으로 시작되면서 군벌통치시기를 맞이하게 된다. 안휘파, 직예파, 봉천파 등의 이른바 정권군벌들은 군사력으로 북경 중앙정부를 장악하였고, 하나 또는 수개의 성을 지역적 근거로 한 지역의 군벌들은 토착 지배층과 결합하여 지역에서 반독립적인 권력을 행사하였다.[14)]

북경정부를 장악한 군벌들은 권력구조의 재편을 위해 자체적으로 헌법제정을 시도하기도 하였다. 그 대표적인 것이 원세개 사후 정권을 장악하였던 단기서가 물러나고 북경정부를 장악한 조곤(曹錕)이 제정하였던 일명 '조곤헌법' 또는 '회선헌법(賄選憲法)(1923)'이다.[15)] 이는 조곤이 대총통에 올라 군사독재를 시행하기 위해 제정하였던 것으로서, 국가와 각성의 권한을 구분하여 규정하고 지방제도에 관한 자세한 규정을 둔 것이 특징이었으나 경제질서에 관한 부분은 규정되지 않았다.

북경의 군벌정부와 손문의 광동정부간의 첨예한 남북대립과 각 지역군벌들의 혼전 상황이 계속되면서 각성에서 연성자치운동(聯省自治運動)이 일어났다. 이는 각성이 성헌법을 제정하고 자치정부를 수립한 후 민주적 성정(省政)개혁을 통해 군벌 간의 내전을 종식시키고 연

---

14) 김세호, 「군벌통치와 聯省자치」, 『강좌 중국사』 VII, 지식산업사, 1989, 16면.
15) 張晉藩, 앞의 책, 761면.

방정부 형식의 통일국가를 이룩하려는 목적의 정치운동으로서, 주로 서남지역을 중심으로 전개되었다. 청 말 지방의회에 해당하는 자의국(諮議局)을 개설하고 지방자치를 실시한 이래 형성된 분권적 움직임을 이어받은 연성자치운동은 일본유학생이나 신식 학교출신을 중심으로 한 지식인들이 주도하고 있었다. 서남지역의 중소군벌들이 권력의 기반 확보를 위해 이에 적극 동조하기도 하였으나, 기본적으로 연성자치운동은 군벌의 무력지배에 반대하는 민주화개혁운동의 연장선 속에서 연방제적 통일국가건설을 위한 운동으로 전개되었다.[16] 특히 5·4운동이 전개되는 과정에서 반외세·반군벌 투쟁의 목표가 민중의 힘으로 달성되었다는 사실은 지식인을 포함한 모든 참가자들에게 단순한 성취감 이상의 자각과 새로운 가능성에 대한 기대를 갖게 해 주었고, 청년층으로 하여금 민중교육 운동에의 투신, 반봉건 사상혁명의 확산 등을 이끌고 나가도록 하였으며, 민주주의와 사회주의 원리의 결합 등을 통한 새로운 발전을 모색하는 방향전환의 계기를 마련해주었다.[17] 연성자치운동이 5·4운동 이래 이루어진 개혁운동의 연장선에 있었던 점에서 그 결과 만들어진 각성의 헌법들은 이러한 새로운 사상적 변화를 반영하고 있었다.

예를 들면 지방의 지배층인 신사(紳士)·상공계층의 참여뿐 아니라 호남의 민주적 개혁을 요구하는 학생·지식인들의 광범위한 호응을 받아 자치가 이루어진 호남성의 경우 헌법(1922)[18]에서 인민의 권리·의무와 의회·성장(省長) 등 성의 정치제도에 대한 규정 이외에 제7장에서 행정에 대한 기본방향을 규정하면서 1. 재정, 2. 교육, 3. 실업(實業)에 대한 절을 두고 사회·경제 정책의 방향을 규정하고 있었다. 특히 실업에 대한 절을 보면 제82조에서 성소유의 산업은 성의회

16) 김세호, 앞의 글, 36-38면.

17) 강명희, 「5·4운동」, 『강좌 중국사』 VI, 지식산업사, 1989, 235면.

18) 1921년에 만들어진 호남성 헌법초안의 경우에도 대체적인 내용은 같다.

의 의결 없이 저당이나 압류의 대상이 될 수 없고 매도할 수 없다고 하면서 "성내의 천연자원은 공유(公有)·사유(私有)를 불문하고 외국인에게 매도할 수 없음(省有産業 非經省議會議決 不得抵押或變賣之. 省內之天然富源 無論公有私有 不得變賣與無中華民國國籍者)"을 규정하여 천연자원이 자유로운 사적 거래의 대상이 될 수 없음을 밝혔다.[19] 같은 취지의 규정은 광동성헌법초안(1921) 제99조와 제100조에서도 찾아볼 수 있다.[20] 개인 또는 정부라고 하여도 천연자원을 해외에 자유롭게 처분할 수 없음을 규정한 것은 중국의 자원에 대한 서구의 침탈이 가속화되던 시기에 이에 대한 대응으로 도입된 것으로 볼 수 있고, 나아가 천연자원은 전체 성민(省民)을 위한 이익을 위해 사용되어야 한다는 전통법제와도 연결되는 것으로 볼 수 있다.

호남과 유사하게 운동이 진행된 사천성의 헌법초안(1923) 역시 제7장 행정준칙에 교육, 실업, 군사, 재정 4개의 절을 두고 있다. 제2절 실업 중 제81조를 보면 제1문에서 성내에 있는 토지, 하천, 광산, 삼림 및 기타 천연자원의 개척과 보호는 성의 법률로 정한다고 규정하고(土地河川礦産森林 及其他天然富源之開拓保護 以省法律定之) 이어서 제2문에서 호남성 및 광동성과 같이 성내의 천연자원의 외국인에 대한 판매금지를 규정하고 있다. 이는 토지, 하천 등이 사인들의 자유로운 소유와 사용의 대상이 되지 않음을 분명히 한 것으로 성정부가 법률로 정한 범위에서만 가능함을 나타낸 것이라 할 수 있다.

절강성의 경우 1921년 반포된 이른바 구구헌법(九九憲法)을 보면 성민의 권리의무 및 정치제도를 규정한 이후 제10장 재정, 제11장 교육, 제12장 실업, 제13장 교통 등 사회·경제정책에 대한 기본방향을

---

19) 그 밖에 호남성 헌법은 제80조에서 사인(私人)경영 기업을 의회의결을 거쳐 대가를 지불하고 성에 귀속시킬 수 있다고 규정하는 등 경제정책에 대한 상당수의 규정을 두고 있다.

20) 제99조 省有産業 非經省議會議決 不得抵押或變賣之.
제100조 省內之天然富源 無論公有私有 不得變賣與無中華民國國籍者.

헌법에 규정하고 있으나, 천연자원에 대한 규정은 찾아볼 수 없다. 다만 헌법제정을 위해 제시되었던 초안들을 살펴보면, 제2장 성민의 권리의무 바로 뒤인 제3장에 성민의 생계를 두고 인민의 생계보호를 위한 경제정책을 규정하면서 제37조에서 광산 및 일체의 자원은 성정부의 감독하에 있으며 이에 대한 사인의 특권은 법률규정에 의하여 성소유로 이전할 수 있음을 규정하고(礦產及一切富源立於省政府監督之下, 私人特權得依法律規定移讓省有) 제7장 행정에서 재정, 교육 등과 실업에 대한 기본원칙을 규정하면서 제119조에서 성내의 천연자원의 외국인에 대한 판매금지를 규정한 것을 찾아볼 수 있다(紅色草案). 또한 구구헌법과 마찬가지로 제13장 실업을 규정하면서 제114조에서 성내 천연자원의 외국인에 대한 판매금지를 규정하고 나아가 제117조에서 천연자원 기타 기업이 독점적 성질을 가지고 있어 사회에 장애를 일으키는 경우 성정부가 법률로써 제재를 가하거나 금전을 지급하도록 할 수 있음을 규정(凡天然富源及其他企業 屬於獨占性質 而有礙於社會者 省政府得依法律爲相當之裁制 或給價徵收之)한 것(黃色草案)도 찾아볼 수 있다. 백색초안(白色草案)은 생계를 별도의 장으로 규정하면서 독점적 성질의 천연자원이나 기업의 규제에 대한 규정(제118조)을 두기도 하였다.

이와 같이 성헌법들을 보면 헌법이 단순히 국민의 권리의무와 정치제도에 대하여만 규정하지 않고 국민의 생활이나 그와 밀접하게 관련되는 경제질서와 제도에 관하여도 규정하는 경향을 보이고 있었다. 특히 몇몇 성헌법에서 천연자원에 대한 성정부의 특별한 규제나 취급 등의 규정들을 찾아볼 수 있다. 아직까지 천연자원의 국유에 대한 내용은 규정되지 않았으나 적어도 광산, 삼림 등 천연자원이 국민의 자유로운 경제활동의 대상에 해당하지 않으며 그 처분이나 개발 등이 자유롭지 않다는 점은 분명히 한 것으로 볼 수 있다. 또한 독점기업에 대한 국가의 규제권을 부여하면서 천연자원을 특정하여 규정하고 있는 것은 천연자원을 개발하는 산업의 특수성을 인정하여 국가의 특별한 규제대상이 됨을 인식한 것으로도 볼 수 있다.

전통적으로 중국은 산, 못, 저수지, 호수 등에서 생산되는 천연자원들을 국부(國富)의 원천으로 보았고[21] 이에 따라 개인들의 자유로운 소유와 개발은 제한되었다. 예를 들면 당률은 산, 못, 저수지, 호수 등의 자연에서 발생하는 물산으로서 이윤이 되는 것을 모든 사람이 함께 공동으로 향유해야 한다는 원칙을 규정하였고, 여기서 발생하는 이익을 독점하는 자를 처벌하는 규정을 두고 있었다.[22] 따라서 각성헌법에서 천연자원에 대한 국가의 특별한 감독권한과 처분의 제한을 규정한 것은 중국의 전통과 일치하는 것으로서 전혀 생소한 것이 아니었다. 또한 성자치운동이 5·4운동의 새로운 사회경향으로부터 영향을 받았음에 비추어 보면 경제질서에 대한 헌법규정은 사회주의적인 분위기를 반영하였다는 시각에서 이해할 수도 있다. 이러한 자치운동 및 성헌법의 경향은 손문과 국민당 및 중앙정부의 헌법에도 영향을 미치게 된다.

2. 국공(國共)합작과 천연자원 국유화 규정

(1) 국민당 개진(改進)과 천연자원 국유화 정책의 도입

1905년 동경에서 조직된 중국동맹회의 기관지 ‘민보(民報)’는 손

21) 『禮記』 曲禮 下를 보면 “問國君之富 數地以對山澤之所出”이라 하였고, 여기서 山澤之所出이란 물고기(魚), 소금(鹽), 조개등 패류(蜃, 蛤), 각종 광물(金, 玉, 錫, 石)을 의미한다. 陣澔(元), 『禮記集說(上)』, 己蜀書社, 1987, 77면.

22) 唐律의 雜律 17 占山野陂湖利條는 “諸占固山野陂湖之利者, 杖六十”이라 하여 “산·들·저수지·호수의 이익을 독점한 자는 장형60대에 처한다.”고 규정하였고 이에 대하여 소(疏)에서 그 뜻을 “산·못·저수지·호수에서 나는 물산은 그 이윤을 모두가 함께 하는 것이다. 이를 독점한 자는 장형60대에 처한다. 자신의 노동을 투여하여 힘을 들여 취득한 자는 빼앗지 않는다(山澤陂湖, 物産所植, 所有利潤, 與衆共之. 其有占固者, 杖六十. 已施功取者, 不追).”고 해석하고 있다. 임대희, 김택민 主編, 『譯註 唐律疏議－各則(下)』, 한국법제연구원, 1998, 3220-3221면.

문이 발간사에서 주창한 '삼민주의'를 근간으로 혁명론을 전개하면서 강유위, 양계초가 이끌던 입헌군주론에 대항하여 치열한 논쟁을 벌였다. 이들은 입헌군주론을 비판하고 사회혁명을 옹호하기 위한 이론적 무기로서 사회주의를 도입하여 삼민주의에 접목시켰다. 당시 손문집단은 자신들의 이념을 '넓은 범주의 국가사회주의'에 속한다고 하면서 사회주의를 실현하되 계급갈등보다는 국가를 통하여 계급조화를 이룩하는 것을 강조하였다. 삼민주의 중 민생주의는 이러한 사회주의적 경향을 잘 나타내는 것이었다. 이 시기 이미 민생주의의 중요한 내용으로 평균지권(平均地權)이 주장되었고 자본주의의 폐해를 방지하기 위한 여러 가지 국가정책이 소개되었다.[23]

광동에서 권력을 장악한 동맹회는 계속적인 군사혁명을 통한 중국통일을 시도하였으나 송교인의 암살 등 혁명이 실패하자 손문은 일본에 망명하여 이를 개편하고 1914년 중화혁명당(中華革命黨)을 조직하였다. 귀국하여 세운 제1차 광동군정부가 실패로 돌아간 이후 상해에서 새로운 혁명이론을 모색하던 손문은 5·4운동을 겪으면서 학생운동 지도자들과의 접촉을 통해 민중의 힘이 가지는 중요성을 깨닫게 되었고 1919. 10. 10. 비밀결사체였던 혁명당을 '중국국민당'으로 개칭하였다.[24] 국민당은 규약에서 '성인남녀' 모두에게 당을 개방해 폭넓게 민중을 동원하겠다는 의사를 분명히 하였고 잡지 『건설』을 통해 유물사관을 중심으로 한 사회주의 이론과 완화된 상태나마 계급에 대한 인식 등을 수용하는 모습을 보였다. 이와 같은 새로운 사상적 지향의 모색은 신해혁명 좌절 이후 군사적 모험주의에 전적으로 의존

---

23) 孫文, 「民生主義與社會革命」, 『孫中山選集』, 中華書局, 1978, 88-89면. 이 글에서 손문은 프랑스, 영국, 미국 등의 철로, 전기, 수도 등 중요산업의 국유화 등을 소개하고 있다. 또한 중국의 광산 및 산림의 많은 부분이 국유인 점을 지적하면서 이를 개인에게 개발하도록 하고 조세수입을 올리는 방안을 제시하였다.

24) 나현수, 「제1차 국공합작과 북벌」, 『강좌 중국사』 VII, 지식산업사, 1989, 52-53면.

해 온 손문집단이 새롭게 변화하여 국공합작에 이르게 된 밑거름이 된다.[25]

제2차 광동군정부마저 실패하고 광동의 혁명근거지를 상실한 손문은 당세의 확장과 소련의 지원을 위하여 국공합작을 모색하였다. 이 시기 중국국민당은 여전히 소수 혁명동지들의 임협(任俠)집단에 불과하였고 투쟁의 과정에서 생겨난 동지로서의 인간관계를 중심으로 운영되고 있었다. 게다가 당의 지도이념이었던 삼민주의는 학생회원들에게 널리 받아들여지지 않는 등 사상적 경향 역시 잡다하게 분열되어 있었다. 이와 같이 이념과 조직이 모두 정확하게 통제되지 못하는 정당을 가지고는 강력한 추진력을 확보할 수 없었으므로 정국의 돌파구로서 당을 새롭게 개편하지 않을 수 없었다.[26] 특히 당세확장을 모색하는 가운데 종래 군사적 정치활동에만 치중한 점을 반성하고 대중에 대한 선전사업의 필요성을 인식하게 되었다. 이에 따라, 그 강화를 위해 새로운 인재들을 받아들일 필요성이 제기되었고 이는 바로 조직개편과 맞물려 공산당원들을 맞아들이는 국공합작으로 이어졌다.[27] 국민당은 합작을 통해 당과 대중의 연결, 당군(黨軍)의 조직, 소련의 원조를 기대하였고, 공산당 역시 소수 급진적인 지식인 집단으로 출발하여 조직적 기반이 허약했으므로 조직강화를 위해 국민당과 손을 잡을 필요성이 컸다. 여기에 중국내에서의 영향력 증대를 모색하던 코민테른 및 소련의 의도가 맞아 떨어지면서 소련의 지원·지도와 공산당원의 개인적 참여하에 개진(改進)과 개조(改組)로 이루어진 이른바 국공연합전선이 형성되었다.[28]

---

25) 백영서, 「『建設』誌와 朱執信의 역할 - 54기 중국국민당 지도층의 사상적 모색」, 『동양사학연구』 제19권, 1984, 114면.

26) 전동현, 「중국국민당 改組시기 국민혁명이념의 형성 - 三民主義 해석을 중심으로」, 『이대사원』 제31권, 1998, 157-158면.

27) 민두기, 「중국국민당 改進과 改組」, 『동방학지』 제33권, 1982, 235-236면.

28) 나현수, 앞의 글, 97면.

1923. 1. 1. '중국국민당개진선언(中國國民黨改進宣言)'이 발표되고 바로 그 다음 날 중국국민당 개진대회가 개최되어 새로운 당강(黨綱)과 총장(總章)이 통과·선포되었다. 이어서 같은 해 2. 2.에는 중국국민당중앙간부회규칙(中國國民黨中央幹部會規則)이 통과되고 같은 달 13. 입당규칙(入黨規則)이 비준·시행되는 등 당의 조직과 강령에서 모두 변화가 있었다. 이들 변화를 국민당 '개진'이라 부른다.[29]

이 중 특히 중요한 문서가 개진선언(改進宣言)[30]으로서, 여기에서는 개진의 취지와 경과를 설명하면서 당의 기본적인 정책강령이 제시되고 있다. 첫 번째로 대외관계와 교육에 대한 정책방향이, 두 번째로 선거제도와 집회·결사의 자유 등 기본권보장에 대한 내용이 서술되어 있고, 이어서 바로 경제에 대하여 규정되어 있다. 선언은 구미(歐美)경제의 근심이 고르지 못함(不均)에 있으며 이로부터 분쟁이 발생한다고 하면서, 중국의 근심은 이와 달리 빈곤함에 있으므로 부원(富源)을 개발하여 부유하게 하여야 하나 구미경제를 교훈삼아 사회경제의 균등발전을 모색해야 한다고 하였다. 이에 따라 경제정책의 목표로서 균등발전이 제시되었고 이를 실현하기 위한 구체적인 강령으로서 토지제도[31]가 제일 강령으로 규정되었으며, 바로 다음으로 광산 등 자원과 대규모산업의 소유관계가 제시되었다.

"(乙) 鐵路, 鑛山, 森林, 水利 及 其他一切大規模之工商業 應屬於全民者 由國家設立機關經營管理之 並得由工人參與一部份之管理權"

광산과 삼림 및 수리 등의 자원을 전체인민의 소유에 속하는 것

---

29) 민두기, 앞의 글, 229-230면.

30) 羅家倫 主編, 中國國民黨中央委員會黨史史料編纂委員會 編, 「中國國民黨改進宣言」, 『革命文獻(第8輯)』, 中央文物供應社, 1953, 36-39면.

31) 사인소유토지의 지가상승이 일정정도가 넘는 경우 징세를 한다는 등의 내용.

으로 보고 국가가 설립한 기관에서 경영·관리한다는 이와 같은 내용의 정책 제시는 중국국민당의 역사상 획기적인 것이었다. 그 이전의 관련 문서에서는 국가의 천연자원에 대한 감독권과 규제권에 대하여만 규정하고 있었을 뿐 직접적으로 그 소유의 귀속관계를 규정하고 있지는 않았다. 게다가 그 뒤에 이어지는 노동자(工人)의 관리권까지 종합하여 보면 이는 국공합작을 통하여 중국공산당 및 소련의 영향을 받아 규정된 것으로 보아야 한다.

선언에 이르기까지의 과정과 그 전후의 평가 등을 살펴보면 이와 같은 영향관계를 엿볼 수 있다. 중국공산당은 1922. 6. 15. 이미 국민당 등과 연합전선을 형성한다는 시국선언을 발표하였고 같은 해 7. 16. 공산당 제2차 전국대표대회에서 국민당과 합작할 것을 결의하였다. 이어서 공산당의 이대교(李大釗)는 상해에서 손문과 합작을 논의하였고 같은 해 8. 25. 코민테른 특사 '마링'과 합작에 대하여 협의하였다. 그 결과 같은 해 9. 4. 손문은 동지들과 함께 개진계획을 확정하고 같은 달 6. 기초위원 9인을 임명하였고, 그중에는 국민당에 가입한 중국공산당 총서기 진독수(陳獨秀)가 포함되어 있었다.[32] 그는 개진대회 이후 당의 집행부가 구성되고 새로운 직책으로 만들어진 참의(參議)에도 포함되어 있었다.[33] 이러한 일련의 과정을 통한 국민당의 변화에 대하여 소련은 "국민당 및 손문 자신은 우리들의 사상적 영향 아래서 몇 개월 동안 대대적으로 자신의 본질을 변화시켰다. 이제 국민당은 확실히 중국 군중성의 정당으로 변했고 당 성립 이래 최초로 자신의 강령을 선포하였다."라고 평가하고 있어[34] 개진선언상의 '강

32) 羅家倫 主編, 「本黨改進大凡」, 『革命文獻(第8輯)』, 32-33면.

33) 羅家倫 主編, 「中國國民黨本部現任職員一覽表」, 『革命文獻(第8輯)』, 52-53면.

34) 蘇聯駐華特命全權大使 요페의 평가, 中共中央黨史研究室第一研究部 譯, 『聯共(布)·共産國際與中國國民革命運動』, 1920-1925, 北京圖書館出版社, 1997, 197면; 손승희, 「신간자료를 통해 본 소련·코민테른과 중국국민당 '改組'-三民主義의 재해석과 관련하여」, 『史林』 제17권, 2002, 97면에서 재인용.

령'이 소련의 영향에 의한 것임을 확인할 수 있다.

이 시기 소련과 중국 공산당의 영향에 의한 국민당의 사회주의적 경제정책의 채택은 헌법문헌에서 '토지 및 천연자원의 국유화'의 형태로 나타난다. 1922. 6. 엽하성(葉夏聲)에 의하여 만들어진 이른바 오전헌법초안(五全憲法草案)은 손문의 오권헌법(五權憲法)에 기초하여 만들어진 것으로서 제1장 총강과 제2장 고시원, 제3장 입법원, 제4장 행정원, 제5장 사법원, 제6장 감찰원으로 구성되어 있다. 특징적인 것은 이어진 제7장에 국민생계를 두어 조세제도 등을 규정하면서 토지국유화(제60조 土地屬於國有)와 함께 제65조에 소금, 광산, 삼림, 수산, 영해, 내륙하천, 철로 및 그 차량과 항공, 군수산업 및 전력, 수력 그리고 화폐발행권이 국가에 귀속된다고 규정(鹽 鑛產 森林 水產 領海 河流 鐵路及其車輛 航空用具 軍械及軍用品 電氣 水力 發行貨幣權於國家)하고 있는 점이다. 이러한 국유화 규정은 이전 헌법문헌에서는 찾기 어려운 것으로서 국공합작의 결과가 헌법에 반영된 것으로 볼 수 있다.

생산도구 및 생산수단의 국유화는 1893년 이른바 '공산당 선언'에서부터 찾아볼 수 있는 것[35]으로서 사회주의법의 기본적인 원칙에 해당한다. 그 논리적 귀결로서 기본적 생산수단에 속하는 토지, 지중(地中)매장물, 삼림, 수자원, 대공장기업, 은행, 철도 등은 국유화되어야 하며 이에 대한 교환, 매매, 상속 등 처분이 금지된다.[36] 여기서 국유화는 전(全)인민 소유의 형태로 나타나며 이것이 헌법규정으로 등장한 것이 바로 1918년 제정된 최초의 사회주의 헌법인 러시아사회주의연방소비에트공화국헌법(1918 Russian Soviet Federative Socialist Republic Constitution)이었다. 이 헌법 제1편은 제헌의회에 제출되기

---

35) 최인호 외 역, 「공산주의당 선언」, 『칼 맑스, 프리드리히 엥겔스 저작 선집 1』, 박종철출판사, 1992, 420면.

36) ア.イ.デニソフ 編, 渓内謙 譯, 『ソヴェト國家と法の歴史(上)』, 巖松堂書店, 1956, 77-79면.

위해 레닌에 의해 기초된 '노동·피착취인민의 권리선언'으로서 몇차례 수정을 거쳐 헌법의 일부로 채택되었다.[37)]

위 선언의 레닌초안은 제2조 제1호에서 토지에 대한 사적 소유권은 모두 폐지되었으며 토지와 함께 건물, 농장의 도구 및 다른 농업생산의 부속물(All land together with all buildings, farm implements and other appurtenances of agricultural production)은 전체 노동인민의 소유(the property of the entire working people)임을 선언하였고, 제2호에서 공장, 광산, 철로 그리고 다른 생산 및 운송수단(factories, mines, railways, and other means of production and transport)이 노동자와 농민의 국가 소유(the property of the workers' and peasants' state)로 전환되었음을 밝혔다.[38)]

이를 받은 1918년 소비에트 헌법은 레닌초안에서 일부를 전체노동인민의 소유로 선언하였던 것과 달리 제1조 제2편 제3문에서 우선 토지에 대한 사적 소유권의 폐지와 국유화를 선언하고 이어서 "모든 삼림, 광물 그리고 일반적으로 공공에 사용되는 수로들 및 생물 또는 무생물에 상관없이 모든 설비, 시범농장 그리고 농업기업은 국유임을 선언(Chapter Two Article 3 All forests, treasures of the earth, and waters of general public utility, all equipment whether animate or inanimate, model farms and agricultural enterprises, are declared to be national property)"하고 나아가 모든 공장, 광산, 철로 및 다른 생산 및 운송수단의 국가소유 역시 선언하고 있다.[39)]

---

37) 심경수, 「소련헌법의 원형: 1918년 러시아사회주의연방소비에트공화국헌법에 관한 고찰」, 『법학연구』 제1권 제1호, 1990, 290면.

38) V. I. Lenin, "Declaration Of Rights Of The Working And Exploited People", *Lenin's Collected Works* Vol. 26, Progress Publishers, 1972, p.423.

39) A. Denisvo and M. Kirichenko, *Soviet State Law*, Foreign Languages Publishing House, 1960, pp.50-52.
이 규정은 1936년 개정된 소비에트 헌법에도 그대로 이어진다. "제6조 토지, 광물자원,

앞에서 살펴본 바와 같이 중국 국민당의 개진선언과 오전(五全) 헌법이 중국공산당 및 소련의 영향을 받았던 점, 이때 삼림, 수산 등 자원 및 철로 등 교통시설 그리고 대규모 산업의 국유화 정책이 처음으로 등장하였던 점 그리고 이러한 정책이 사회주의 경제정책의 기본이라는 점을 종합해 보면 헌법상의 위 규정 역시 사회주의의 영향을 받아 성립된 것으로 보아도 무리는 없을 것이다.

(2) 국민당 개조(改組)와 국민정부건국대강

1924. 1. 20.부터 30.까지 광주에서 개최된 중국국민당 제1차 전국대표대회에서 국민당은 주의로서 삼민주의와 대내외의 기본정책을 밝힌 정강을 포함한 대회선언 그리고 새로운 당의 구성을 규정한 중국국민당총장(中國國民黨總章)을 통과시키고, 당의 구조를 소련의 볼셰비키당을 모방한 민주집중제로 변화시키며 다수 공산당원을 중앙집행위원회에 참여시키는 등 당조직을 정비하였다. 이를 국민당 '개조(改組)'라 하여 1년 전의 개진과 구별한다. 개진이 소련과의 연결, 공산당과의 당내합작을 위한 손문 나름의 표현이었다면, 이에 응답하여 이루어진 '손문 · 요페공동선언' 이후 있었던 군사원조협상과 관련하여 소련이 요구한 국민당의 조직개편과 대외정책의 변화에 대한 협상의 결과 이루어진 것이 바로 개조였다.[40]

이와 같이 개진과 개조가 연장선 속에 있다 하더라도 일부 변경된 사항은 존재한다. 개진선언과는 달리 반제국주의 주장이 강력하게

수자원, 삼림, 공장, 광산, 철로, 수로 그리고 항공운송, 은행, 통신수단은 국가의 소유로서 모든 인민의 유산이다(Article 6. The land, its mineral wealth, the waters, the forests, factories, mines, rail, water and air transport, banks, means of communications(…) are the property of the state, i.e. the heritage of the whole people)." Feldbrugge, F. J. M. ed. *The Constitutions of the USSR and the Union Republics : analysis, texts, reports*, Sijthoff & Noordhoff, 1979, p.80.

40) 나현수, 앞의 글, 57-61면.

등장한다거나 총리제에서 위원회제로 조직을 개편한 것 등이 이에 해당하며 그와 함께 경제정책의 면에서도 민생주의를 평균지권(平均地權)과 절제자본(節制資本)으로 개념화하여 토지소유 및 사용에 대한 국가의 규제와 경자유전의 원칙을 선언함과 함께 독점성 있는 기업과 대규모 사업으로서 사인이 감당하기 어려운 은행, 철도, 항공산업 등에 대한 국가의 경영관리를 선언한 것을 예로 들 수 있다.[41]

개조의 과정에서 눈여겨보아야 할 문서는 손문이 작성한 국민정부건국대강(國民政府建國大綱)이다. 이는 이전 북벌 시기 국회를 회복하고서도 결국은 조곤 등이 총통으로 선출된 이유가 정부가 구성되지 않았기 때문이라는 점을 교훈삼아 당을 개조함과 동시에 대원수부를 국민정부로 개편하여 국가를 건설하기 위한 의도로 제1차 전국대표대회시 제출된 것이었다.[42] 보로딘의 반대로 그 내용의 일부가 대회선언에 포함되면서 폐기되었으나, 손문은 이를 다시 1924년 선포하여 당의 공식적인 건국을 위한 기본적인 정책강령으로 자리잡게 함으로써 이후 헌법제정에 큰 영향을 미친다.

건국대강은 건국절차를 군정(軍政)시기, 훈정(訓政)시기, 헌정(憲政)시기로 나누고 있다. 훈정시기에는 우선 각현별로 지방자치를 실시하고 하나의 성 전체 현에서 자치가 완전히 달성되는 경우 헌정이 개시되는 것으로 보았다. 눈여겨볼 것은 훈정시기의 경제정책에 관한 규정이다. 제11조에서 손문은 토지에 대한 세수, 지가의 증가이익, 공공토지의 생산뿐 아니라 산림과 하천 및 호수 그리고 광산 및 수력으로부터 발생하는 이익은 모두 지방정부의 소유(土地之歲收, 地價之增益, 公地之生産, 山林川澤之息, 礦産水力之利, 皆爲地方政府之所有)라고 하면서

41) 민두기, 앞의 글, 243-246면.

42) 羅家倫 主編, 「中國國民黨第1次全國代表大會之擧行 大會決議案」, 『革命文獻(第8輯)』, 106면.

이를 양로(養老), 제빈(濟貧) 등 인민을 위한 사업과 공공의 수요에 사용할 것을 선언하였다.[43] 이는 산림이나 광물, 수력 등의 자원들에 대한 공권력주체의 특별한 감독 및 규제권과 나아가 그에 대한 사적 소유의 배제를 의미하는 것으로서 중국의 전통적인 법제와 일치함은 물론 앞서 본 개진선언상의 전인민소유나 오전헌법초안의 국유 규정과 형식이 다를 뿐 같은 취지를 규정한 것으로 볼 수 있다.

Ⅳ. 국공합작 붕괴 이후 천연자원 규정의 형성

국공합작 후 북방정세의 변화에 따라 1924년 국민당은 북벌을 시작하여 결국 북경에 들어가게 되나 곧바로 손문의 사망으로 북벌의 목적인 통일은 실패로 돌아갔다. 이후 공산당의 농민운동 진출과 급진화 등이 진행되면서 양당간의 갈등이 심화되었고 결국 1927년 양당의 국공합작은 붕괴되기에 이른다. 그러나 국민당은 체제정비를 거쳐 국민정부를 구성하고 장개석을 중심으로 북벌을 계속하여 1928년 북방군벌의 거점인 북경을 장악하였고, 이로써 군정을 끝내고 훈정시기에 접어들게 된다. 이후 일본의 중국침략이 진행됨에 따라 혼란이 없지는 않았으나 체제정비를 위해 헌법제정을 추진하였다.

이에 따라 이 시기 동안 다양한 헌법문서들이 등장한다. 우선 각성헌법 전통과 맥을 같이하는 것으로서 각성의 대표들이 중심이 되어 작성된 '국시회의헌법초안(國是會議憲法草案)(1922)' 및 '중화민국연성헌법초안(中華民國聯省憲法草案)(1925)'이 있다. 이들은 공통적으로 각성과 중앙정부의 권한배분을 주요한 내용으로 하고 있었고, 천연자원에 대한 규정은 포함되어 있지 않았다.

북벌시기 천연자원과 관련된 규정이 등장하는 헌법으로 이른바

43) 孫文, 「建國大綱」, 앞의 책, 570면.

'단기헌초(段祺憲草)(1925)'가 있다. 1924년 북경정부를 장악하고 있던 직예파 내부의 분란으로 조곤·오패부의 지배체제가 붕괴된 이후 정권을 장악한 풍옥상은 손문의 북상을 요구하는 한편 정국수습을 위해 단기서를 임시집정(臨時執政)으로 추대하였다. 단기서는 곧 손문의 국민회의 소집주장에 대항하여 북경에서 선후회의(善後會議)를 소집하였으나 성과 없이 끝나게 되었고, 독자적으로 국민대표회의 조례를 공포하고 헌법기초위원회규칙을 공포하여 위원회를 조직하였다. 이곳에서 만들어진 헌법초안을 바로 '단기헌초'라 한다. 손문이 북상하고 있는 상황에서 그에 대한 광범위한 국민의 지지를 받아들여야 할 상황에 있었던 단기서 정부는 헌법초안에서도 손문의 입장을 반영하지 않을 수 없었다.[44] 위 헌법초안 제147조 제3호를 보면 "천연자원을 이용하는 대규모 영업은 국유 또는 지방의 공유(公有)를 원칙으로 하며 그 특허와 독점적 성질을 가지는 다른 형식의 영업에 대하여는 국가 또는 지방자치단체가 제한을 하거나 금전을 징수할 수 있다(利用天然富源 爲大規模之營業 以國有或地方公有爲原則. 其特許及其他營業屬於獨占者國家或地方得限制或徵收之)."고 규정하고 있어, 천연자원 자체의 국유가 아닌 이를 이용하는 대규모 산업의 국유를 선언하고 있으나, 국민당에서 지금까지 이루어졌던 논의를 일부 수용하고 있는 것으로 볼 수 있다.

국공합작이 결렬된 직후 만들어진 훈정시기의 약법에서는 천연자원 규정을 찾아볼 수 없다. 그러나 이후 헌법제정을 위한 논의를 진행하던 초기에 만들어진 헌법초안들을 보면 대부분 그와 관련된 규정들을 두고 있다. 우선 '중화민국헌법초안(1933)'은 제2장 국민경제의 원칙 제6절 국간산업(國幹産業)에서 국가가 전적으로 경영하며 사인이 경영할 수 없는 산업을 열거하고 있는데, 제9조 제3호에서 광업

44) 高橋勇治, 『中華民國憲法』, 有斐閣, 1948, 95-96면.

과 지하자원개발업(鑛業及地下資財)을, 제5호에서 수력 및 자연동력(水力及自然動力)을 규정하고 있다. 그 이후 헌법을 제정하기 위해 이른바 오오헌초(五五憲草, 1936)를 비롯한 많은 초안들이 만들어졌으나 위치만 다를 뿐 국민경제에 대한 장을 두면서 공통적으로 "토지에 부착되어 있는 광물 및 경제상 공중의 이용에 이바지할 수 있는 천연력은 국가의 소유에 속하며 인민이 취득한 토지소유권에 영향을 받지 않는다(附着於土地之鑛 及經濟上可供公衆利用之天然力 屬於國家所有, 不因人民取得土地所有權而受影響)."는 규정을 가지고 있었고 이는 결국 1946년 중화민국헌법으로 그대로 이어지게 된다.[45]

손문사후 국민당이 공산당과 결렬하고 심지어 국공내전까지 벌인 상황에 비추어 이와 같은 천연자원의 국유화규정이 줄곧 이어져서 중화민국헌법에까지 이른 점은 모순이 있는 것으로 보일 수 있다. 그러나 손문사후 국민당의 노선투쟁은 손문의 삼민주의의 해석을 중심으로 이루어졌으며 그에 대한 재인식을 통하여 공산주의와 이념적으로 분리되었고,[46] 이후 장개석에 의하여 당의 공식견해로 받아들여져 중국공산당과의 이념투쟁에서 중요한 역할을 한 것이 새로운 사상이 아닌 '손문사상'에 대한 대계도(戴季陶)의 사회주의적이 아닌 중국 전통적 해석이었다는 점[47]을 보면 국공합작 결렬 이후에도 여전히 손문의 권위가 계속되었음을 알 수 있다. 또한 천연자원으로부터 생산되는 이익은 전인민이 사용하여야 한다는 관념 자체가 중국의 전통에

45) 第143조 제4문 "附着於土地之鑛, 及經濟上可供公衆利用之天然力 屬於國家所有, 不因人民取得土地所有權而受影響" 한편 1954년 제정된 중화인민공화국 헌법을 보면 제6조에서 "礦藏, 水流 有法律規定 爲國有的 森林, 荒地和其他資源 都屬於全民所有"라고 규정하여 천연자원의 국유 및 전인민소유라는 사회주의 제도를 그대로 규정하고 있다. 王厚生, 中共制憲評論』, 文會出版社, 1955, 239면.

46) 전동현, 「손문 사후 중국국민당의 정체성 모색과 淸黨論」, 『제42회 전국역사학대회 발표자료집』, 1999, 192면.

47) 체스타 탄 저, 민두기 역, 『中國現代政治思想史』, 지식산업사, 1985, 141-143면.

뿌리박은 것이라는 점에서 손문 사상을 전통에 의하여 재해석하면서 천연자원 국유화를 포함시켰다고 하여도 전혀 문제될 것이 없었다.

따라서 손문이 건국의 기본방향을 제시해 놓은 건국대강이 헌법제정시 제일 먼저 고려되어야 할 것이었음은 당연한 것이었다. 이러한 점은 심지어 건국대강을 그대로 약법의 제1장으로 규정해 놓은 초안(太原約草, 1929)이나 전문에 손문의 유교(遺敎)에 따라 헌법을 제정·공포함을 명시한 헌법초안(國民政府立法院發表之憲法草案初稿審査修正案, 1934)을 보면 분명해진다. 게다가 손문사상 자체의 모호함과 함께 그가 민생주의를 사회주의라고 자주 말했던 점[48]에 의하면, 국공합작시 처음으로 받아들여졌다고 하더라도 이후 국민당에서 천연자원 국유화에 대한 관념을 손문의 민생주의에 포함된 것으로 생각하였다고 하여도 그 자체로 모순되는 것이라 볼 수는 없다.

V. 결

이상에서 중국근대헌법사를 살펴보면서 각종 문헌들을 통하여 천연자원 규정의 형성과정을 추적해 보았다. 청 말의 헌법문서나 국민당 초기 혁명운동 당시의 약법들은 정치제도와 함께 국민의 권리·의무를 규정하고 있을 뿐 사회경제정책에 대하여는 아무런 규정을 두고 있지 않았다. 따라서 천연자원에 대한 규정도 찾아볼 수 없었다. 천연자원에 대하여 헌법에 명문의 규정을 둔 것은 5·4운동 이후 연성(聯省)운동의 결과 작성된 각성헌법안에서 찾아볼 수 있었으나 이때까지는 국가의 천연자원에 대한 특별한 규제 및 감독권 또는 외국에 대한 처분의 제한 등이 규정되어 있었을 뿐 그 소유권의 귀속에 대한 언급은 없었다. 천연자원의 국유가 본격적으로 도입되어 규정되

48) 체스타 탄 저, 앞의 책, 109면.

기 시작한 것은 국민당의 이른바 개진 및 개조를 거쳐 이루어진 국공합작 시기이며, 이러한 경향은 국공합작이 결렬된 이후에도 계속 이어져서 결국 중화민국 헌법에까지 규정되기에 이른다. 물론 이후 제정된 중화인민공화국 헌법에도 천연자원의 국유는 규정되어 있다. 천연자원 국유 규정이 등장하기 시작한 국민당의 개진 및 개조 당시의 과정이나 문헌들을 살펴보면 경제에 대한 주요한 정책들이 소련 및 중국공산당의 영향을 받았음을 알 수 있다. 따라서 결국 천연자원의 국유화가 헌법에 규정되게 된 것은 이념적으로 사회주의의 영향에 의한 것이라 할 수 있다. 또한 중국의 전통법제 역시 삼림 등 천연자원은 전 인민에게 사용되어야 하는 것으로 인식하였으므로 국민당에서도 기본적으로 이러한 제도에 대하여 사회주의적이라는 이유로 거부감을 가질 이유는 없었을 것이다.

유진오는 현행 헌법 제120조 제1항의 시작이었던 1948년 헌법 제85조를 설명하면서 참고로 필리핀헌법을 언급[49]하는 한편 헌법상의 경제조항에 대하여 1919년 독일 바이마르 헌법 정신의 영향을 설명하면서 사적 소유권과 경제활동의 자유를 인정하면서도 이를 사회 전체의 이익을 위하여 국가권력으로 지도·통제해 나가는 바이마르 헌법의 기본적인 입장은 전후 일본헌법이나 중국헌법에 영향을 미쳤다고 지적하였다. 또한 중화민국헌법확정초안(五五憲草) 제118조에서 “토지에 부착한 광물 급 경제상 공중의 이용에 공(供)할 수 있는 천연력”을 국유로 한 것 역시 바이마르 헌법 제155조 제4항과 같은 취지라고 설명하고 있다.[50] 실제로 앞서 살펴본 바와 같이 1946년 제정된

49) 유진오, 『헌법해의』, 명세당, 1949, 179-180면. 1935년 필리핀헌법 제13조 제1항은 모든 삼림, 광물, 석탄, 석유 등 모든 잠재적 자연력과 자연자원은 국가소유이며 그 이용 등은 25년을 기한으로 이루어지는 것으로 규정하였고, 이러한 기본적인 취지와 구조는 1943년 헌법 제8조 제1항 및 1973년 헌법 제14조 제8항에서도 계속되었다. 1973년 필리핀 헌법 제14조의 천연자원 규정은 권영성, 『비교헌법학』, 법문사, 1990, 369면 참조.

중화민국헌법은 위의 초안을 이어받아 제143조 제4문에서 천연자원 국유화를 규정하고 있어, 광물, 경제적으로 이용할 수 있는 천연력 등 우리 헌법규정의 주요한 단어들이 그대로 등장하고 있다.[51] 이와는 달리 일본의 명치헌법이나 그 이전의 헌법제정 논쟁시의 헌법초안들을 살펴보면 이와 관련된 규정을 찾아보기 어렵다.[52] 따라서 헌법상 천연자원 규정이 중국의 헌법규정들로부터 영향을 받아 만들어진 것으로 볼 수 있다.[53]

물론 1948년 헌법상의 천연자원 규정은 국유의 대상으로 "광물 기타 중요한 지하자원, 수산자원, 수력과 경제상 이용할 수 있는 자연력"을 언급하고 있어 1946년 중화민국 헌법과 바이마르 헌법의 위 규정들과는 다르다. 그러나 헌법제정시 참고로 하였던 임시정부의 헌법문서들이 중국의 헌법 및 초안들의 영향을 받았던 점[54]을 고려해 보면 대체로 중국헌법의 영향을 인정하는 것에는 무리가 없을 것이다. 그러한 점에서 중국근대헌법상 천연자원 규정의 도입과 형성과정 그리고 그 사상적 연원을 살펴보는 것은 우리 헌법 해석을 위해 중요한 의미를 가진다.

---

50) 유진오, 『헌법의 기초이론』, 명세당, 1950, 30-32면. 그 밖에 '천연자원(공기와 모든 종류의 잠재적 에너지를 포함한)의 국유를 선언한 헌법'으로 1922년 아일랜드(愛蘭自由國) 헌법 제11조가 언급되어 있다.

51) 유진오가 위 규정의 원형이라 언급한 바이마르 헌법 제155조 제4항은 "모든 토지매장물과 경제적으로 이용 가능한 자연력은 국가가 감독한다. 사적인 경제고권은 입법을 통해 국유로 한다(Alle Bodenschätze und alle wirtschaftlich nutzbaren Naturkräfte stehen unter Aufsicht des Staates. Private Regale sind im Wege der Gesetzgebung auf den Staat zu überführen)."라고 규정하고 있어 국유와는 거리가 있다. 번역은 송석윤, 『위기시대의 헌법학』, 정우사, 2002, 382면을 참조하였다.

52) 家永三郎 等 3人 編, 『明治前期の憲法構想』, 福村出版, 1987에 수록된 헌법초안들을 살펴보면 토지의 국유(植木枝盛, 憲案, 197조, 248면) 또는 도로, 전신, 우편, 철도, 기선에 대한 천황의 관리(西周, 憲法草案, 294면) 등의 규정을 찾아볼 수 있다. 그러나 천연자원의 국유화와 관련된 내용은 찾아보기 어렵다.

53) 1948년 헌법의 경제조항들이 일반적으로 중국 오오헌초의 영향을 받은 점은 이영록, 『유진오 헌법사상의 형성과 전개』, 서울대학교 박사학위논문, 2000, 179-185면.

54) 신우철, 『비교헌법사 - 대한민국입헌주의의 연원』, 법문사, 2008, 289면.

부 록

중국근대헌법과 천연자원 규정

연도	이름	천연자원 규정
1908	欽定憲法大綱	없음
1911	重大信條十九條	없음
1912	中華民國臨時約法	없음
1912	擬中華民國 憲法草案	없음
1913	中華民國憲法草案(天壇憲草)	없음
1914	中華民國約法(袁世凱約法)	없음
1919	中華民國憲法草案(憲法起草委員會)	없음
1921	中華民國浙江省憲法(九九憲法)	없음
	浙江省憲法紅色草案	제3장 省民之生計 제37조 礦産及一切富源立於省政府監督之下, 私人特權得依法律規定移讓省有 제7장 行政, 四. 實業 제119조 省有産業 非經省議會議決 不得處分之. 省內之天然富源 無論公有私有均不得抵押或讓渡於無中華民國國籍人民者
	浙江省憲法黃色草案	제13장 實業 제114조 省有産業 非經省議會議決 不得處分之. 省有天然富源 無論私有公有 不得讓渡與無中華民國國籍者. 제117조 凡天然富源及其他企業 屬於獨占性質 而有礙於社會者 省政府得依法律爲相當之裁制 或給價徵收之
	浙江省憲法白色草案	제12장 生計 제118조 凡天然富源及其他企業 屬於獨占性質 而有礙於社會者 省政府得依法律爲相當之裁制 或給價徵收之

1921	湖南省憲法草案	제7장 行政, 三. 實業 제78조 省有産業 非經省議會議決 不得抵押或變賣之. 省內之天然富源 無論公有私有 不得抵押或變賣與無中華民國國籍者.
1921	廣東省憲法草案	제8장 財政 제100조 省內之天然富源 無論公有私有 不得抵押或變賣與無中華民國國籍者.
1922	湖南省憲法	제7장 行政, 三. 實業 제82조 省有産業 非經省議會議決 不得抵押或變賣之. 省內之天然富源 無論公有私有 不得變賣與無中華民國國籍者.
1922	五全憲法	제7장 國民生計 제65조 鹽 鑛産 森林 水産 領海 河流 鐵路及其車輛 航空用具 軍械及軍用品 電氣 水力 發行貨幣權於國家
1922	中華民國憲法草案(國是會議憲法草案)	없음
1923	中華民國憲法(曹錕憲法, 賄選憲法)	없음
1923	四川省憲法草案	제7장 行政準則, 제2절. 實業 제81조 省內之土地河川礦産森林 及其他天然富源之開拓保護 以省法律定之. 省內之天然富源 無論公有或私有 不得變賣與無中華民國國籍者.
1925	中華民國聯省憲法草案	없음
1925	中華民國憲法草案(段祺憲草)	제12장 生計 제147조 國家關於私有財産 私人契約 及其營業之立法原則 應依左列各規定 三. 利用天然富源 爲大規模之營業 以國有或地方公有爲原則. 其特許及其他營業 屬於獨占者 國家或地方得限制或徵收之
1929	中華民國約法草案(太原約草)	제1장 建國大綱 十一. 土地之徵收 地價之增益 公地之生産 山林川澤之息 礦山水力之利 皆爲地方政府之所有 而用以經營地方人民之事業 及 育幼 養老 濟貧 救災醫病與夫種種公共之需

1930	中華民國約法私草	제9장 國民生計 제129조 天然富源之經營 及有獨占性之經營 應歸國有或地方公有
1931	中華民國訓政時期約法	없음
1933	中華民國憲法草案	제9조 下列各項爲國家專營之事業 私人不得經營之 一. 鐵路 三. 鑛業及地下資財 五. 水力及自然動力
1933	中華民國憲法草案初稿(吳經熊)	없음
1933	張知本 憲法草案初稿	없음
1933	中華民國憲法草案初稿草案	제3장 國民經濟 제27조 附着於土地之鑛 及經濟上可供公衆利用之天然力 屬於國家所有, 不因人民取得土地所有權而受影響
1934	國民政府立法院發表之憲法草案初稿	제3장 國民經濟 제26조 附着於土地之鑛 及經濟上可供公衆利用之天然力 屬於國家所有, 不因人民取得土地所有權而受影響
1934	國民政府立法院發表之憲法草案初稿審查修正案	제8장 國民經濟 제142조 附着於土地之鑛 及經濟上可供公衆利用之天然力 屬於國家所有, 不因人民取得土地所有權而受影響 제147조 公用事業 及其他有獨占性之企業 以國家公營爲原則. 但因必要 得特許國民私營之. 國家對於前項特許之私營事業 因國防上之緊急需要 得臨時管理之. 並得依法律收歸公營 但應予以適當之補償
1934	國民政府立法院三讀通過之憲法草案	제8장 國民經濟 제132조 附着於土地之鑛 及經濟上可供公衆利用之天然力 屬於國家所有, 不因人民取得土地所有權而受影響 제137조 公用事業 及其他有獨占性之企業 以國家公營爲原則. 但因必要時 得特許國民私營之. 國家對於前項特許之私營事業 因國防上之緊急需要 得臨時管理之. 並得依法律收歸公營 但應予以適當之補償.

1936	中華民國憲法草案(五五憲草)	제6장 國民經濟 제118조 附着於土地之鑛 及經濟上可供公衆利用之天然力 屬於國家所有, 不因人民取得土地所有權而受影響 제123조 公用事業 及其他有獨占性之企業 以國家公營爲原則. 但因必要時 得特許國民私營之. 國家對於前項特許之私營事業 因國防上之緊急需要 得臨時管理之. 並得依法律收歸公營 但應予以適當之補償.
1940	國民參政會 憲政期成會 五五憲草 修正案	제7장 國民經濟 제124조 附着於土地之礦 及經濟上可供公衆利用之天然力 屬於國家所有, 不因人民取得土地所有權而受影響
1946	中華民國憲法草案(政協憲草)	없음
1946	中華民國憲法	제13장 基本國策 제3절 國民經濟 제143조 제4문 附着於土地之鑛 及經濟上可供公衆利用之天然力 屬於國家所有 不因人民取得土地所有權而受影響 제144조 公用事業 及其他有獨占性之企業 以公營爲原則. 其經法律許可者 得有國民經營之
1949	中華人民共和國憲法	제6조 礦藏, 水流 有法律規定 爲國有的 森林, 荒地和其他資源 都屬於全民所有

제2장

독립운동시기 천연자원과 주요산업 국유화 원칙의 도입

— 중국관내 독립운동단체 및 대한민국임시정부를 중심으로 —

I. 서

헌법은 국가공동체의 존재형태와 기본적 가치질서에 관한 국민적 합의를 법규범적인 논리체계로 정립한 국가의 기본법이다.[1] 헌법은 공동체와 그 구성원의 삶에 일정한 질서와 틀을 제공하고 그에 따라 공동체와 개인의 삶이 작동되고 유지되도록 하는 기능을 수행한다. 따라서 헌법을 제정하거나 개정할 때에는 공동체 구성원 전체의 논의와 참여가 있어야 하며 이를 위한 국민대표기관의 의결이나 국민투표에 의한 헌법의 확정은 헌법에게 국민의 합의에 의해 만들어진 법규범의 지위를 부여한다.[2] 공동체 구성원의 합의로 나타난 법규범이기에 헌법은 국민생활의 최고 도덕규범이며 정치생활의 가치규범으로서 정치와 사회질서의 지침을 제공하게 된다.[3]

1948년 헌법은 제6장에 경제에 관한 장을 두고 새로운 국가의 경제질서를 규정하면서 국가가 경제발전과 운영을 위한 주도적 역할을 수행할 것을 예정하였다. 특히 제85조에서 "광물 기타 중요한 지하자원, 수산자원, 수력과 경제상 이용할 수 있는 자연력을 국유로 한다. 공공필요에 의하여 일정한 기간 그 개발 또는 이용을 특허하거나

---

1) 권영성, 『헌법학원론(개정판)』, 법문사, 2010, 3면.

2) 정종섭, 『헌법학원론(제7판)』, 박영사, 2012, 23면.

3) 헌재 1989. 9. 8. 88헌가6, 판례집1, 199, 205.

또는 특허를 취소함은 법률의 정하는 바에 의하여 행한다."라고 하여 천연자원의 국유화를 규정하였고, 관련하여 제87조에서 "중요한 운수, 통신, 금융, 보험, 전기, 수리, 수도, 까스 및 공공성을 가진 기업은 국영 또는 공영으로 한다. 공공필요에 의하여 사영을 특허하거나 또는 그 특허를 취소함은 법률의 정하는 바에 의하여 행한다."라고 하여 중요 기간산업의 국공영을 규정하면서 자원 관련 산업을 포함시켰다. 헌법 자체가 공동체 구성원의 합의로서 공동체의 기본질서를 규범화한 것이라고 보면, 이러한 1948년 헌법규정은 헌법제정 당시 국가가 중심이 되어 천연자원을 개발하고 관련 사업체를 운영할 것에 대한 일정한 합의가 이루어져 있었음을 의미한다. 실제로 미소공동위원회에 각 정당·사회단체가 제출한 임시정부의 임시헌장 및 정책에 관한 답신안(答申案)을 보면 좌파, 중간파, 우파를 불문하고 대규모 산업과 광물, 삼림 등에 대한 국공유와 관련 주요산업의 국공영에 대하여 일치된 의견을 제시하고 있다.[4]

천연자원 및 주요산업의 국유화에 대한 이러한 입장이 헌법조문으로 규범화되기까지 그 원인과 과정을 분석하기 위하여 헌법제정과정에 대한 연구와 함께 해방 후 헌법제정시기까지 관련 정당·사회단체의 입장이 어떠하였고, 어떤 과정을 거쳐 입장들이 정리되었는지를 파악하는 것이 필요한 것은 당연하다. 그러나 해방 후 남한에서 활동하였던 주요 정치세력들이 어떻게 하여 그와 같이 입장을 정리하였는지를 규명하기 위해서는 일제 식민지 통치시기 독립운동을 하면서 천연자원과 그 개발 및 운용에 대한 독립운동세력들의 입장이 어떤 형태로 생성되고 존재하였는가를 살펴보는 것이 선행되어야 한다. 각 정치세력들의 국가공동체의 기본질서에 대한 입장이 해방 후 급조된 것으로 보기는 어려우며 그 이전의 활동과 입장들을 살펴보아야 비로

---

4) 『臨時政府樹立大綱 -美蘇共委諮問案答申集』, 새한민보사, 1947, 29-30, 61, 91면.

소 연원을 파악할 수 있기 때문이다.

아직까지 헌정사의 연구에서 개별규정의 연원을 일제 식민지 통치시기부터 파악한 것은 찾아보기 어렵다. 통사로서의 헌법사 저서들[5]은 일제시대와 해방 이후에 대하여 서술하고 있지만 구체적인 규정별로 두 시기의 유기적인 연관관계를 밝히고 있지는 못하다. 제헌헌법상 근로자의 이익균점권의 헌법화과정이나 제6장 경제편의 형성과정에 대한 황승흠의 연구들[6]도 일부 대한민국임시정부의 대한민국건국강령을 언급한 것 이외에 해방 이후의 논의과정에 집중되어 있다. 임시정부시기 건국강령의 헌법사적 의미를 분석한 신우철의 연구[7]는 관련 자료와의 비교를 통해 건국강령 개별규정들의 연원을 파악할 수 있는 단초를 제공하고는 있으나 본격적인 성립과정에 대한 분석이 이루어진 것은 아니다.

따라서 이 장에서는 1948년 헌법상 천연자원 및 주요산업 국유화의 연원을 일제 식민지 통치시기 임시정부와 관련된 중국 관내 독립운동단체들을 중심으로 그들의 노선 속에서 파악해 보려 한다. 우선 국유화나 국공영에 대한 시원(始原)이 되는 사회주의 사상의 도래와 단체들의 형성 속에서 관련된 정책방향을 살펴보고 이러한 사회주의적 경제정책방향이 우파 독립운동 진영에 영향을 주면서 점차 양자가 수렴하는 과정을 살펴본다. 이를 위해 특히 중국관내에서 임시정부 성립 이후 계속하여 시도되었던 독립운동단체의 통합운동을 중심으로 각 세력과 정당들의 노선과 강령들을 검토한다. 나아가 이러한

5) 한태연 외 4인, 『한국헌법사(상)』, 한국정신문화연구원, 1988; 김영수, 『한국헌법사』, 학문사, 2000; 성낙인, 『대한민국헌법사』, 법문사, 2012.

6) 황승흠, 「제헌헌법상의 근로자의 이익균점권의 헌법화과정에 관한 연구」, 『공법연구』 제31집 제2호, 2002, 299면; 「제헌헌법 '제6장 경제'편의 형성과정과 그것의 의미」, 『법사학연구』 제30호, 2004, 109면.

7) 신우철, 「건국강령(1941. 10. 28.) 연구 -'조소앙 헌법사상'의 헌법사적 의미를 되새기며」, 『중앙법학』 제10집 제1호, 2008, 63면.

독립운동단체들의 움직임을 통해 대한민국임시정부의 '대한민국건국강령'에 천연자원과 관련 산업에 대한 규정이 반영되었고, 좌우가 모두 임시정부에 참여한 이후에도 이러한 기본입장이 유지되었음을 밝혀내려 한다. 결국 이와 같이 형성된 해방 전 독립운동단체들의 입장들이 해방 후 규범화된 1948년 헌법의 천연자원 등에 대한 국유화 규정의 밑바탕이 되었음을 밝힐 것이다.

II. 사회주의 사상과 국유화 정책의 도입

1. 조선시대 지하자원 및 산림·수면의 법적 지위

조선은 광산물을 토지의 생산물로 파악하였고, 광물에 대한 개발은 농민을 징발하여 관(官)에서 직영하거나 광산 소재지의 농민에게 공물로 채취한 광물의 납부의무를 부과하는 형태로 이루어졌다. 특히 광업을 농업을 저해하는 산업으로 간주하였고, 광산물이 국외로 유출될 경우 중국에서 조공을 요구하거나 이웃나라의 무기생산에 이용될 것을 우려하여 민영을 허가하려 하지 않았다. 그럼에도 불구하고 부상대고(富商大賈) 등을 중심으로 한 광산종사자들은 끊임없이 민영제를 쟁취하기 위하여 노력하였다.[8] 따라서 기본적으로 조선은 광물 등 지하자원에 대하여 국유 및 국영을 원칙으로 하였다고 볼 수 있다.

산림과 수면에 대한 취급은 이와는 달랐다. 건국초 정도전은 『조선경국전』 부전(賦典)에서 산림과 수면(山場水梁)의 이용에 대하여 "옛날에는 망이 촘촘한 그물을 웅덩이나 못에 넣지 못하게 하였고, 초목의 잎이 다 떨어진 뒤에야 도끼를 들고 산에 들어가게 하였는데 이는 천지자연의 이익을 아껴 쓰고 사랑하며 기르기 위한 것"이라고 하면

8) 유승주, 『조선시대 광업사 연구』, 고려대학교 출판부 1994, 1-4면. 유승주는 조선시대 광업사를 농민과 광산종사자들이 부역제를 해체하고 임금제를 쟁취하는 과정의 역사로 파악하였다.

서, 이것이 임야와 수면을 이용하는 근본이 되어야 함에도 불구하고 고려시대 산장과 수량이 모두 권세있는 자들(豪强者)에게 점탈되었고 공가(公家)에서는 그 이득을 얻지 못하였다고 밝혔다.[9]

이러한 기본입장에 따라 조선시대 임야와 수면은 공공(公共)의 이익을 위하여 사용되어야 하는 것으로서 개인의 자유로운 소유와 개발의 대상이 되지 않았다.[10] 예를 들면 태조는 “산장과 수량은 온 나라 인민이 함께 이용해야 하는 것(共利者)인데, 혹 권세 있는 자가 마음대로 차지하여 이익을 독점하는 일(擅執権利)이 있으니, 심히 공의(公義)가 아닙니다.”라며 주부군현(州府·郡縣)에 영을 내려 경내의 산장과 수량을 조사하고, 마음대로 독점한 자(專擅)를 처벌할 것을 건의한 간관(諫官)의 의견을 받아들여 그대로 시행하였고,[11] 태종 역시 둔전의 폐해와 함께 “세력 강한 자들이 노예를 부려 대천(大川)을 점거하여 어업의 이익을 독차지(專利)하기 때문에 백성들은 손을 대지 못하며 민간에 어물이 적게 되니, 이들의 폐단을 개혁하지 않을 수 없다.”면서 그에 대한 개혁방안으로 “수면을 이용하여 이익을 독차지하고 백성들이 손을 못대게 하는 자는 엄히 금단하고 백성 중 원하는 자들은 모두 이용하여 이익을 얻게 하되, 10분의 1을 세(稅)로 할 것”

---

9) 정도전, 『국역 삼봉집』, 솔, 1997, 257면. “古者 數罟不入洿池 草木零落然後 斧斤入山林 蓋因天地自然之利而撙節愛養之 此山場水梁之所有本也 前朝之時 山場水梁皆爲豪强所占奪 公家不得其利焉” 이에 따라 정도전은 국가의 비용으로 사용할 수 있도록 산장과 수량을 몰수한 태조의 즉위초 정책을 조선의 기본제도로서 서술하고 있다.

10) 중국 역시 전통적으로 산, 못, 저수지, 호수 등에서 생산되는 천연자원들을 국부의 원천으로 보고 개인들의 자유로운 소유와 개발을 제한하고 있었다. 전종익, 「중국근대헌법과 천연자원 규정의 도입」, 『법사학연구』 제44호, 2011, 63면(본서 11면) 참조.

11) 조선왕조실록 태조 6년(1397) 4월 25일 정미. “山場水梁, 一國人民所共利者也. 或爲權勢, 擅執権利者有焉, 甚非公義也。願自今下令州府郡縣, 考其境內山場水梁, 如有專擅者, 則將其姓名, … 告于憲司, 憲司啓聞科罪, 痛禁其弊; 守令有阿勢畏威, 匿不申報者, 罪同” 이하 조선왕조실록기사의 원문 및 번역은 http://sillok.history.go.kr를 통해 검색한 것임.

을 제안한 하륜의 시무조목을 그대로 받아 시행하였다.[12] 세조 때에는 권세 있는 집의 종들(奴)이 주인의 세력을 믿고 산림의 일정 구역을 사사로이 차지하고(私占) 자기의 시장(柴場)이라 하여 다른 사람이 베어 가지 못하게 하는 폐단이 심해지자 이를 금지하도록 하였다.[13] 특히 산림에 관하여는 조선의 기본법전인 『경국대전』 형전 금제조(禁制條)에 시초장(柴草場)을 사사로이 점유하는 자 등은 모두 장 80에 처한다고 규정[14]되었다.[15]

이상에서 알 수 있는 바와 같이 임야와 수면에 대한 조선의 기본 정책은 '공리(共利)'였다. 인용한 자료들에 의하면 공리는 '점탈(占奪)', '천집각리(擅執榷利)', '전천(專擅)', '전리(專利)', '사점(私占)'과 구별되는 개념으로서 인민 모두가 개별적으로 자유로이 이용할 수 있는 이용관계(自願者 皆獲利)였으며, 다만 자원고갈을 방지하기 위하여 이용에 일정한 제한이 있었던 것으로 보인다. 따라서 조선인민이 산림과 수면을 이용할 수 있는 지위는 상속되거나 양도될 수 있는 성질의 사적인 재산권과는 구별되는 것으로서 조선인민이라는 지위에서 생겨나는 이용권이라 할 수 있다.[16] 이러한 공리는 국가의 절대적 소유권이 미친다는 의미인 근대적 국유와는 구분되는 것이었다.[17]

---

12) 조선왕조실록 태종 6년(1406) 11월 23일 병술. "豪强奴隷占斷大川, 以專漁利, 禁民入手, 以致民間漁物乏少, 此等之弊, 不可不革. … 漁梁專利禁民入手者, 痛行禁斷 令民自願者, 皆獲漁利, 十分稅一"

13) 조선왕조실록 성종 12년(1481) 6월 19일 임술. "勢家之奴, 馮藉主勢, 私占某區, 爲我柴場, 使他人不得刈取。世祖末年, 此弊尤甚, 特命禁止, 而於《大典》, 別立私占柴草場之禁, 今亦不可不痛禁也"

14) 『經國大典』, 서울대학교 규장각 1997, 497면. "私占柴草場者 並杖八十"

15) 위에서 인용한 실록 등 자료는 심희기, 『조선후기토지소유에 관한 연구 -국가지주설과 공동체소유설 비판-』, 서울대학교 박사학위논문, 1991, 164면에 수록된 것을 정리한 것이다.

16) 위의 논문, 165면.

17) 심희기, 『한국법제사강의』, 삼영사, 1997, 133면.

이와 같이 조선은 지하자원이나 임야 및 수면에 대하여 국유 또는 공유의 법적 원칙을 유지하고 있었고 이는 개화기를 거쳐 일제시대에 새로운 국가 건설을 위하여 천연자원의 이용방식을 결정할 때 그 제도적 밑바탕으로 작용하였다.

2. 사회주의 사상의 도입과 단체의 결성

사회주의사상의 영향에 의하여 천연자원을 국유화한다는 기본정책이 헌법에 도입된 중국의 예[18]에서 보는 바와 같이 우리의 경우에도 천연자원의 국유화나 관련 주요산업의 국공영정책은 사회주의 사상과 깊이 관련되어 있다. 사회주의 사상은 1910년대에 이미 재일본 한국인 유학생들과 연해주·북간도의 한국인 이주·망명자층을 중심으로 수입되어 혁명적 민족주의 단체들을 중심으로 퍼져 나갔다. 이에 따라 1918년 연해주, 사할린 등 러시아 극동지방의 한인들에 의하여 최초의 사회주의 정당인 한인사회당이 결성되었고[19] 3·1운동시기에는 시위과정에서 붉은 기가 등장하는 등 국내에서도 영향을 미치기 시작하였다.[20]

특히 이 시기 국내에서 결성된 조선민족대동단(朝鮮民族大同團)의 3대 강령 중에는 '사회주의를 철저히 실행한다.'는 내용이 포함되어 있었다.[21] 대동단은 3·1운동기 복벽주의 이념하에 대한제국의 국권회복을 통한 임시정부 수립을 추진한 단체로서 이를 위해 김가진과 의친왕 이강의 망명을 시도하기도 하였다. 대동단에 가담했던 인물들의 상당수가 검거되어 출옥한 이후 사회주의운동에 투신한 점과 단체이

18) 전종익, 앞의 논문, 64-71면(본서 7-20면).

19) 임경석, 『한국 사회주의의 기원』, 역사비평사, 2003, 71면.

20) 정연태 외 2인, 「3·1운동의 전개양상과 참가계층」, 『3·1민족해방운동연구』, 청년사, 1989, 254면.

21) 金正明 編, 『朝鮮獨立運動(II) -民族主義運動篇』, 原書房:東京, 1967, 77면.

름의 '대동'을 중국 강유위의 대동사상에서 따온 점을 종합해 보면, 위 강령의 배경이 되는 사회주의사상이 중국의 대동사상과 관련되어 도입된 것으로 판단된다.[22] 다만 이 단계에서는 사회주의의 실현을 위한 구체적인 사회경제정책을 수립하기까지는 미치지 못하였다고 볼 수 있다.

유의할 점은 1919. 4. 10. 서울에서 선포된 조선민국임시정부 창립장정 제32조가 '중요산업의 국영책(國營策) 및 국민균산주의(國民均産主義)를 시행'한다고 규정하고 있는 점이다. 이는 위 장정 제17조에서 일본에 대하여 국유(國有), 궁유(宮有), 관유(官有) 재산을 모두 민국(民國)에 인도하고, 사설철도 및 전기, 우편기관은 상당한 보상으로 국민의 국유로 통합할 것, 조선은행 등 반공적(半公的) 성질을 가진 기관도 모두 민국에 인도할 것을 규정한 것[23]과 연관된 것으로서 일본이 침략으로 빼앗아 간 각종 재산들을 일단 모두 반환받아야 하며, 그 상당부분을 차지하는 주요기업이나 산업들은 일단 국가가 경영하는 것으로 한다는 정책방향을 선언한 것이다. 조선민국임시정부의 수반인 정도령(正道領)이 손병희이고 그를 포함하여 10명의 각부 무경(務卿) 중 천도교인들이 3인(법무경 윤익선, 식산부장 오세창)인 점,[24] 일본 경찰에서 보고된 위 장정의 압수와 관련된 사건의 관련 인물 상당수가 천도교도들이며 천도교인인 이종일이 그 작성과 배포에 관여되어 있는 점[25]에 비추어 조선민국임시정부의 설립은 천도교인들이 중심이 되어 이루어진 것으로 보인다.[26] 따라서 기본적으로 동학과 천

---

22) 이현주, 『한국사회주의세력의 형성: 1919~1923』, 일조각, 2003, 129-133면.

23) 『대한민국임시정부 자료집 8-정부수반』, 국사편찬위원회, 2006, 5-6면; 金正明 編, 앞의 책, 16면.

24) 이현희, 「3·1 민주혁명후 임시정부의 성립과 그 성격-민주체제형성의 추진-」, 『역사교육』 30·31, 1982, 166면.

25) 金正明 編, 앞의 책, 23면. 관련자 이인근, 허익환, 권희목, 이임수 중 앞의 2인이 천도교인이다.

도교의 개벽 및 평등사상과 함께 외국의 경제적 침략에 대한 인식을 기반으로[27] 경제정책면에서 사회주의사상이 영향을 미치고 있는 것으로 볼 수 있다.

이와 같이 사회주의사상은 3·1운동 당시 국내외 독립운동가들 사이에서 상당한 정도로 확산되어 영향을 주고 있었고, 이후 국내외에서 다수의 사회주의 단체들이 결성되어 활발하게 활동하였다. 국내에서 비밀결사 형태의 단체들이 조직되었던 것과는 달리 상해와 만주, 연해주, 시베리아 등 해외에서는 정당이 조직되어 소련과의 연계 등을 통하여 활발히 활동하였다. 3·1운동 이후 조직된 국내외의 여러 임시정부 조직들[28]의 통합운동이 전개되면서 한인사회당이 상해 임시정부에 참여하는 등 사회주의자들은 임시정부의 조직과 활동에 영향을 주기도 하였다.[29]

1921년 상해 고려공산당과 이르쿠츠크 공산당이 결성되어 독립운동진영에는 주요한 두 개의 공산당이 등장하였고, 두 정당은 각각 모든 한인 공산단체들을 대표하는 유일한 공산당이라고 주장함으로

---

26) 이현희, 앞의 논문, 167면.

27) 의암 손병희는 비정개혁안(秕政改革案)(1903) 중 재정에 관한 부분에서 '재정은 하늘의 보물로 만들어진 것으로서 모든 인민이 이용해야 하는 것(財政 天寶之物化也 生民之利用也)'이라 하면서 종래의 농·공·상에 대한 천대관념을 배척하고 외국인의 침탈로부터 국가의 자원을 보호할 것, 선진문화를 도입하여 민족자본을 형성할 것, 유학생의 해외파견을 주장하였다. 특히 광산, 해운, 철로에 대한 외국인의 침탈을 경고하였다. 신복룡, 『동학사상과 갑오농민혁명(개정판)』, 선인, 2006, 311-312면. 이러한 경제에 대한 기본적인 인식이 위 장정의 기반이 되었다고 볼 수 있다.

28) 당시 나라 안팎에서 선언 내지 조직된 임시정부의 예로서 대한국민의회(노령, 1919. 3. 21.), 조선민국임시정부(서울, 1919. 4. 10.), 대한민국임시정부(상해, 1919. 4. 13.), 신한민국정부(평안, 1919. 4. 17.), 한성정부(서울, 1919. 4. 23.), 대한민간정부(기호, 1919. 4. 1.), 고려임시정부(간도, 1919. 4.) 등을 들 수 있다. 이들 중 상당수는 실체가 없는 전단정부에 해당하였고 이 중 실질적인 활동을 전개할 수 있는 실체를 가진 것은 노령 대한국민의회와 상해 대한민국임시정부 정도였던 것으로 평가된다. 윤대원, 『상해시기 대한민국임시정부 연구』, 서울대학교 출판부, 2006, 30면.

29) 임경석, 앞의 책, 108-111면.

써 사회주의운동의 대열은 분열되었다.[30] 이들이 각각 독자적인 조직 체계와 규율을 가지고 혁명이론과 정책을 수립하기 위해 노력함에 따라, 사회주의에 기반한 구체적인 사회경제정책이 나타나기 시작하였다. 예를 들면 이르쿠츠크파 공산당은 경제정책으로서 일본제국주의 뿐 아니라 착취 일반의 타도를 목표로 "모든 공장, 은행, 철도, 광산, 어업, 기타 대기업을 몰수하고 그것을 모든 근로자의 소유로 전환시킬 것"을 당강령으로 규정하였다.[31] 특히 주목할 것은 상해 고려공산당의 강령이다. 이들은 강령에서 '생산력 증식과 사회주의 확립을 위하여 사유적 생산방식과 자유경쟁을 혁폐'하고 '집중공영적 생산배분 방식으로 대신할 것'을 경제의 목표로 제시하였고, 이를 이룩하기 위한 구체적인 방법으로 '각 공장, 제조소 등 생산기관, 철도, 기선 등 교통운수기관, 전기, 와사(瓦斯), 수도 등 일용필수에 관한 기관'과 함께 '토지, 광산, 삼림은 이를 공유공영(公有公營)으로 할 것'을 규정하였다.[32]

이와 같이 1920년대부터 사회주의단체는 독립운동단체들 사이에 무시할 수 없는 세력으로 성장하고 있었다. 따라서 이후 독립운동단체들 대부분이 직간접적으로 이러한 사회주의 사상의 영향으로부터 자유로울 수 없었다. 이러한 영향은 이후 사회주의적 경제정책, 특히 천연자원 및 주요산업의 국유화 및 국공영에 관한 부분이 점차 독립운동단체들 사이에 확립되어 나가는 계기로서 작용하게 된다.

3. 의열단의 국유화 강령

사회주의사상의 영향을 받은 예로서 특히 주목해야 할 단체는 의열단이다. 의열단은 1919. 11. 10. 만주 길림성에서 김원봉 등 10여

30) 임경석, 앞의 책, 428면.
31) 임경석, 앞의 책, 435면.
32) 朝鮮總督府警務局, 『大正十一年 朝鮮治安狀況 2』, 高麗書林, 1989, 401면.

명의 청년들에 의하여 요인암살 및 주요시설 파괴 등을 목표로 창립된 무력투쟁단체이다. 이들은 원래 독립군을 조직하여 국경지방의 일본군을 무찌르고 국내로 진입하는 무력투쟁의 길을 추구하였으나 실행이 불가능하게 되자 상황을 타개하고 실효성 있는 운동을 실현하기 위하여 대안적인 방책을 모색하면서 특정기관 및 요인을 공격하여 식민지통치 기반에 타격을 가하는 무정부주의적인 투쟁을 추진하였다.[33] 밀양포탄사건, 부산경찰서투탄사건 등 이들에 의하여 각종 암살파괴활동이 활발히 이루어지자 의열단은 이름을 떨치게 되었고 다양한 계열의 독립운동세력들이 이들과 제휴하기를 원하였다. 이에 따라 조직의 형태도 초기 개인적인 친분에 의하여 형성된 연줄에 의한 결속체에서 점차 민족주의, 무정부주의, 사회주의 각 계열 운동자를 두루 포용하는 연합결사로 변경되었다.[34]

이러한 상황에서 운동의 방법론을 둘러싸고 논쟁이 발생하는 것은 필연적인 것이었다. 민족주의 운동진영과 상해공산당에서는 독립군의 독립전쟁 전략에 근거하여 그에 반하는 의열단의 운동방법에 비판적 입장을 취하였고,[35] 사회주의자들은 당시까지 전개된 테러활동이 별다른 효과를 얻지 못하고 인적 손실만을 초래하였다며 테러의 비대중성과 무모성을 지적하며 대중에 근거를 둔 투쟁의 필요성을 제기하였다.[36] 이러한 비판에 의열단운동의 노선과 방법을 합리화하여 선명하게 드러내야 할 필요성을 인식한 김원봉은 1922년 12월 북경에서 신채호에게 그 집필을 의뢰하였다. 이렇게 하여 만들어진 것이 바로 '조선혁명선언(朝鮮革命宣言)'이다.[37]

---

33) 김영범, 『의열투쟁 Ⅰ -1920년대』, 독립기념관 한국독립운동사연구소, 2009, 135면.

34) 위의 책, 202면.

35) 조항래, 「조선혁명선언의 배경과 이념」, 『한국민족운동사연구』 10, 1994, 191면.

36) 이호룡, 『아나키스트들의 민족해방운동』, 독립기념관 한국독립운동사연구소, 2008, 57-58면.

조선혁명선언에서 신채호는 일본의 통치가 조선민족 생존의 적임을 선언하고 혁명을 통하여 일본을 몰아낼 것을 주장하는 민중직접폭력혁명론을 제시하였다.[38] 그중 특히 경제에 관하여 "강도일본이 … 경제의 생명인 산림, 천택(川澤), 철도, 광산, 어장 … 내지 소공업원료까지 다 빼앗어 일체의 생산기능을 칼로 버이며 독기로 끊었다."고 하면서 종국에는 우리 민족은 "아귀(餓鬼)부터 유귀(流鬼)가 될 뿐"이라고 지적하였고, 이러한 경제제도를 "약탈제도(掠奪制度)"라고 명명하였다. 나아가 혁명을 위해서는 "경제약탈제도를 파괴"하여야 하는데, "약탈제도 밑에 있는 경제는 민중자기(民衆自己)가 생활하기 위하야 조직한 경제가 아니오 곧 민중을 잡아먹으랴는 강도의 살을 찌우기 위하야 조직한 경제니 민중생활을 발전하기 위하여 경제약탈제도를 파괴해야 한다."고 주장하였다. 결국 이러한 파괴는 "민중적 경제의 조선"을 건설하기 위한 것으로 귀결된다.[39] 조선혁명선언은 파괴의 면을 중점적으로 보면 그간 의열단에 의하여 이루어졌던 직접적 테러행동에 정당성을 부여하는 무정부주의를 주장한 것으로 볼 수 있다. 그러나 기본적으로 당시의 무정부주의가 사회주의와 혼재, 혼용되어 있었고,[40] 파괴 자체도 건설을 위한 것이며, 그 목표가 '민중적 경제'의 건설이라는 점에서 보면 사회주의의 영향 역시 무시할 수 없다.

특히 조선혁명선언을 전후하여 김원봉은 사회주의자들과 접촉해왔고[41] 상해 고려공산당으로부터 이른바 '레닌자금' 상당액을 지원받기도 하였다.[42] 1922년경부터는 사회주의자들이 의열단에 가입하거

37) 박태원, 『약산과 의열단』, 깊은샘, 2000, 103-104면.

38) 조항래, 앞의 논문, 204면.

39) 단재신채호전집편찬위원회, 『단재신채호전집』, 독립기념관 한국독립운동사연구소, 2008, 891-901면.

40) 신복룡, 「신채호의 무정부주의」, 『동양정치사상사』 제7권 제1호, 2007, 95면.

41) 박태원, 앞의 책, 96-103면.

42) 김영범, 앞의 책, 237면.

나 단원 중 사회주의를 받아들인 자들이 나타났고 상해 고려공산당의 이론가인 윤자영이 간부로 선임되기도 하였다.[43] 이러한 사회주의의 영향은 의열단의 강령을 보면 분명해진다. 1928. 10. 4. 개최된 조선 의열단 제3차 전국대표대회선언[44]은 "민중은 우리 혁명의 대본영(大本營)이며 폭력은 우리 혁명의 유일한 무기로서" 의열단은 "민중 속에 들어가 민중과 손을 잡고 끊임없는 폭력, 암살, 파괴, 폭동 등으로 강도 일본의 통치를 타도하고 우리 생활의 불합리한 제도를 개조하여 인류로서 인류를 압박할 수 없고 사회로서 사회를 박삭(剝削)할 수 없는 이상적 사회를 건설"하는 것을 목표로 한다며 그 취지를 밝히고 있다. 그와 함께 제시된 강령[45]은 이후 건설될 사회상을 밝히고 있는데, 경제에 관하여 "소수인이 다수인을 박삭하는 경제제도를 소멸시키고 조선인 각개의 생활상 평등한 경제조직을 건립할 것(제3조)"을 기본으로 하여 대지주의 토지를 몰수(제13조)하며, 일본인과 반도(叛徒), 조선인민 생활상 침해가 되는 외국인의 재산을 모두 몰수(제10조~제12조)하고, 농민과 노동평민에게 가옥과 토지 등을 제공할 것(제14조, 제15조)을 세부정책으로 제시하였다. 특히 위 강령은 제17조에서 "대규모 생산기관 및 독점성질의 기업(철도, 광산, 기선, 전력, 수리, 은행 등)은 국가에서 경영함"이라고 하여 중요산업의 국영을 명시하고 있었다.

의열단은 이후 독립운동단체의 통합에 참여하는 사회주의 계열의 주요한 일원으로 활동한다. 결국 수차례 통합운동이 이루어지고

43) 이호룡, 앞의 책, 58면.

44) 위 선언문은 재(在) 상해일본총영사관 경찰부 제2과에서 발행한 '조선민족운동연감'에 수록되어 있는 것이다. 金正明 編, 앞의 책, 340면; 『독립운동사 자료집 제7집』, 독립운동사편찬위원회, 1973, 1414-1417면; 『대한민국임시정부 자료집 별책2-조선민족운동연감』, 국사편찬위원회, 2009, 175-176면.

45) 위 선언문에 제시되어 있는 강령은 박태원, 앞의 책, 36-37면에 있는 강령과 표현과 조문수가 일부 차이가 있다. 이 글에서는 위 선언문에 제시된 것을 기본으로 하였다.

결렬되는 과정을 거쳐 의열단은 대한민국임시정부에 참여하여 좌우합작정부를 구성하였다. 그러한 활동기간 동안 사회주의적 경제 강령은 일부 형태가 변경되는 가운데에서도 골격이 유지되었고 임시정부의 정책방향에 많은 영향을 미치게 된다.

Ⅲ. 정당의 출현과 국유화 정책의 형성

1. 독립운동단체 통일운동과 한국독립당

상해에 성립된 대한민국임시정부는 초기부터 사적 조직 중심의 정부운영, 지방색 등 여러 가지 문제점을 가지고 있었고 내분과 지지기반의 상실로 말미암아 독립운동 진영내에서 대표성과 위상이 점차 저하되어 갔다. 이러한 상태에서 독립운동을 새롭게 혁신하여 강화해야 한다는 필요성에 따라 소집된 것이 1923년 1월부터 6월까지 이루어진 '국민대표회의'였다. 박은식, 원세훈 등 14인의 요구로 제기된 국민대표회의 소집론의 밑바닥에는 현존하는 임시정부가 더 이상 독립운동의 최고기관으로 자기역할을 할 수 없다는 강한 비판의식이 깔려 있었다. 참가자들은 임정체제를 개편해야 한다는 부분에 대해서는 일치된 의견을 가지고 있었으나 그 방법론에서 임정개조를 주장하는 개조파와 임정을 부인하고 새로운 기관 건설을 주장하는 창조파로 나뉘어졌다. 여기에 이념적으로 민족주의와 사회주의 진영의 대립이 더해지면서 갈등은 상당히 복잡한 양상을 가지게 되었다.[46] 회의가 진행되면서 국민대표회의의 법적 성격과 함께 임정존폐론을 둘러싸고 의견차이가 좁혀지지 않음으로써 국민대표회의는 결국 결렬되었다.[47] 그러나 국민대표회의 소집은 임시정부의 한계를 명확하게 함으로써

46) 윤대원, 앞의 책, 203-204면.

47) 이후 임시정부는 개조파를 중심으로 개혁작업에 들어가 대통령제를 폐지하고 의정원에서 국무령을 선출하는 임시헌법(1925. 4. 7.)이 시행되었다.

독립운동단체들의 이념적 분화를 촉진하고 독립운동의 조직형태로서 '당적(黨的) 형태'를 제기하는 계기가 되었다.[48]

물론 국민대표회의가 좌절된 이후에도 민족주의진영과 좌익진영과의 연합을 통하여 독립운동계를 대동통일하려는 노력은 계속되었다. 이번에는 정부의 개편이 아니라 연합전선을 결성하고 이를 기초로 이른바 '민족유일당'을 결성하려는 방안이 논의되었다. 코민테른의 민족연합전선 결성 촉구와 중국의 제1차 국공합작은 이러한 좌우합작운동을 추진하는 원동력이 되었고 특히 그 영향을 받은 사회주의세력들은 적극적으로 좌우합작에 나섰다.[49] 임시정부도 1926년 국무령 홍진이 국무령 정강과 정부의 시정방침으로 '전민족을 망라한 당체(黨體) 조직'을 제시하였고,[50] 다음 해 임시헌법을 개정하여 임시약헌 제2조 제2문에 "광복운동자의 대단결인 당이 완성된 때에는 국가의 최고권력이 당에 있음"을 명시하고 제49조 제2문에서 약헌개정을 규정하면서 "광복운동자의 대단결인 당이 완성된 때에는 이 당에서 개정함"이라고 하여 이른바 '이당치국(以黨治國)' 체제를 채택함으로써 유일당 결성운동을 뒷받침하였다.[51] 이에 따라 상해, 북경, 광동, 무한, 남경 등 중국 전역에서 독립당결성을 위한 촉성회가 조직되었고, 1927년 9월에는 상해에 각지 촉성회 대표들의 연합회의인 한국독립당관내촉성연합회가 결성되었다. 이 연합회에는 임시정부와 북경의 민족주의 운동계열뿐 아니라 이르쿠츠크와 상해의 고려공산당 등 사회주의 세력과 함께 의열단까지 참여하고 있었다.[52] 그러나 내적으로 노선차이 등으로 말미암아 점차 연합에 균열이 가기 시작하였고, 밖

48) 윤대원, 앞의 책, 234면.

49) 조범래, 『한국독립당연구 1930~1945』, 선인, 2011, 40-41면.

50) 『대한민국임시정부 자료집 8-정부수반』, 179, 183면.

51) 『대한민국임시정부 자료집 1-헌법 · 공보』, 국사편찬위원회, 2005, 15-18면.

52) 조범래, 앞의 책, 65면.

으로는 중국 국공합작의 결렬이 내부적 균열의 확대에 큰 영향을 주었다. 결국 1929년 상해촉성회가 마지막으로 해체됨에 따라 유일당 결성 운동은 실패로 돌아갔다.

그러나 이러한 유일당 결성 운동이 아무런 의미가 없었던 것은 아니다. 당적 형태의 필요성을 절감한 안창호, 이동녕, 김구 등 민족주의 진영은 이후 독립운동의 쇄신과 지방적, 파벌적 대립을 극복하고 전선통일을 도모하기 위하여 민족주의 세력의 결집체로서 1930. 1. 25. 상해에서 한국독립당을 결성하였다. 우익 민족주의진영은 사회주의 세력과의 대립·갈등 속에서 분명한 독립운동이념의 부재로 혼란과 어려움을 겪어 왔고, 정당을 결성하면서 운동의 이념과 노선을 정립하는 것이 무엇보다 중요한 과제였다.[53] 따라서 한국독립당은 결성과 함께 민족주의진영이 추구할 공동의 이념과 독립운동 노선을 제시하기 위하여 노력하였고 이는 당의(黨義)와 당강(黨綱)의 형태로 결실을 맺었다.

한국독립당은 당의에서 '혁명적 수단으로 국토와 주권을 완전광복'하고 "정치, 경제, 교육의 균등을 기초로 한 신민주국(新民主國)을 건설하여서 내(內)로는 국민 각개의 균등생활을 확보하며 외(外)로는 족여족(族與族) 국여국(國與國)의 평등을 실현하고 나아가 세계일가(一家)의 진로로 향함"을 당의 목표로 제시하였다.[54] 이에 대하여 당의 및 당강의 작성에 참여한 조소앙[55]은 한국독립당이 표방하고 있는 구체적인 '주의'는 "사람과 사람, 민족과 민족, 국가와 국가 균등생활을 이루고자 하는 것(以人與人 族與族 國與國之均等生活 爲主義)"이라고 하면서 사람과 사람이 평등하고 균등하려면 "정치, 경제, 교육의 균등

---

53) 조범래, 앞의 책, 206면.

54) 『대한민국임시정부 자료집 33-한국독립당 I』, 국사편찬위원회, 2009, 21면.

55) 한국독립당 창당시 당의 및 당강 기초위원에는 이동녕, 안창호, 이유필, 김두봉, 안공근, 조완구, 조소앙의 7명이 참여하였다.

화"가 이루어져야 하며, 민족과 민족의 평등은 "민족자결"에 의하여, 그리고 국가와 국가의 평등은 "식민정책과 자본제국주의의 타도"에 의하여 실현할 것이라고 설명하였다.[56] 이는 이른바 삼균주의(三均主義)를 구체화한 것으로 이로써 민족주의진영이 한국독립당을 결성하면서 공동의 정치이념으로 삼균주의를 채용하였음을 알 수 있다.

이러한 당의에 따라 당강에서 민족적 혁명역량을 총집중하고, 민족적 반항과 무력적 파괴를 적극적으로 진행하며, 세계 피압박민족의 혁명단체와 연락을 취하는 등 독립운동의 방법을 제시하였고 나아가 새로운 사회의 모습으로 보통선거제와 참정권의 평등과 함께 "토지와 대생산기관을 국유하여 국민적 생활권을 평등하게 할 것"[57]을 규정하였다. 이를 기초한 조소앙이 사상적으로 대동사상을 통하여 사회주의를 받아들였고 이후 정치노선으로 독일사회민주당이나 영국노동당의 사회민주주의에 공감하고 있었으며,[58] 원래 삼균주의 자체가 좌우가 모두 참여하는 민족유일당에 적용시키기 위하여 구상되었던 점[59]

56) 조소앙, 「韓國獨立黨之近象」, 『대한민국임시정부 자료집 33 한국독립당 I』, 35면.

57) 『대한민국임시정부 자료집 33-한국독립당 I』에 수록된 일본문서에 의하면 이 부분이 "土地와 大量生産機關을 公有하고 國民의 參政權을 平等하게 할 것"으로 되어 있고, 『한국독립운동사 자료 3』(임정편 III), 국사편찬위원회, 1973에 수록된 '韓國獨立黨的創立經過'라는 문서에는 "以土地及大生産機關爲國有, 平等國民的生活權"으로 되어 있어 문언에 차이가 있다. 모두 원문이 아닌 일본어와 한문번역본이어서 번역의 과정에서 착오가 있는 것으로 생각된다. 강령의 앞의 조문에서 이미 참정권의 평등을 이야기하고 있는 점과 이 규정이 경제운영에 대한 기본방향을 밝히기 위한 것인 점에서 보면 후자의 것이 원래 강령에 가까운 것으로 생각된다.

58) 조동걸, 「조소앙의 생애와 민족운동」, 『한국현대사인물연구』 2, 백산서당, 1999, 24-27면.

59) 한시준, 「조소앙연구 -독립운동을 중심으로-」, 『사학지』 제18권, 1984, 161-162면. 삼균주의가 한국독립당의 당의 및 당강에 구현되어 있었던 점에서 보면 그 이전에 어느 정도 구체적인 모습을 가지고 사상이 정립되어 있었다고 보아야 한다. 조소앙은 자신이 삼균주의를 1927-1928년에 정립하였다고 하고 있다. 홍선희, 『조소앙의 삼균주의 연구』, 한길사, 1982, 56면. 이 당시라면 민족유일당운동이 결렬되기 전이었으므로 조소앙 구상의 시발점은 민족유일당의 이념을 위한 준비였다고 볼 수 있다.

에서 이러한 규정은 경제정책에 있어 우파 민족주의진영이 사회주의적 정책을 받아들인 것으로 해석할 수 있다. 민족주의 진영의 이러한 경제정책에 대한 입장은 이후 분열과 연합을 통해 당이 해산되고 재건되는 과정에서도 기본적으로 계속되어 해방시기까지 이어진다.

2. 조선민족혁명당과 국유화 강령

1931년 만주사변 이후 일제의 만주침략과 상해사변 등으로 독립운동 진영은 어려움을 겪기도 하였으나 이봉창·윤봉길 양 의사의 의거로 말미암아 새로운 활기를 띠게 되었다. 민족유일당운동의 연장선에서 다시 독립운동세력의 통일운동이 이루어지면서 1932년 '한국대일전선통일동맹'이 결성되었다. 여기에는 한국독립당, 재만(在滿) 조선혁명당,[60] 한국혁명당,[61] 의열단 및 한국광복동지회[62]가 참여하였고, 이후 참여단체가 점차 확대되어 미주의 각종 단체들(재미 대한독립당, 대한인국민총회, 재뉴욕 대한인교민단, 재미 대한인국민회 총회 등)이 가입

60) 만주의 참의부, 정의부, 신민부는 민족유일당운동을 거쳐 촉성회파(기존단체의 해소 주장)와 협의회파(기존 단체의 존중 주장)로 갈라졌다. 조선혁명당은 이 중 협의회파가 국민부로 개편되면서 1929년 이른바 '이당치국(以黨治國)'의 원칙에 따라 만들어진 정당이다. 국민부는 당(조선혁명당), 행정기관(국민부), 군(조선혁명군)의 체계를 갖추고 당 중심으로 운영되는 모습을 가지고 있었다. 기본적으로 조선혁명당은 결성시부터 민족주의 계열과 사회주의 계열의 연합성격을 가지고 있었으므로 사회주의 이념을 상당부분 포용하는 모습을 가지고 있었던 것으로 보인다. 장세윤, 「재만 조선혁명당의 조직과 민족해방운동」, 『사림』 18, 2002, 75-80면; 秋憲樹 편, 『資料 韓國獨立運動』 2, 연세대학교 출판부, 1972, 67면.

61) 한국혁명당은 신익희 등이 중국정부와 중국군에 복무하고 있던 김홍일, 성주식, 최용덕 및 무정부주의 계열, 사회주의 계열 그리고 한국독립당에 불만을 가지고 있는 사람들과 함께 모여 남경에서 조직한 정당이다. 한시준, 「'독립운동 정당'과 해공 신익희」, 『한국민족운동사연구(우송조동걸선생정년기념논총)』 나남출판, 1997, 798-800면. 결성시기에 대하여 유치송은 1929년으로 보고 있으나(유치송, 『해공 신익희 일대기』 해공신익희선생 기념회, 1984, 338면) 한시준은 1932년 또는 그 직전에 결성된 것으로 본다.

62) 이 시기 독립운동세력의 통일운동을 주도하였던 김규식이 대표하는 단체로서 동맹의 결성 직후 해체되었다. 강만길, 『조선민족혁명당과 통일전선』, 역사비평사, 2003, 29면.

하여 재정적인 지원을 담당하였다.[63] 그러나 통일동맹은 각 민족운동 단체의 연합체적 성격을 가지고 있었으므로 이를 중심으로 구체적이고 실질적인 독립운동을 추진할 수 없었다. 이에 따라 참가단체들이 해산하고 강력한 결속력과 통제력을 가진 하나의 단체로서 결합할 것이 추진되었고 결국 1935. 7. 5. 조선민족혁명당이 결성되었다. 여기에는 조선혁명당, 의열단, 한국독립당, 신한독립당,[64] 재미 대한독립당 등 5당과 기타 미주단체들이 참여하고 있었고, 민족혁명당이 결성됨에 따라 참여 5당은 해체를 선언하였다.[65]

조선민족혁명당은 당의에서 '혁명적 수단'으로 일본을 몰아내고 '오천년 독립, 자주(自主)하여 온 국토와 주권을 회복'하며, '정치, 경제, 교육의 평등에 기초를 둔 진정한 민주공화국을 건설하고, 국민전체의 생활평등을 확보하며, 나아가 세계인류의 평등과 행복을 촉진할 것'을 기본적인 당의 목표로 설정하였다. 이러한 목표를 위하여 당강에서 봉건세력과 일체의 반혁명세력을 숙청하고 민주집권의 정권을 수립하며(제2조), 지방자치제 실시(제4조), 민중무장(제5조), 국민의 선거와 피선거권 보장(제6조) 등 정치적인 정책방향을 제시하였고, "소수인이 다수인을 박삭하는 경제제도를 소멸하고 국민생활 평등의 제도를 확립한다(제3조)."는 경제적 기본원칙과 "토지는 국유로 하고 농민에게 분급한다(제9조).", "국민의 일체의 경제생활은 국가의 계획하에 통제한다(제11조)."는 강령을 규정하였다. 특히 강령에 "대규모의

---

63) 金正明 編, 앞의 책, 514면.

64) 신한독립당은 신익희의 한국혁명당이 1933년 만주에서 조직되어 북경으로 이동해 온 '한국독립당'과 통합하여 결성된 정당이다. 한국독립당은 만주의 촉성회파가 주도하여 1930년경에 만들어진 정당으로 홍진, 신숙, 이청천 등이 중앙위원으로 참여하고 있었다. 독립운동사 편찬위원회, 『독립운동사 제4권 -임시정부사』, 독립유공자사업기금운용위원회, 1972, 723-725면.

65) 『대한민국임시정부 자료집 37-조선민족혁명당 및 기타 정당』, 국사편찬위원회, 2009, 23-25면.

생산기관 및 독점적 기업을 국영으로 한다(제10조)."는 규정을 두어 주요산업의 국영원칙을 명시하고 있다.[66]

이와 같이 당의는 정치, 경제, 교육의 평등을 민주공화국의 기초로 삼고 있음을 명시하여 삼균주의가 조선민족혁명당의 기본노선임을 분명히 하고 있다. 이로써 한국독립당 등 민족주의 진영의 기본노선이었던 삼균주의가 좌우를 망라한 독립운동진영의 일반적 사상과 노선으로 자리매김되었음을 알 수 있다.[67] 경제분야의 평등 및 국가주도적 통제경제 지향, 특히 대규모 생산기관과 독점적 산업의 국영원칙은 참여자들에게 이론(異論)이 있을 수 없는 분야였다. 앞서 살펴본 바와 같이 일찍이 의열단은 사회주의적 성격을 가지면서 강령에 위의 강령과 유사한 규정을 명시하였고, 한국독립당 당강 역시 토지와 대생산기관 국유를 명시하고 있었다. 재만 조선혁명당의 경우에도 강령에서 토지의 농민에 대한 무보상 대여와 노동자, 농민의 평등한 생활을 보장할 수 있는 생산제도 실시를 규정하고 이와 함께 "대생산기관 및 금융기관 기타 일체의 대기업, 기관을 몰수하여 국유로 함"을 규정하고 있었다.[68] 신한독립당의 경우에도 "국민의 생산, 소비 등의 일체의 경제활동은 국가가 통제하고 재산 사유권을 한정하며 생활의 평균을 확보할 것"을 강령에서 규정하고 나아가 "토지와 대생산기관은 이를 국유로 하고 국가경영의 대작업을 실시할 것"을 명시하고 있었다.[69] 눈여겨보아야 할 점은 재만 조선혁명당의 국유화 강령에 대한 설명이다. 조선혁명당은 강령해석에서 '생산기관'이란 생산에 필요한 물건 중에서 노동을 제외한 일체의 생산수단으로서 '화폐, 원

---

66) 이상 조선민족혁명당 당의 및 당강은 『대한민국임시정부 자료집 37-조선민족혁명당 및 기타 정당』, 17-18면 참조.

67) 조소앙은 창당 당시 15인의 중앙집행위원 중 1인으로 참여하고 있었다. 『대한민국임시정부 자료집 37-조선민족혁명당 및 기타 정당』, 30면.

68) 『대한민국임시정부 자료집 37-조선민족혁명당 및 기타 정당』, 566면.

69) 『독립운동사 제4권 -임시정부사』, 726면.

료, 건물, 연료, 토지, 기구, 기계류 등 생산요소 중에서 물적 요소'라고 설명하고 있다.[70] 따라서 의열단, 한국독립당, 재만 조선혁명당, 신한독립당, 그리고 조선민족혁명당의 강령에서 공통적으로 명시하고 있는 '대생산기관' 또는 '대규모 생산기관'을 같은 의미로 본다면 결국 이는 천연자원을 포함한 대규모의 생산수단은 모두 국유 또는 국영으로 한다는 의미로 볼 수 있다.

조선민족혁명당 창립대회 선언에서 참가자들은 조선민족혁명당의 결성을 전체 민족적 지도의 통일과 혁명역량의 집중을 위해 하나의 대통일당을 결성하기 위해 노력하였던 국민대표자대회 및 유일당 결성운동의 연장선에서 이루어진 것으로 보았고 이를 '독립당운동사상 획기적 발전의 신기원'이라고 평가하고 있었다.[71] 따라서 위와 같은 경제분야 강령들은 조선민족혁명당 결성 당시 중국 지역의 주요 독립운동단체들이 좌우를 불문하고 독립조선의 사회경제정책은 사회주의적인 방향으로 가야 한다는 점에 모두 동의하고 있었음을 의미한다. 이러한 공감대가 독립운동세력의 통일운동 결과 만들어진 조선민족혁명당의 당의와 당강으로 표현되었던 것이다.

위와 같은 경제정책에 대한 방향은 당시 조선의 사회경제적 상황에 대한 다음과 같은 인식을 바탕에 두고 형성된 것이었다. 당시 일본인들이 조선토지의 총면적 중 70%를 차지하고 있었고, 공업분야에서도 한국인의 자본은 겨우 5%에, 생산액은 전체의 13%에 불과하였다. 이에 따라 농민은 경작지를 잃고 걸인이 되는 사람이 해마다 증가하였고, 노동자들에 대한 비참한 착취와 그 생활수준의 열악함은 세계에서 그 유례를 찾기 어려웠다. 나머지 상업, 광업, 수산업, 전기, 금속, 철도운수업 등도 남김없이 일본제국주의가 독점하고 있으며 이

70) 『대한민국임시정부 자료집 37-조선민족혁명당 및 기타 정당』, 571-572면.
71) 「한국민족혁명당창립대회선언」, 위의 책, 29면.

러한 잔인한 경제적 착취를 위해 정치적 압박이 행해지고 있었다.[72] 따라서 조선경제의 당면과제는 “낙오된 농촌 및 수공업적 경제를 식민지적 봉건적 방향으로부터 전화시켜 가능한 한 그 생산력을 민주주의적 자유발전의 길로 촉성시킴으로써 대중의 생활수준을 향상시키는 것”이며 이를 위한 수단의 하나로 대규모 생산수단의 국영화가 필요한 것이었다. 특히 “현재 조선인의 대기업은 그 전부가 일본제국주의 자본에 속한 것이며, 우리 민족에 대한 수십 년의 노예적 착취에 의해 축적된 것이므로 우리 민족 자신의 공동행복을 위해 우리 국가에 환원되지 않으면 안되는 것”이고, 이를 통해 “대중적 소생산기초를 독점자본주의적 억압에서 해방시켜 자유로운 민주주의적 발전을 하게 하며, 다른 하나는 이런 대기업의 지배적 지위를 이용하여 소생산자들의 적극적 발전과 장래 비자본주의적 발전을 위한 지도조직이 되게 하는 것”에 국영화의 의미가 있다고 하였다.[73] 이러한 점에서 보면 강령 제10조는 해방이 이루어져서 독립된 국가를 수립하는 과정에서 식민지 지배를 통하여 발달한 일본인 소유의 거대한 대규모 생산기관 및 독점적 기업을 국영화하고 이를 기반으로 낙후된 민족경제의 적극적인 발전을 도모하기 위한 것이었다.[74]

물론 조선민족혁명당의 결성으로 나타난 독립운동 단체들의 통일과 의견의 수렴은 시작부터 한계를 가지고 있었으며 지속적이지 않았다. 우선 김구, 송병조 중심의 임시정부 고수파들은 조선민족혁명당에 참여하지 않았고 이에 대항하기 위해 강력한 임시정부지지 단체조직의 필요성을 인식하고 별도로 ‘한국국민당’을 결성하였다.[75] 또한

72) 위의 책, 26-27면.

73) 「본 당의 기본강령과 현단계의 중심임무」, 『민족혁명』 제3호, 『대한민국임시정부 자료집 37-조선민족혁명당 및 기타 정당』, 218-219면.

74) 강만길, 앞의 책, 89면.

75) 『대한민국임시정부 자료집 35-한국국민당 I』, 국사편찬위원회, 2009, 3면.

조선민족혁명당 결성 직후 한국독립당 소속 조소앙 등이 탈당하여 한국독립당을 재건하였고,[76] 미주의 대한독립당도 이탈하여 원당으로 복귀하였다.[77] 마지막으로 이청천, 최동오 등 신한독립당 계열 인사들은 김원봉의 의열단 계열과 갈등이 계속되자 탈당하여 조선민족혁명당에 반대하는 민족주의 정당을 표방하며 조선혁명당을 결성하였다.[78]

이와 같이 대동단결을 위해 협력하였던 세력들이 분립되어 가기는 하였으나 각 당의 경제, 특히 국유화와 관련된 정책방향을 살펴보면 일정한 일치점을 찾아볼 수 있다. 한국국민당은 창당선언에서 "국가주권의 완전 광복으로부터 전민족의 정치, 경제, 교육의 균등인 3대민족의 신앙을 확립한다."고 명시하여[79] 당의 기본노선이 삼균주의에 의하고 있음을 분명히 하였고 당강에서도 한국독립당 당강과 마찬가지로 "토지와 대생산기관을 국유로 하고 국민의 생활권을 평등하게 할 것"을 규정하고 있었다.[80] 재건 한국독립당의 경우에도 당의 공식문서들을 통하여 조선민족혁명당의 당의와 정강이 과거 한국독립당의 것들을 대부분 채용하였음을 인정하면서 기본적으로 양당을 '우의(友誼)단체'의 일종으로 관계를 설정하고 있고,[81] 정책적인 부분에서도 이전과 마찬가지로 삼균주의를 기본으로 하면서 "경제상 생산 및 분배권리를 평등하게 향유하며(在經濟上 平等享有 生産及分配權利) 어업,

76) 조소앙은 한국독립당 재건을 설명하기 위하여 1935. 10. 5. 작성한 「고(告)당원동지」에서 유물론의 단점을 지적하고 소련의 경우 10여 년 동안 실험한 결과 무산독재로 귀결되었다고 비판하였다. 이와 함께 "민족적 총단결 또는 복수단체의 임시적 합작은 가능할 여지가 있지만 정개적(整個的) 정당이라는 단일당은 가능하지 않다."고 지적하고 있어 탈당이 이념과 노선의 차이 및 당내의 주도권 문제 등에 의한 것임을 추측할 수 있다. 『대한민국임시정부 자료집 33-한국독립당 I』, 235-242면.

77) 『독립운동사 제4권 -임시정부사』, 669면.

78) 金正明 編, 앞의 책, 603면.

79) 『대한민국임시정부 자료집 35-한국국민당 I』, 5면.

80) 위의 책, 135면; 金正明 編, 앞의 책, 645면.

81) 조소앙, 앞의 글(주 73), 『대한민국임시정부 자료집 33-한국독립당 I』, 244면.

광업, 농업, 임업, 생산, 소비, 교환, 교통 등 산업을 국유로 하여 균등하게 분배함(漁, 鑛, 農, 林, 生, 消, 換, 通等 歸國有 而均分之)"을 선언하였다.[82] 조선혁명당도 정강으로 "경제적 평등제도의 확립을 통해 국민생활의 평등과 행복을 창조한다(確立經濟平等制度 以造成國民生活之平等福榮)."는 원칙 아래 그 첫 번째 방편으로 "교통기관 및 기타 대생산기관을 모두 국영으로 할 것(將交通機關及其他大生產機關 歸有國營)"을 제시하고 있다.[83] 따라서 정치적으로는 노선에 따라 서로 분립되었더라도 조선민족혁명당의 결성을 계기로 독립운동단체들 간에 형성된 해방된 조선에서의 경제정책의 방향, 특히 대규모 생산기관 및 주요기업의 국유 내지 국영화에 대한 공감대는 이후에도 계속하여 유지되었다고 보아야 한다. 이러한 점은 이후 분립되어 있던 좌우 독립운동단체들이 다시 연합을 모색하는 과정에서도 변함없이 계속하여 이어지게 된다.

Ⅳ. 좌우합작 정부와 대한민국임시정부 건국강령

1. 좌우합작운동의 전개

조선민족혁명당의 분열 이후 분립되어 있던 독립운동단체들에게 1937년 중일전쟁은 새로운 연합의 계기를 마련해 주었다. 외부적으로는 이때부터 중국으로부터 효과적인 항일투쟁을 위한 연합의 요구가 계속되었고, 내적으로는 미주단체들과 중국정부로부터 재정적인 지원을 받기 위해서 단체의 통일이 필요하였다. 이에 따라 우선 우익 민족주의 진영의 3당(재건 한국독립당, 한국국민당, 조선혁명당)이 임시정부

---

82) 「韓亡 26周年 痛言」, 『대한민국임시정부 자료집 33-한국독립당 I』, 249-250면; 삼균학회 편, 『소앙선생문집』(上), 횃불사, 1979, 250면.

83) 「(南京)조선혁명당 선언(1937)」, 『대한민국임시정부 자료집 37-조선민족혁명당 및 기타 정당』, 589면; 『한국독립운동사 자료 3』(임정편 III), 467면.

를 중심으로 미주단체들과 연합하여 '한국광복운동단체연합'을 결성하였고,[84] 좌익 사회주의 계열 역시 조선민족혁명당을 중심으로 무정부주의 단체인 조선혁명자연맹,[85] 조선청년전위동맹,[86] 그리고 조선민족해방동맹[87]이 연합하여 '조선민족전선연맹'을 결성하였다. 한편 중일전쟁 이후 중국의 제2차 국공합작이 형성되면서 좌우 양진영의 통일된 항일투쟁에 대한 요구가 더욱 강해졌다. 1938년 이후 전쟁이 불리하게 진행되자 중국정부가 중국내 항일 전선의 확대를 위해 한인 독립운동진영과의 연합을 모색하였던 것이다. 한중연합을 위해서는 좌우 양대연합체의 통일이 필요하였고, 이를 위한 움직임은 중국의 중재 또는 종용에 의해 1939년부터 본격적으로 추진되었다.[88]

결국 김구와 김원봉은 수차례의 회담을 거쳐 좌우합작에 합의하였고 1939. 5. 10. 합의의 원칙을 「동지동포들에게 보내는 공개신(公開信)」의 형식으로 발표하였다.[89] 이 서신에서 두 사람은 일본에 대한 최후의 결전을 승리하기 위해서는 '전민족적 역량을 집중 운전하는 통일적 조직'이 건립되어야 한다고 전제하고 "여하한 방식에 의하야 민족적 통일기구가 조성되든지 이 기구는 현 단계의 전민족적 이익과

---

84) 『대한민국임시정부 자료집 33-한국독립당 I』, 260-262면.

85) 1930년 결성된 무정부주의자들의 단체인 '남화한인청년연맹(南華韓人靑年聯盟)'이 1937년 개편하여 만들어진 단체로서 당시 대표는 유자명이었다. 秋憲樹 편, 앞의 책, 77면; 金正明 編, 앞의 책, 676면.

86) 조선민족혁명당으로부터 탈퇴한 사람들이 한구(漢口)에서 결성한 단체로서 극좌적인 노선을 가지고 있었던 것으로 보인다. 秋憲樹 편, 앞의 책, 78면; 金正明 編, 앞의 책, 675면.

87) 중국자료에 의하면 1936년 상해에서 김규광, 박건웅 등에 의하여 조직된 공산주의자 단체이다. 秋憲樹 편, 앞의 책, 75-76면. 한편 일본자료에 의하면 결성인물이 손두환, 김철남 등이었고 소수의 인물들이 자금입수의 방편으로 결성한 단체로서 과대한 이름을 붙였고 세력도 미미했다고 평가되었다. 金正明 編, 앞의 책, 675면. 이상의 단체들에 대한 자세한 설명은 강만길, 앞의 책, 220-224면 참조.

88) 조범래, 앞의 책, 176-177면.

89) 『대한민국임시정부 자료집 34-한국독립당 II』, 국사편찬위원회, 2009, 3-8면.

보편적 요구에 기한 정강의 밑에서 임하(任何)의 주의, 당파를 불문하고 조직되어야 할 것이며 전민족적 투쟁을 통일적으로 운전할 능력 있는 조직이 되어야 할 것"이라고 밝혔다. 이어서 그들은 그 조직의 정치강령이 가져야 할 내용의 대강 10개조를 제시하였다. 이들은 대강의 제1조와 제2조에서 자주독립국가 건설과 민주공화국 건설을 목표로 제시하였고 제3조에서 "국내에 있는 일본제국주의자의 공사재산 급 매국적 친일파의 일체 재산을 몰수함(제3조)"을, 그리고 제4조와 제5조에서 "공업, 운수, 은행, 급 기타 산업부문에 있어서 국가적 의의가 유(有)한 대기업을 국유로 함(제4조)"과 "토지는 농민에게 분급하며 토지의 매매를 금지함(제5조)"을 명시하였다.[90] 이와 같이 좌우가 합작을 추진하면서 합의한 정책의 대강에 '대기업의 국유'가 포함되어 있는 것은 의미가 크다. 물론 조선민족혁명당 강령에 있었던 '대생산기관'에 대한 부분에 대해서는 언급이 없었다. 그러나 국가적 의의가 있는 대기업, 즉 국민생활이나 국가경제에 큰 영향을 주는 국가기간산업에 대한 국유원칙을 명시적으로 밝히고 있는 점을 보면 당시 독립운동단체들 사이에 해방 후 경제부문에서 상당한 수준의 국가통제적 경제운영에 대한 공감대가 형성되어 있었음을 다시 한번 확인할 수 있다. 게다가 당시 합작이 추진되던 범위에는 조선민족혁명당에 참여하지 않았던 단체들도 포함되어 있었으므로 이러한 경제운영 방침이 과거보다 좀 더 넓은 범위에서 설득력을 가지고 논의되고 있었음을 알 수 있다.

좌우 양진영의 실질적인 지도자 사이에 합의가 이루어졌지만 단일정당을 만드는 작업은 쉽지 않았다. 일단 양진영의 7당이 모여 '한

90) 제6조부터 제10조까지에는 노동시간 감소와 사회보험사업 실시(제6조), 부녀와 남자의 평등(제7조), 언론 · 출판 · 집회 · 결사 · 신앙의 자유(제8조), 국가경비에 의한 의무교육 및 직업교육 실시(제9조), 자유 · 평등 · 호조(互助)의 원칙에 기하여 인류의 평화와 행복을 촉진함(제10조)이 규정되어 있다.

국혁명운동통일을 위한 7단체회의'를 개최하였다. 회의의 진행과정에서 전선통일의 당위성에 대해서는 이견이 없었으나, 단일당 결성안과 단체들의 연맹안 등 조직방식에 대한 이견이 발생하면서 먼저 조선민족해방동맹과 조선청년전위동맹이 탈퇴하였다. 이어서 5단체의 통일회의도 임시정부 존폐와 당원자격 문제로 대립하다가 결렬되고 말았다.[91] 결국 남은 우익진영의 3당이 임시정부에 참여하게 되었고 이들이 통합하여 1940. 5. 9. 한국독립당을 결성하게 된다. 새롭게 만들어진 중경 한국독립당은 기본적으로 이전의 상해 한국독립당 및 재건 한국독립당과 같이 삼균주의를 기본적인 노선으로 채택하였고[92] 당강도 대체로 일치하였다. 당강에 "토지 급 대생산기관을 국유로 하야 국민의 생활권을 균등화할 것(제4조)"이라는 국유화 규정 역시 그대로 포함되어 있었다.[93]

2. 대한민국임시정부 건국강령과 좌우합작 정부의 성립

우파 민족주의 계열의 통일된 정당이자 임시정부를 지지하는 유일한 여당인 한국독립당이 성립된 후 정부와 관련된 제도의 정비가 이루어졌다. 우선 전시체제에 대비한 정책방향으로 '독립운동방략(獨立運動方略)'을 결정하여 선포하였고,[94] 이당치국(以黨治國)과 관련되어 임시의정원 및 민족유일당이 최고권력을 가진다고 규정되었던 제2조를 삭제하는 등 임시약헌을 개정하였다. 이어서 1941. 11. 28. 해방 후 신국가를 건설하기 위한 계획으로 조소앙이 기초한 '대한민국건국

91) 조범래, 앞의 책, 179-182면.

92) 「한국독립당 창립선언」 중 당의. "이에 본당은 혁명적 수단으로써 원수 일본의 모든 침탈세력을 박멸하여 국토와 주권을 완전 광복하고 정치 · 경제 · 교육의 균등을 기초로 한 신민주국을 건설하야써 내로는 국민각개의 균등생활을 확보하고 외로는 족여족(族與族) 국여국(國與國)의 평등을 실현하고 나아가 세계일가의 진로로 향함."

93) 『대한민국임시정부 자료집 34-한국독립당 II』, 27-28면.

94) 『소앙선생문집』(상), 135면.

강령(大韓民國建國綱領)'을 국무회의에서 통과시켰다.[95] 건국강령은 우리나라의 건국정신이 '삼균제도'에 근거를 두었다고 밝히면서 복국(復國) 이후 건국에 이르기까지의 임시정부의 기본적인 정책방향을 밝히고 있다. 특히 건국단계의 경제체제에 대하여 "건국시기의 헌법상 경제체계는 국민 각개의 균등생활을 확보함과 민족전체의 발전 및 국가를 건립보위함에 연환(連環)관계를 가지게 한다."고 하면서 8가지 경제정책을 제시하였고 그 첫 번째로 다음을 규정하였다.

> "대생산기관의 공구와 수단을 국유로 하고 토지·광산·어업·농림·수리·소택과 수상·육상·공중의 운수사업과 은행·전신·교통 등과 대규모의 농·공·상 기업과 성시(城市) 공업구역의 공용적 주요 방산은 국유로 하고 소규모 혹 중등기업은 사영으로 함"

한국독립당은 건국강령 통과 이전인 같은 해 5. 20. '한국독립당 제1차 전당대표대회선언'에서 민족의 발전방향을 '복국 → 건국 → 치국 → 세계일가'로 설정하고 단계별로 구체적인 발전방향을 제시하였다. 특히 복국단계에서는 한국독립당 당책을 행동원칙으로 제시하였고, 독립 후 건국단계에 대하여는 "삼균제도로서 국가와 사회를 창립하여 민주정치와 균등정책을 건국의 주요 목적으로 확립"한다고 선언하면서 당강 7개조를 그대로 건국강령으로 제시하였다.[96] 그러한 점에서 건국강령은 전당대표대회선언에서 제시되었던 복국과 건국의 원칙들인 한국독립당 당책과 당강을 제도적으로 구현하기 위하여 구

---

95) 『대한민국임시정부 자료집 34-한국독립당 II』, 79면; 『소앙선생문집』(상), 135-173면. 대한민국임시정부공보 제72조에는 순한글본 건국강령이 게재되어 있다. 이하 인용하는 내용은 공보에 게재되어 있는 것을 기본으로 하여 소앙선생문집에 수록되어 있는 국한문혼용본 초안상의 표기한자를 보충한 것이다. 건국강령의 판본에 대한 설명은 신우철, 앞의 논문, 64-66면 참조.

96) 『대한민국임시정부 자료집 34-한국독립당 II』, 77-84면.

체적으로 발전시킨 것이라 할 수 있다. 따라서 한국독립당 당강에 대한 설명을 보면 건국강령 중 위 규정의 의미가 명확해질 수 있다.

조소앙은 1941. 5.에 발표한 「한국독립당 당강천석(黨綱淺釋) –균등적 의의–」[97]에서 당강의 중심사상을 '균등'이라 하고 그 첫 번째가 사람과 사람간의 균등이라 하면서 그 하위내용으로 분야별로 정치, 경제, 사회의 균등을 제시하였다. 경제의 균등에 대한 설명을 보면 우선 한국의 사회배경으로 신라에서부터 조선 초기에 이르는 토지국유의 역사적 전통[98]과 함께 이족전제(異族專制)하의 경제압박으로서 이미 10년 전에 일본인이 한인 토지의 7할을 장악하고 한국 생산기관 자본 총액의 85%를 장악하고 있는 상황을 언급하였다. 이어서 경제균등의 절실한 요구에 따라 토지국유정책과 대생산기관의 국유가 필요하다고 하였다. 특히 후자에 대해서는 산업이 낙후된 국가가 선진공업국가와 경쟁하기 위해서는 반드시 시행해야 하는 것으로서 중국이 신식 생산방식을 채용한 초기부터 국영제를 취한 것도 바로 이런 이유에서였다고 하였고, 이에 더하여 국유제를 채용해야 할 한국만의 특수한 이유를 두 가지 제시하였다. 하나는 빈부격차의 확대를 방지하여 사회혁명의 위험성을 줄이고 경제균등의 원칙을 실현하기 위해서이고 다른 하나는 일본이 대부분의 생산기관을 장악하고 있는 상황에서 광복 후에는 이를 회수해야 하는데 이를 국가가 경영하는 것은 지극히 당연하다는 것이었다. 이러한 설명은 조선민족혁명당이 창립선언에서 제시하였던 대규모 생산기관 및 독점적 기업 국영화

97) 『대한민국임시정부 자료집 34-한국독립당 II』, 84-112면; 『한국독립운동사자료집-조소앙편(一)-』, 한국정신문화연구원, 1979, 881-889면.

98) 조소앙이 토지국유의 고전적 논거의 하나로 제시한 정도전의 상소에 대하여, 이를 '주례'에 기초한 '공(公)' 개념을 잘 보여주는 것으로 보고, 이러한 '공' 개념이 사회주의 이론을 광범위하게 수용하였던 바탕이 된 것으로 평가하기도 한다. 박태균, 『원형과 변용 -한국경제개발계획의 기원』, 서울대학교 출판부, 2007, 32-34면. 천연자원 및 주요산업의 국유화 역시 같은 맥락에서 설명할 수 있다.

강령에 대한 설명이나 제7차 대표대회선언에서 규정한 일제와 매국노, 반도들의 재산과 대기업을 몰수하여 국영으로 한다는 내용과 크게 다르지 않은 것으로서 좌익진영에서도 쉽게 동의할 수 있는 것이었다.

이러한 점은 이후 좌우합작이 이루어지는 상황 속에서도 위의 국유화 정책에 대하여 별다른 이론이 없었던 점에서 확인할 수 있다. 좌우합작은 중국국민당의 임시정부에 대한 재정지원과 조선민족전선연맹의 군사력인 조선의용대의 중국공산군 지역인 화북진출에 따른 김원봉의 위상변화 그리고 중국국민당 정부의 단결에 대한 호소 등으로 인하여 1942. 10. 25. 조선민족혁명당 인사들이 임시의정원에 참여하는 형태로 이루어졌다.[99] 이로써 임시의정원은 좌우 양진영의 정당 및 단체들이 참여하는 통합의회로 기능하게 되었고, 한국독립당은 여당으로, 조선민족혁명당은 야당으로 활동하게 되었다. 태평양전쟁 이후 일제의 패망이 가까워지면서 이러한 좌우합작은 양당의 인사들이 국무위원으로 참여하여 정부를 구성하는 형식으로 발전하게 된다.[100]

임시정부는 건국강령 공포 후 각종 선언을 통하여 이를 선전하는 한편 이를 독립운동의 지도이념으로 확립하기 위하여 노력하였다.[101]

---

99) 조선민족혁명당은 1941. 12. 10. 제6차 전당대표대회에서 반파시스트운동에 동참할 것과 함께 임시정부 참가를 결정하였다. 이때 개정된 강령은 국유화에 대하여 아무런 규정을 두고 있지 않았다. 『대한민국임시정부 자료집 37-조선민족혁명당 및 기타 정당』, 45-52면. 그러나 1943. 2. 22. 제7차 대표대회선언에서 개정한 강령은 제3조에서 "조선 경내의 일본 제국주의자, 매국노 및 일본에 들러붙은 반도들의 모든 공적재산과 사유재산을 몰수하고, 대기업은 몰수하여 국영으로 귀속시키며, 토지는 농민에게 분배한다."라고 하여 다시 국유화를 규정하고 있다. 같은 책, 63면.

100) 조범래, 앞의 책, 194-195면; 강만길, 앞의 책, 249-250면.

101) 예를 들면, 1942. 3. 1. 「제23주년 3 · 1절 선언」에서 임시정부는 건국강령의 대강을 설명한 후 "건국강령은 본 정부의 지도원리이고 그 본질을 추구하면 역시 민족자결주의의 최대 실행이다. 그러므로 무릇 한민족에 속하는 이는 진실로 믿어 받아 봉행하여 우방의 동포에게 미치게 하고 역시 함께 옹호 지지하여 자기가 설 곳에 남을 세우며 자기가 도달할 곳에 남을 도달하게 하는 공중도덕에 부응해야 한다. 이것이 본 정부가

특히 국무회의에서 통과된 한국광복군의 공약 및 서약문에 건국강령에 위배되는 주의를 선전하거나 조직하지 못하고 건국강령을 준행하겠다는 내용을 포함시키고,[102] 의정원 의원선출시에도 건국강령의 준수여부를 확인[103]하는 등 임시정부는 건국강령을 공식적인 정부의 정책방향으로 규정하고 시행하였다. 이러한 건국강령의 위치는 좌우합작이 이루어진 이후에도 유지되었다. 임시의정원에서 일부 건국강령과 관련된 논란이 있기는 하였으나 정치적 프로그램인지, 법령인지 여부에 관한 법적 지위의 문제와 관련된 것에 불과하였고 내용적으로도 토지국유에 대한 논의가 이루어졌을 뿐이다.[104] 약헌수개(約憲修改)위원회에서도 건국강령의 주요내용을 헌법에 포함시키자는 주장에 대한 논의가 있었고 경제와 관련된 내용에서 토지국유에 대한 논란은 있었으나 생산기관 및 기업의 국유에 대하여는 아무런 이론이 없었다.[105] 따라서 건국강령상의 국유화 정책에 대해서 임시정부에 참여하고 있는 세력들은 좌우를 불문하고 모두 찬성하고 있었음을 알 수 있다. 특히 약헌의 개정을 위하여 1943년 제출된 초안 제6조[106]에서 "한국경내의 일체 적산(敵産)과 역산(逆産)은 몰수하며 대기업은 국영으로 하고 토지는 농민에게 분배함"을 규정하고 있는 것을 보면 생산기관이나 기업의 국유화에 대한 방침을 헌법적인 수준으로 격상시킬 것인지에 대한 논의까지 전개되었던 점을 알 수 있다.

동포와 우방에게 갈망하는 바이다."라고 선언하고 있다. 『대한민국임시정부 자료집 8-정부수반』, 268면.

102) 『대한민국임시정부 자료집 11-한국광복군 II』, 국사편찬위원회, 2006, 14-15면.

103) 한시준, 「대한민국임시정부의 광복 후 민족국가건설론 -대한민국건국강령을 중심으로-」, 『한국독립운동사 연구』 3, 1989, 528면.

104) 『대한민국임시정부 자료집 3-임시의정원 II』, 국사편찬위원회, 2005, 41-47, 79면.

105) 위의 책, 122-123면.

106) 『대한민국임시정부 자료집 5-임시의정원 IV』, 국사편찬위원회, 2005, 98면. 이를 신우철은 1943. 5. 22. 제13차 회의에서 야당인 조선민족혁명당측이 작성 제출한 초안으로 본다. 신우철, 『비교헌법사-대한민국입헌주의의 연원』, 법문사, 2008, 453면.

조소앙은 건국강령수개위원회 회의에서 건국강령이 과도기적인 산물로서 이후 정치세력 간의 관계 속에서 주장과 방향이 달라질 수 있으므로 영구적인 강령은 제출될 수 없으며 그런 점에서 임시정부를 중심으로 제출한 건국강령이 과도기에 적합하다고 밝혔다.[107] 게다가 약헌개정과 관련하여 건국강령 중 토지국유가 문제가 되었을 때 "자본주의사회를 건설한다면 따라올 사람이 하나도 없다."고 하여[108] 건국강령이 건국시 사회주의 진영까지 포섭하기 위한 것이었음을 분명히 하였다. 따라서 대한민국건국강령은 정치세력 간의 대립과 연합이 반복되던 과도기적 상황 속에서 좌우를 불문하고 중국관내에서 활동하던 독립운동단체들이 널리 동의할 수 있는 원칙을 추출하여 만들어진 것임을 알 수 있다. 특히 국유화원칙은 특별한 이견 없이 공통의 원칙으로 받아들여졌고 그러한 상황에서 해방을 맞이하게 되었다.

V. 결

3·1운동 이후 독립운동의 중심으로 상해에 대한민국임시정부가 수립되었으나 이념과 노선의 차이 등으로 말미암아 독립운동세력 사이에 분열과 갈등은 계속되었고 각종 단체들의 설립과 해산, 합종연횡이 반복되었다. 반면 모두가 단합하여 하나의 독립운동 대열에 합류하여야 한다는 대원칙 아래 끊임없이 연합을 모색하는 움직임 역시 계속되었다. 독립운동의 연합운동은 때로는 국민대표회의의 형태로, 때로는 민족유일당 결성운동 형태로, 때로는 정당통합운동의 형태로 나타났고 연합을 위해 공통적으로 동의할 수 있는 원칙들을 만들어 가는 과정에서 좌우의 이념과 노선간의 상호이해와 융합이 이루어져

107) 『대한민국임시정부 자료집 4-임시의정원 III』, 국사편찬위원회, 2005, 9-10면.

108) 『대한민국임시정부 자료집 3-임시의정원 II』, 123면.

갔다. 그 결과 그들이 목표로 하였던 독립된 새로운 국가를 건설할 때 사용하려고 하였던 각 분야의 정책방향들에서도 일정하게 공통적인 조목들이 등장할 수 있었다. 특히 경제정책과 관련하여 각종 천연자원과 주요 산업의 국유 또는 국영의 원칙은 일찍부터 독립국가의 주요 정책방향으로 자리매김되었고, 이는 좌우를 불문하고 정당 등 많은 독립운동단체들의 강령 속에서 확인할 수 있었다.

이와 같이 독립운동단체들은 어려운 환경 속에서도 새로운 국가 건설을 위한 준비를 하고 있었고, 이념에 상관없이 모두의 역량을 결집할 수 있는 방안을 만들기 위하여 노력하였다. 기본적으로 사회주의의 영향을 받은 천연자원과 중요산업의 국유화 원칙이 이와 같이 독립한국의 경제건설의 원칙으로 널리 받아들여진 배경에는 일제의 압도적인 경제적 지배와 그에 따른 조선인들의 경제적 곤궁이 있었다. 일제의 정치, 사회, 경제 전반에 걸친 지배와 수탈 그리고 각 영역에서 자행되었던 조선인에 대한 차별 속에서 독립 후 경제발전을 도모하며 모두가 어려움 없이 잘 살 수 있는 보다 평등한 세상을 꿈꾸었던 것은 당연한 역사적 귀결이었다. 이러한 소망을 실현하기 위한 방법으로 각종 생산수단의 국유화가 채택되었으며 그에 대하여는 특별한 이견이 없었다. 일제의 패망과 국권의 회복이 우리의 힘만으로 우리가 원하는 방식대로 이루어진 것은 아니나, 이러한 준비 속에서 맞이한 해방은 오랫동안 준비해 온 그간의 구상을 실현할 수 있는 기회를 제공하고 있었다. 1948년 헌법 제85조와 제87조에서 천연자원 국유화와 주요산업의 국영원칙이 규정된 것은 당시 헌법이 독립운동 시기에 있었던 오랜 준비와 소망들이 반영되어 만들어진 것이라는 점을 보여주는 것이라 할 수 있다.

다만 1948년 헌법의 위 규정들과 독립운동시기의 각종 규정들은 기본적인 의미와 방향에서는 일치하나 조문의 문언면에서는 차이가 있다. 해방 후 헌법제정에는 중국 관내를 비롯한 국외독립운동세력들과 함께 국내의 여러 정치세력들이 참여하였고, 독립운동의 노선으로서의 정책구상과 헌법의 제정은 성격이 다른 작업에 해당하였다. 따라서 구체적인 조문의 성안과정에서의 논의들은 해방 전과는 다른 차원에서 이루어졌으며 그러한 차이가 조문의 성안에 반영되었다.

부 록

독립운동시기 천연자원 및 국유화 강령과 규정

연도	이름	내용	비고
1919	朝鮮民國臨時政府 創立章程	社會政策의 中和를 얻을 수 있는 範圍 內에서 重要産業의 國營策을 實行하며 또 國民均産主義를 시행함	
1921	上海 高麗共産黨 綱領	各 工場 及 製造所 等의 生産機關, 鐵道 汽船 等의 交通運輸機關, 電氣 瓦斯 水道 等의 日用必需에 關한 機關 及 土地 鑛産 森林은 이를 公有公營할 것	
1928	義烈團 綱領	大規模 生産機關 및 獨占性質의 企業(鐵道, 鑛山, 汽船, 電力, 水利, 銀行 等)은 國家에서 經營함	
1929	在滿 朝鮮革命黨 綱領	大生産機關 및 金融機關 기타 一切의 大企業, 機關을 沒收하여 國有로 함	
1930	上海 韓國獨立黨 黨綱	土地와 大生産機關을 國有하여 國民的 生活權을 平等하게 할 것	
1933	新韓獨立黨 綱領	토지와 대생산기관은 이를 국유로 하고 국가경영의 대작업을 실시할 것	
1935	朝鮮民族革命黨 黨綱	大規模의 生産機關 및 獨占的 企業을 國營으로 한다.	
1935	韓國國民黨 黨綱	土地와 大生産機關을 國有하여 國民의 生活權을 平等하게 할 것	
1937	再建 韓國獨立黨 韓亡 26周年 痛言	漁, 鑛, 農, 林, 生, 消, 換, 通等 歸國有 而均分之	조소앙
1937	(南京) 朝鮮革命黨 宣言	將交通機關 及 其他大生産機關 歸有國營	
1939	同志同胞들에게 보내는 公開信	工業, 運輸, 銀行, 及 其他 産業部門에 있어서 國家的 意義가 有한 大企業을 國有로 함	김구, 김원봉
1940	重慶 韓國獨立黨 黨綱	土地 及 大生産機關을 國有로 하여 國民의 生活權을 均等化할 것	

1941	大韓民國建國綱領	大生産機關의 工具와 手段을 國有로 하고 土地·鑛山·漁業·農林·水利·沼澤과 水上·陸上·空中의 運輸事業과 銀行·電信·交通 等과 大規模의 農·工·商 企業과 城市 工業區域의 公用的 主要方産은 國有로 하고 小規模 혹 中等企業은 私營으로 함	
1943	大韓民國臨時約憲 改正草案	韓國境內의 一切 敵産과 逆産은 沒收하며 大企業은 國營으로 하고 土地는 農民에게 分配함	
1943	朝鮮民族革命黨 綱領	조선 경내의 일본 제국주의자, 매국노 및 일본에 들러붙은 叛徒들의 모든 공적재산과 사유재산을 몰수하고, 대기업은 몰수하여 국영으로 귀속시키며, 토지는 농민에게 분배한다.	

제3장

1948년 헌법 천연자원 및 주요산업 국유화 규정의 형성

I. 서

현행 헌법은 제119조에서 경제질서에 대한 원칙을 규정하고 그와 함께 경제와 관련된 다른 많은 규정들을 두고 있다. 헌법상의 경제질서는 총칙에 해당하는 제119조의 해석과 함께 헌법 제9장에 포함되어 있는 개별규정들의 의미와 내용을 파악하고 상호관계를 살펴보아야 비로소 전체적인 윤곽을 잡을 수 있다. 그러한 의미에서 개별규정의 연혁에 대한 연구는 현행 헌법상의 경제질서를 파악하기 위해 필수적인 것이라 할 수 있다. 지금까지 헌법학계에서 이루어진 1948년 헌법제정에 대한 연구들로서 각종 헌법안과 논의들을 중심으로 제정과정을 검토하거나[1] 일정한 정치집단이나 개인을 중심으로 헌법사상과 헌법구상의 형성과 전개를 살펴본 것[2] 등이 있으나, 개별규정의 형성과정에 대한 연구는 활발하게 이루어지지 않았다. 그러한 연구로서 예를 들면 제헌헌법상 근로자의 이익균점권의 헌법화과정이나 제6장 경제편의 형성과정에 대한 연구, 제16조 교육조항의 성립과정에

---

1) 홍기태, 「해방후의 헌법구상과 1948년 헌법성립에 관한 연구」, 서울대학교 석사학위논문, 1986. 2; 이경주, 「미군정기 과도입법의원과 조선임시약헌」, 법사학연구 제23호, 2001, 139면; 김수용, 『건국과 헌법』, 경인문화사, 2008.

2) 이영록, 「유진오 헌법사상의 형성과 전개」, 서울대학교 박사학위논문, 2000. 8; 정상우, 「미군정기 중간파의 헌법구상에 관한 연구」, 서울대학교 박사학위논문, 2007. 2.

대한 연구[3]와 국무총리제도의 연원에 대한 연구[4]를 찾아볼 수 있을 뿐이다.

1948년 헌법은 제85조에서 "광물 기타 중요한 지하자원, 수산자원, 수력과 경제상 이용할 수 있는 자연력은 국유로 한다. 공공필요에 의하여 일정한 기간 그 개발 또는 이용을 특허하거나 또는 특허를 취소함은 법률의 정하는 바에 의하여 행한다."고 규정하고, 관련하여 제87조에서 "중요한 운수, 통신, 금융, 보험, 전기, 수리, 수도, 까스 및 공공성을 가진 기업은 국영 또는 공영으로 한다. 공공필요에 의하여 사영을 특허하거나 또는 그 특허를 취소함은 법률의 정하는 바에 의하여 행한다."라고 하여 중요 기간산업의 국공영을 규정하면서 자원 관련 산업을 포함시켰다. 제85조는 1954년 개정되면서 '국유로 한다.'는 부분과 채취 등의 특허를 위해 '공공필요'가 인정되어야 한다는 부분이 삭제된 이래 조문의 위치가 변경되어 현행 헌법 제120조 제1항[5]으로 이어져 오고 있으며, 제87조는 당시 폐지되었다.[6]

3·1운동 이후 대한민국임시정부를 비롯한 중국 관내 독립운동단체들은 독립국가의 경제정책과 관련하여 각종 천연자원 및 주요산업의 국유 또는 국영의 원칙을 주요 정책방향으로 설정하였고 이러한 내용은 좌우를 불문하고 정당 등 많은 독립운동단체들의 강령 등에

3) 황승흠, 「제헌헌법상의 근로자의 이익균점권의 헌법화과정에 관한 연구」, 『공법연구』 제31집 제2호, 2002, 299면; 「제헌헌법 '제6장 경제'편의 형성과정과 그것의 의미」, 『법사학연구』 제30호, 2004, 109면; 「제헌헌법 제16조 교육조항의 성립과정에 관한 연구, 국민대학교 『법학논총』 제23권 제2호, 2011, 549면.

4) 정종섭, 「한국헌법사에 등장한 국무총리제도의 연원」, 『서울대학교 법학』 제45권 제4호, 2004. 12, 432면.

5) "제120조 제1항 광물 기타 중요한 지하자원·수산자원·수력과 경제적으로 이용할 수 있는 자연력은 법률이 정하는 바에 의하여 일정한 기간 그 채취·개발 또는 이용을 특허할 수 있다."

6) 1948년 헌법 제85조와 제87조의 변천과정은 정종섭, 『한국헌법사문류』, 박영사, 2002, 516-517, 520-521면 참조.

반영되어 있었다.[7] 그러나 1948년 헌법의 천연자원 및 주요산업 국유화 규정과 독립운동시기의 각종 구상들은 기본적인 의미와 방향에서는 일치하나 문언면에서는 차이가 있다. 이는 해방 후 헌법제정 과정에 중국 관내를 비롯한 국외독립운동세력들과 함께 국내의 여러 정치세력들이 참여하였던 점과, 정책적인 필요에 의한 정당의 정강과 헌법제정과정에 차이가 있는 점으로부터 기인한 것이다. 따라서 이들 국유화 규정의 의미를 밝혀 내기 위해서는 기본적인 정책방향에 대한 합의와 함께 그것이 헌법에 규정되기까지의 과정을 살펴보는 것이 필요하다. 이를 위해서는 해방 후 헌법제정시기까지 관련 정당, 사회단체의 천연자원 및 주요산업과 관련된 정책적 입장들을 확인하고 헌법제정과정에서 그러한 입장들이 구체적으로 어떻게 반영되었는지를 검토하여야 한다.

이 장에서는 1948년 헌법 제85조 및 제87조의 형성과정과 의미를 파악하기 위해 우선 해방 후 조선[8]의 경제상황과 정치세력들의 정책방향들을 살펴본다. 당시 정치세력을 크게 좌익과 우익, 중도로 나누어 각 진영 대표 인물들의 국가건설구상들과 함께 관련 정당의 정강정책들을 살펴보고, 미소공동위원회에 제출한 각 정당·사회단체의 답신안(答申案)을 통해 각 정치세력들의 정책적 입장들을 종합적으로 파악해 본다. 이어서 민주의원 및 과도입법의원의 헌법안 등 1948년 헌법과 관련된 헌법초안들과 그 형성과정을 검토하여 앞서 파악한

7) 전종익, 「독립운동시기 천연자원과 주요산업 국유화 원칙의 도입」, 『공법연구』 제41집 제1호, 2012. 10, 221면(본서 제2장 64-65면).

8) 1945년 일본 패망 이후 태평양미국육군총사령부는 일본점령하의 한반도 지역을 'Korea'로 지칭하였고, 이에 대한 공식번역은 '조선'이었다. 『미군정청 관보』 Vol.1, No.1, 원주문화사, 1993, 20-22면. 이에 따라 북위 38도 이남 미군의 점령지역(the territory of korea south of 38 degrees north latitude)을 지칭하는 'South Korea'에 대한 공식번역은 '남조선'이었다. 예를 들면 'south korean interim government'는 남조선과도정부로 번역되었다. 위의 책, Vol. No.4, 45-47면. 이 글에서는 편의상 한반도 전체를 나타낼 때는 '조선'으로, 38도 이남을 나타낼 때는 일반적인 명칭인 '남한'을 사용한다.

정치세력들의 입장들이 어떻게 헌법규정으로 형상화되었는지를 살펴본다. 독립운동시기부터 천연자원 국유화는 주요산업의 국유 또는 국영과 밀접하게 관련되어 논의되어 왔다. 따라서 이 글에서도 천연자원 및 주요산업에 대한 정책적 방향과 헌법안들의 입장을 함께 검토한다. 이러한 과정을 통해 독립운동시기에 있었던 독립한국의 경제정책에 대한 구상들이 해방 후 헌법제정시까지 이어져서 당시 좌우를 막론하고 천연자원 및 주요산업 국유화에 대한 일정한 견해의 일치가 있었음을 확인하고 공동체의 그러한 공통된 합의가 헌법규정으로 나타났음을 밝힐 것이다.

II. 해방 후 정치세력들의 경제정책 구상

1. 해방 후 남한의 경제 상황

식민지 시대 조선은 농업국으로서 전 인구의 7할 이상이 농민이었다. 토지의 소유 및 경작형태의 면에서 보면 일제의 토지조사사업을 통하여 근대적인 소유권 관계가 성립되는 과정에서 농민과 농지의 소작화가 촉진되어 일제 말기인 1943년에는 소작지가 전체 농지의 60%를 넘어섰다.[9] 특히 논, 밭 등 경지는 일본의 지배가 계속되면서 일본인에게 집중되어 갔다. 일본인 소유의 논면적은 1931년 70만 정보, 1941년 90만 정보로 조선 전체 논면적의 44% 및 54%에 해당하여 1930년대 중엽 이후부터 일본인이 조선 논의 절반 가량을 소유하게 되었음을 알 수 있다. 이에 따라 농업수입의 면에서도 일본인 농업인구는 조선 전체 농업인구의 0.2%에 불과하였음에도 불구하고 1941년 조선 농업수입의 15.1%를 차지하였다.[10] 수리시설의 향상 등

9) 유광호 외 4인, 『미군정시대의 경제정책』, 한국정신문화연구원, 1992, 9면.

10) 허수열, 『개발없는 개발-일제하 조선경제개발의 현상과 본질』, 은행나무, 2005, 95, 124면.

의 영향으로 농업생산은 증대되었지만 그 과실은 대부분 일본인들의 손에 들어갔고 조선인들은 생산수단인 경지를 상실하여 토지 없는 소작농민으로 혹은 임금노동자로 재편되어 갔다.[11)]

한편 일제는 1930년대 이후 조선을 전쟁수행을 위한 병참기지로 이용하기 위하여 군수공업을 발전시켰고 그에 따라 총 생산비 중 공업생산액의 비중이 1930년대 24%에서 1940년 40.5%로 상승되었다.[12)] 특히 일본산업자본의 직접 진출이 활발히 이루어지면서 종업원 수 200명 이상의 대공장이 설립되었고, 점차 경공업에서 중화학공업 중심으로 자본투자가 이루어져 조선의 공업구조는 근대화되고 고도화되었다. 그러나 조선인의 공업생산액은 1939년을 기준으로 전체 공업생산액의 37.2%에 불과하였고, 공업자산액 중 조선인 소유의 비중은 10%를 넘지 못하였다.[13)] 이와 같이 식민지 시기 조선 공업의 발달은 소수 일본인 자본의 성장에 의한 것이었다. 물론 그 과정에서 조선인 자본도 절대적으로 성장하기는 하였으나 대부분은 자급적 및 부업적 가내공업과 재래적 기술을 기반으로 한 영세 중소공업 또는 정미업과 같은 1차 상품의 단순가공에 그치는 것들이었다. 이에 따라 해방 당시 조선인 공업자산은 5%에 불과하였고 나머지 95%는 일본인 공업회사의 것이었다.[14)]

이러한 식민지시대의 경제구조는 해방 이후 경제적 혼란의 원인이 되었다.[15)] 농업의 경우 화학비료 생산의 격감과 경작지 면적의 감소로 식량생산이 급격하게 감소하였고 유통구조의 붕괴로 수급불균

11) 허수열, 앞의 책, 109.

12) 유광호 외 4인, 앞의 책, 10면.

13) 허수열, 앞의 책, 155, 167-172면.

14) 특히 일본인 회사의 구성을 보면 동척(東拓), 미쓰비시(三菱), 미쓰이(三井), 식산은행(殖銀) 등 7대 자본의 자산이 전체 일본인 기업자산의 2/3를 차지하고 있어서 일본대자본 계통의 조선산업장악이 확연하게 나타난다. 허수열, 앞의 책, 177-178면.

15) 이하 해방 후 경제혼란의 내용은 유광호 외 4인, 앞의 책, 12-14면을 발췌 · 요약한 것임.

형과 물가등귀 등의 현상이 나타났다. 공업의 경우 일본의 자본과 기술인력이 본국으로 철수함에 따라 원료와 자본 및 인력의 부족으로 인하여 생산이 크게 감소하였고, 일본시장을 대상으로 하던 소비재공업의 생산활동은 중단되었다. 게다가 식민지시기 전력발전이나 철광, 탄광 등 중공업은 북한지역에 집중적으로 위치하였으므로 남북의 경제단절로 인하여 동력이 필요한 남한의 대규모공장은 제대로 가동할 수 없었다. 생산의 감소는 공급부족과 물가폭등으로 이어져 도시에서의 실업과 실질임금저하로 나타났고 노동자들의 저항운동이 확대되어 갔다. 농촌에서는 소작빈농을 중심으로 소작관계 및 토지소유관계의 해결을 요구하는 목소리가 높아졌다. 그럼에도 불구하고 국내에서 동원할 수 있는 자원과 자본은 매우 한정되어 있었으므로 이러한 요구들을 충족시키기는 매우 어려웠다.

일본인들이 소유하여 운영하던 각종 공장과 시설 그리고 자원들이 제대로 이용되고 있지 않던 상황에서 해방 후 이들을 어떻게 처리하여 경제재건에 이용할 것인지는 큰 과제가 아닐 수 없었다. 이러한 점은 제한된 자원들을 전체 국가경제를 위하여 효율적으로 동원하고 배분해야 할 필요성과 맞물려 각 정치세력들의 경제정책방향 결정에 많은 영향을 미치게 된다.

2. 한국독립당과 한국민주당의 경제정책

우익 민족주의 계열의 통일된 정당이자 임시정부를 지지하는 유일한 여당인 한국독립당은 1930년 상해에서 결성될 때부터 삼균주의를 기본사상으로 하여 당강에 "토지와 대생산기관을 국유하여 국민적 생활권을 평등하게 할 것"을 규정하고 있었다. 이러한 입장은 1941년 조소앙이 기초한 '대한민국건국강령'에도 그대로 이어져 건국단계의 경제정책 중 첫 번째로 "대생산기관의 공구와 수단을 국유로 하고 토지·광산·어업·농림·수리·소택과 수상·육상·공중의 운수사업과 은행·전신·교통 등과 대규모의 농·공·상 기업과 성시 공업구역의 공용적 주요 방산은 국유로 하고 소규모 혹 중등기업은 사영으로 함"을 규정하였다.[16] 해방 후에도 이러한 기본적인 입장에는 변함이 없었다.

해방 직후인 1945. 8. 28. 있었던 제5차 임시대표대회 선언에서 한국독립당은 "본당의 일관한 목표는 정치·경제·교육의 균등을 기초로 한 신민주국을 건립하는 동시에 족여족 국여국의 평등을 실현하고 나아가 세계일가의 진로로 향함에 있는 것"이라고 밝혀 삼균주의에 입각한 국가건설을 목표로 선언하였다. 이에 따라 당강에서 "계획경제 제도를 확립하여서 균등사회의 행복생활을 보장할 것"을 규정하였고, 당책에서 토지국유 및 인민에 대한 분급(제7조, 제8조)을 규정함과 동시에 "교통, 광산, 삼림, 수리, 운수, 전기, 어업, 농업 등 전국성의 대규모 생산기관은 국가경영으로 할 것(제9조)"을 규정하였다.[17] 또한 김구 주석은 같은 해 9. 3. '국내외동포에게 고함' 연설을 통해 당시를 "건국강령에 명시한 바와 같이 건국의 시기로 들어가려 하는 과도적 단계"로 규정하고 임시정부의 당면정책 14개조를 밝히면서 제8조에서 "국내에서 건립된 정식 정권은 반드시 독립국가, 민주정부, 균등사회를 원칙으로 한 신헌장에 의하야 조직할 것"이라고 하여[18] 새로 제정할 헌법의 사회경제분야의 기본원칙이 '균등'임을 확인하였다. 게다가 귀국 후인 1946. 1. 8. 이미 제정·공포되었던 대한민국건국강령을 다시 발표함으로써 건국강령상의 정책방향이 새로운 국가건설의 기본방향으로 유지되고 있음을 분명히 하였다.[19] 이와 같은 한국독립당의 정책은 당시 존재하였던 대한민국임시정부의 계승

16) 전종익, 앞의 논문, 2012, 216면(본서 57면).

17) 『대한민국임시정부 자료집 34-한국독립당 II』, 국사편찬위원회, 2009, 263-270면.

18) 『대한민국임시정부 자료집 8-정부수반』, 국사편찬위원회, 2006, 316-317면.

19) 『자료 대한민국사 1』, 국사편찬위원회, 1968, 792-797면.

에 대한 강한 인식을 바탕으로 이후 전개될 헌법제정과정에서 큰 영향을 주게 된다.

한국독립당과 함께 해방 이후 우익진영을 주도해 온 정당은 한국민주당이다. 한국민주당은 해방 후 미군진주와 거의 동시에 결성, 창당되어 미군정이 끝나고 단독정부가 수립될 때까지 미국의 한반도 점령정책에 협조를 아끼지 않았을 뿐 아니라 군정청의 주요직책을 차지하는 등 정계에서 큰 영향력을 행사하였다.[20] 한국민주당은 해방과 동시에 우익 진영이 결집하여 조직한 정당으로서 원세훈의 고려민주당, 김병로·백관수 등이 고려민주당과 합작하여 결성한 조선민족당, 백남훈 등의 한국국민당, 송진우, 서상일 등의 국민대회준비회와 이인, 조병옥 등이 모여 1945. 9. 16. 중경임시정부 지지를 표명하면서 발족하였다.[21]

한국민주당이 좌익에 대처할 목적으로 결집된 우익정당임에도 불구하고 사회경제정책의 면에서는 한국독립당과 기본적인 방향에서 유사한 모습을 보였다. 우선 당책에서 "국민기본생활의 확보"와 함께 "교육 급(及) 보건의 기회균등"을 규정하였고, "토지의 합리적 재편성" 역시 규정하고 있다. 특히 경제정책의 면에서 "중공(重工)주의의 경제정책 수립"과 함께 "주요산업의 국영 우(又)는 통제관리"를 규정하여[22] 국가의 경제개입을 넘어 일정산업의 국영원칙을 규정하고 있었다. 이러한 경제정책은 민족전체의 대표를 표방하는 정당으로서 경제적으로 계급 간 큰 격차가 있었던 당시 상황에 대한 해결책으로 제시된 것이었고, 그러한 점에서 좌익의 입장과 큰 차이가 있을 수 없

20) 심지연, 『한국민주당연구 I』, 풀빛, 1982, 27면. 이에 따라 이기하는 한국민주당을 '당시 민족진영의 최대정당으로 좌익측과 과감히 투쟁하여 후일 한국정부를 수립한 주동체(主動體)'로 평가하였다. 이기하, 『한국정당발달사』, 의회정치사, 1961, 58면.

21) 송남헌, 『해방 3년사 I』, 까치, 1985, 117면.

22) 『자료 대한민국사 1』, 108면.

었다. 한민당의 수석총무 송진우[23]는 정견발표 방송에서 당의 근본적 이념을 "생사의 운명을 가치한 우리민족전체를 포용흡수하야 정치적으로나 경제적으로나 문화적으로 그 균등한 생성발전을 적극적으로 추진하는 것"이라고 하면서 "정치적 민주주의가 독재적 전횡을 타파하는 데 있는 것과 같이 경제적 민주주의는 독점의 자본을 제압하는 데 있는 것이니 진정한 의미의 경제적 민주주의는 그 정책에 있어서 사회주의의 계획경제와 일치한 점을 발견치 못하리라고도 생각할 수 없다."고 하면서 "그러므로 대자본을 요하고 독점성을 띤 중요산업은 국영 혹은 공영으로 해야 할 것"이라고 하여[24] 이러한 점을 분명히 하였다. 또한 선전부장 함상훈은 "정치적으로 자유·평등이 있더라도 경제적 불평등이 있다면 국민 각자의 평등과 행복은 있을 수 없다." 고 전제한 후 빈부의 차가 심하고 교육수준의 차가 심한 곳에 자유, 평등을 바랄 수 없으므로 "경제적으로 원칙상 자유를 인(認)하나 대기업에 있어서는 국가경영으로 하여 대자본의 절제를 꾀하"며, "대자본·대지주에게 통제정책을 써서 근로계급의 생활을 보장하려 한다." 고 하여[25] 경제적 불평등의 해결을 위한 당의 입장을 제시하였다. 이와 같이 한국민주당은 결성시 기본정책에서 주요산업의 국영원칙만

---

23) 우익을 대표하는 인물이었던 송진우는 1932년 '삼천리'에 발표한 "자유권과 사회권"에서 이미 20세기를 '생존권 확충의 전력시기'로 규정하고 이를 "당초 정치적으로만 기회균등을 절규하던 세계인류는 일전(一轉)하여 경제적으로도 그 기회균등의 필요를 각성한 까닭"으로 설명하였다. 이에 따라 자유권과 생존권은 표리이며 인류발달의 도정과 박애평등의 이상의 면에서 출발점이 동일한 것으로 보았다. 이는 민족운동의 면에서 약소민족의 대부분이 무산군(無産群)임을 전제로 "자유사상에서 출발된 민족운동이 생존권화하여 가고 생존의식에서 사회운동이 자유권화하여 가는 것이 현하의 대세"임을 인정하는 것으로 귀결되었다. 경제적인 면에서도 자유권의 하나인 소유권에 대하여 공적인 성격이 강조되면서 "지구는 인류의 공유(共有)물이다. 공유물인 이상에는 공동히 개척하여야 할 것이며 공동히 관리하여야 할 것"을 주장하였다. 『거인의 숨결-고하 송진우 관계자료집』, 동아일보사, 1990, 90-95면.

24) 동아일보 1945. 12. 22.-23. 1면.

25) 함상훈, 「아당(我黨)의 주요정책」, 심지연, 앞의 책, 153-154면.

을 제시하고 있을 뿐 천연자원에 대한 정책을 포함하고 있지 않아 한국독립당의 당책 및 건국강령과는 차이가 있었다. 그러나 1946. 2. 8. 발표된 정책세목의 산업의 부(部)에서 "광공업의 육성확충을 위한 계획경제의 확립, 대규모의 주요공장 급 광산의 국영 내지 국가관리, 철도 기타 주요교통기관 통신기관 급 동력의 국영 내지 국가관리, 주요광산 기타 금융기관의 국영내지 통제관리"를 규정하여[26] 주요산업시설 및 기관과 함께 천연자원에 관하여도 국영 내지 국가관리가 이루어져야 함을 분명히 밝히고 있다. 한국민주당이 이와 같은 정책적 입장을 가지고 있었으므로 이후 우익이라 하더라도 헌법제정과정에서 주요산업 및 천연자원의 국유화를 받아들이는 데 별다른 어려움이 없었다.

3. 조선인민당 · 조선신민당과 국민당의 경제정책

해방 이후 가장 먼저 조직적 활동을 개시하였던 건국준비위원회는 여운형의 건국동맹이 모체가 되고 안재홍 등이 긴밀히 협력하여 만들어진 것이다. 건국준비위원회는 초기에 진보적인 중도노선에 따라 좌우의 인사들이 함께 참여하였으나 점차 좌파적 성격이 강해지면서 인민공화국으로 개편되었다. 이러한 과정에서 인민공화국이 공산당을 중심으로 운영되자 여운형은 좌우를 통합하고 협동전선을 이룩하기 위하여 1945. 11. 12. 조선인민당을 건설하였다.[27]

중도좌파노선을 대표하는 여운형은 해방 전인 1944. 8. 10. 비밀결사인 조선건국동맹을 결성하여 지하에서 활동하였고, 해방 후 공개

26) 『자료 대한민국사 2』, 국사편찬위원회, 1969, 26면.

27) 서중석, 『한국현대민족운동연구』, 역사비평사, 1996, 249면. 선전국장 김오성은 조선인민당이 "현실적 과제인 완전독립의 실현을 위해서는 좌익정당과의 제휴뿐 아니라 우익정당과도 공동전선을 취할 용의를 가지고 있다."고 하면서 "좌우 양익을 공동전선에 서게 하는 매개적 역할"을 수행하려 한다고 창당의 취지를 밝혔다. 김오성, 「조선인민당의 성격」, 심지연, 『인민당연구』, 경남대학교 극동문제연구소, 1991, 241면.

적으로 정치활동을 전개하면서 27개 항의 정책세목을 발표하였다.[28] 이를 보면 이미 중요 생산, 교통, 통신기관의 국유와 중요기업 상업기관의 국영을 제시하였고 공업, 광업의 계획적 확충과 기술자의 계획적 동원, 신기술자의 대량양성 등 국가의 통제에 의한 경제발전을 독립국가의 경제건설방향으로 제시하고 있다.[29] 이러한 중도좌파적 경제정책의 방향은 건국동맹의 후신인 조선인민당으로 그대로 이어졌다. 창당선언에서 "근로대중을 중심으로 한 전 인민의 완전한 해방을 그 기본이념으로 한다."고 선언한 조선인민당은 당시의 정세를 "생산의 파멸, 질서의 불안으로 근로대중은 실업, 질병, 기아에 직면하야 조속한 민주국가 성립과 생산의 부흥을 갈망"하고 있으나 "일부의 편협한 고집으로 민족적 통일전선의 의의를 망각하고 내분을 시사"하고 있다고 평가하였다. 이에 따라 강령으로 조선민족의 총역량 집결과 함께 "계획경제제도를 확립하야 전민족의 완전해방을 기함"이 제시되었고 경제정책으로서 "주요 기업은 국영 우(又)는 공영으로 하고 중소기업은 국가지도하에 자유경영", "광, 임, 수산업의 계획적 개발"이 포함되어 있었다.[30]

이러한 인민당의 노선에 대하여 여운형은 "진보적 민주주의 대중정당"으로 표현하면서 참된 민주주의는 경제적 민주주의를 전제로 하는 정치형태로서 "국민의 대다수를 점하는 근로층의 경제적 해방을 성취하기 위하여 그것을 달성하는 것이 가능한 정치방법으로서의 민주주의"를 가리켜 말한다고 설명하였다.[31] 나아가 건국과업 중 특히

---

28) 이만규, 『여운형선생투쟁사』, 민족문화사, 1946, 169면; 심지연, 앞의 책, 8면.

29) 몽양 여운형선생전집발간위원회 편, 『몽양 여운형 전집 1』, 한울, 1991, 207면. 건국준비위원회의 경우 구체적인 경제정책세목을 제시하지는 않았으며 다만 강령 제2조에서 "우리는 전 민족의 정치적, 사회적 기본요구를 실현할 수 있는 민주주의 정권의 수립을 기(期)함"을 선언하고 있다. 이만규, 앞의 책, 213면.

30) 『몽양 여운형 전집 1』, 237-238면.

31) 여운형, 「인민을 토대로 하는 정치」, 위의 책, 259면.

경제생활의 면에서 수행해야 할 일제잔재의 숙청을 위한 과제로서 "일제(日帝) 시설인 산업운수기관 등의 몰수와 토지문제의 평민적 해결"을 제시하였고, 신국가의 부강과 민족생활의 향상을 위한 정책방향으로 "산업의 특수한 부문이나 기관을 국영, 공영으로 하는 이외에는 광범한 사영을 용인하야 이윤의 자극과 개인의 창의에 의한 자본주의적 발전의 상당한 기간을 허여"하는 것이 당시 조선사회의 발전단계로 보아 필요하다는 점을 밝혔다.[32] 이로써 인민당의 경제정책으로 제시된 주요 기업의 국공영이 일본인 소유 시설의 처리와 관련되어 있으며, 기본적으로 자유시장경제와 통제경제를 혼합한 경제형태가 적절하다는 전제하에 경제의 신속한 발전과 정상화를 위해 몰수한 주요기업을 국가관리하에 운영하는 것이 필요하다는 의미임을 알 수 있다.

이러한 인식은 중국연안에서 귀국한 독립동맹[33]의 후신으로 1946. 2. 16. 김두봉, 백남운 등을 중심으로 결성된 조선신민당의 강령에서도 찾아볼 수 있다. 조선신민당은 창당선언에서 민족경제의 재편성으로 부강한 신조선 경제체제를 확립할 것과 농업경제와 공업경제의 균등한 발전을 위한 농업경제의 개혁을 주장하였고,[34] 강령에서 "일본

32) 여운형, 「건국과업에 대한 사견」, 앞의 책, 328면.

33) 화북조선독립동맹은 중국의 화북과 화남 지방을 중심으로 항일독립운동을 해 왔으며 산하에 무장전투부대인 조선의용군이 있었다. 중국 공산당의 해방구였던 화북지역에 기반을 두고 있었으므로 이들과 긴밀한 협조하에 활동을 하였고, 구성원의 중심은 공산주의자들이었으나 그 이외에 항일운동을 위해 연안에서 합류한 사람들도 상당수 존재하여 다양한 집단이 통일전선체를 이루고 있었던 것으로 평가된다. 심지연, 『조선신민당연구』, 동녘, 1988, 34-37면. 독립동맹은 강령에서 "일본제국주의자의 조선에 있는 일체의 자산 및 토지를 몰수하고 일본제국주의와 밀접한 관계가 있는 대기업을 국영으로 귀속시키며 토지분배를 실행한다."고 규정하고 있었다. 金正明 編, 『朝鮮獨立運動(V) - 共産主義運動篇』, 原書房, 1967, 992면.

34) 해방일보 1946. 3. 13. 2면, 김남식 외 2인 편, 『한국현대사 자료 총서 5』, 돌베개, 1986, 168면.

제국주의자 및 친일분자에게서 몰수한 대기업은 국영으로 하여 국민경제의 발전을 도모할 것"을 제시하였다.[35] 신민당의 정치이념을 정립한 백남운은 해방된 조선의 경제체제를 "민주경제"라고 이름 붙이고 이를 "민중의 생활문제를 근본적으로 해결하여 주는 경제생활의 신체제"라고 하면서 이를 "생산수단과 분리되었던 생산력 담당자에게 생산수단을 법적으로 재분배하여 사회적 생산의 토대를 부여하고 생산력 담당자의 정당한 사유재산을 만들 만한 조건을 용인하여 주는 것"이며 "다른 면으로는 대립성이 없는 단일성인 민족경제의 부강을 실현하는 것"이라고 설명하였다. 이에 따라 조선민족의 백년대계를 위해서는 "경지나 기타의 생산수단을 생산력 담당자에게 재분배함으로써 민주경제의 기초를 구축하여야 한다."고 하고 생산조건의 불합리한 소유관계를 해결할 것을 주장하였다.[36] 따라서 신민당의 위와 같은 대기업의 몰수와 국영정책은 백남운이 제시한 바와 같이 생산수단의 재분배를 통하여 민족경제의 부강을 실현하기 위한 경제건설방안의 하나에 해당하는 것으로 볼 수 있다.

인민당과 신민당은 공산당과의 좌익 3당 통합으로 1946. 11. 23. 남조선노동당을 발족시켰다. 그러나 노선차이로 분열되어 여운형과 백남운 등을 중심으로 한 사회노동당이 결성되었고, 이를 계승한 정당이 근로인민당이었다. 이들의 강령을 보면 인민당의 노선과 크게 다르지 않았다. 우선 사회노동당 강령 초안은 "종래의 일본국가 일본인 친일파 민족반역자의 소유 기업 광산 삼림 철도 전차 항만 하천 통신 급 운수기관의 국유화를 주장한다."고 규정한 후 이어서 "일체 중요산업 급 무역은 국영으로 하고 중소자본은 인민정부의 일정한 감독하에 그의 자유발전을 보장할 것을 주장한다."고 규정하였다.[37] 근

35) 민주주의민족전선 편, 『해방조선 I』, 과학과 사상, 1988, 180면.

36) 백남운, 『조선민족의 진로 · 재론』, 범우, 2007, 64-67면.

37) 『자료 대한민국사 3』, 국사편찬위원회, 1970, 571면.

로인민당 역시 행동 강령에서 “중요기업의 국유화와 (중)공업을 중심으로 한 기간산업의 계획적 건설을 도모하며 국민의 일상 소비품과 국외수출을 위한 경공업의 확립을 주장한다.”고 규정하였다.[38] 이와 같이 중도좌파정당들은 주요산업 또는 기업에 대한 국유 또는 공영의 방침을 일치하여 주장하고 있었고, 천연자원에 대하여는 사회노동당 강령초안에서만 일본 또는 일본인 등 소유의 광산과 삼림의 국유화를 언급하고 있었다. 이상에서 보면 대체로 주요산업 및 천연자원의 국유화는 해방 후 일본 소유 재산의 몰수와 관련하여 논의되었음을 알 수 있다.

위와 같은 경제정책의 기본입장은 중도우파 정당에서도 찾아볼 수 있었다. 조선국민당은 건국준비위원회의 좌경화에 따라 이를 탈퇴한 안재홍을 중심으로 중경임시정부가 주도하는 환경을 조성하고 민족주의 진영을 결집하기 위하여 1945. 9. 25. 결성되었다.[39] 안재홍은 민족주의자이면서도 민족주의와 공산주의를 넘어서 ‘초계급적 통합민족국가의 건설’을 역사적 사실의 논리적 요청으로 보았다. 이는 일본의 지배와 해방을 초계급적 압박, 착취와 해방으로 보는 역사적 평가에 근거한 것이었다.[40] 이러한 그의 입장에 따라 국민당은 산업경제 정책으로 우선 조선 내에 있는 “일본인의 기업기관은 공사유(公私有)를 물론하고 이를 국가에 회수하여 국영 또는 민영으로 적의(適宜)히 이관”하고 “의식주행 사(四)부문에 연관된 중요산업 및 국방공업은 대체 국영으로 하고 기외(其外) 중경공업, 산업 무역 상업 등은 자유경영케 하고 노자관계는 국가가 조정함”을 제시하였다.[41] 이에 대하

38) 심지연, 『조선혁명론 연구』, 실천문학사, 1987, 372면은 “중공업을 중심으로 한 기간산업의 계획적 건설”로 되어 있으나 자유신문, 1947. 5. 2. 1면에는 “공업을 중심으로 한 기간산업의 계획적 건설”로 되어 있다.

39) 김인식, 『광복 전후 국가건설론』, 독립기념관 한국독립운동사연구소, 2008, 118면.

40) 안재홍, 「신민족주의와 신민주주의」, 안재홍선집간행위원회 편, 『민세안재홍선집 2』, 지식산업사, 1983, 55면.

여 안재홍은 일본인 재산을 몰수하여 국영 또는 국가관리로 하는 것은 반세기 동안의 약탈, 침략에 대한 변상이며 국민 유혈의 배상에 해당하는 것으로서 독립국가의 경제적 기본으로 절대 필요하다고 설명하였다. 또한 국가의 이름에서 국민 또는 개성의 복리와 권위를 무시하는 것은 국가이념에 위배된다고 전제하고 다만 위와 같은 국영은 생활필수품의 수급관계와 물가의 평형을 유지하여 대중공생의 경제적 실천을 보장코자 하는 것이며 국가안보를 위해 필요한 범위에서 이루어지는 것으로서 여하튼 기업은 민간에 허여하되 국가의 지도하에 두어야 한다고 강조하였다.[42]

이상에서 살펴본 인민당, 신민당, 국민당 등 중도파들의 경제정책방향은 이후 좌우합작운동과 함께 남조선과도정부의 정책 방향에서 그 영향을 찾아볼 수 있다.

4. 조선공산당과 남조선노동당의 경제정책

해방 후 재건된 조선공산당의 기본노선은 박헌영의 "현정세와 우리의 임무"에서 찾아볼 수 있다.[43] 1945. 9. 20. 당 중앙위원회에서 잠정적 정치노선에 대한 결정으로 채택되어 실질적인 당강령 역할을 하였던 이 문서에서 박헌영은 당시 조선의 상황을 "부르주아 민주주의혁명의 단계"를 걸어가고 있으며 민족적 완전독립과 토지문제의 혁명적 해결이 가장 중요한 중심과제라고 제시하였다. 이에 따라 수행해야 할 정책과업으로 언론 출판 집회 결사 가두진행 파업의 자유를

41) 『자료 대한민국사 1』, 108면; 이기하, 앞의 책, 70면.

42) 안재홍, 「국민당 정강 · 정책 해설」, 『민세안재홍선집 2』, 71-72면.

43) 이른바 '8월 테제'로 알려진 이 문서는 1945. 8. 20. 박헌영에 의하여 작성된 후 일부 보완되었다고 알려져 있다. 박헌영이 애초 작성한 문서는 러시아어 번역본으로 존재하며, 이정 박헌영전집 편집위원회 편, 『이정 박헌영전집 2』, 역사비평사, 2004에 수록되어 있다. 이하의 설명은 위 전집 5권에 수록된 조선공산당에 의하여 채택되었던 문서를 기반으로 한다.

완전히 얻고, 8시간 노동제의 실시와 함께 일반 근로대중 생활의 급진적 개선을 위한 시설과 수단을 확보하여야 한다고 하였다. 이와 함께 "일본제국주의자 소유의 모든 토지, 사원, 산림, 광산, 공장, 항만, 운수기관, 전신, 은행 등 일체재산을 보상을 주지 않고 몰수하여 국유화할 것"을 제시하면서 이는 인민의 기본적 권리를 보장하는 진보적 민주주의의 요구라고 선언하였다.[44] 정치적으로 노동자 농민의 소위 '혁명적 조선푸로레타리아'만이 혁명의 영도자가 된다고 하여 미국식 민주주의와 대립됨을 분명히 하고 있는 점과는 달리, 위와 같은 정책 방향은 경제적인 면에서 앞서 살펴본 우파 및 중도파의 입장과 대립되지 않음을 알 수 있다.

이러한 공산당의 경제정책방향은 우파의 비상국민회의－민주의원에 대응하여 결성된 민주주의민족전선의 강령과 정책에서 다소 다른 모습으로 나타난다. 민주주의민족전선에는 공산당, 인민당, 신민당 등 정당과 전국노동조합전국평의회, 전국농민조합총연맹 등 약 30여개의 단체가 가입하였고 임시정부의 국무위원이었던 김원봉, 장건상, 성주식, 김성숙과 중도우파로 분류되는 인물들도 상당수 가담하여 좌우와 중도파를 아우르고 있었다. 민주주의민족전선은 1946. 2. 15. 발표한 강령의 경제건설 및 부흥방안에 대한 설명에서 "일본제국주의자, 민족반역자, 악질 친일분자 등이 소유했던 산업, 교통, 은행, 상업의 일체를 국유로 하는 동시에, 이 민족산업경제의 중요부문과 절대적인 비중을 민주정권이 합리적으로 운영하여, 인민 전체의 물질적 행복을 증진케 하고 민족경제발전에 그것이 주된 원천이 되도록 할 것이다."라고 하며 "대자본가들이 자본을 독점하는 경향은 극복하여야 하지만 개인자본의 활동을 제한하여서는 안 될 것"이라고 하였고, 국가에 유리한 산업건설이라면 "개인경영을 장려 보조하고 중소 상공

44) 『이정 박헌영전집 5』, 54면.

업을 육성하여 국민의 생활필수품 공급을 원활하게 할 것"이라고 선언하였다. 행동 슬로건의 '중요산업의 국영화'와 '중소상공업의 자유발전과 국가의 보호지도' 규정은 이러한 기본강령의 내용을 간략하게 정리한 것이다.[45] 또한 같은 해 4. 22. 발표한 '중요정책에 대한 보고'에서 일반경제대책 중 경제체제수립요강을 보면 "조선의 경제체제로서는 전인민의 소유이오, 전인민의 재산인 국영사업을 중심으로 하는 가장 진보적인 민주주의체제를 채용해야 한다. 중소산업에 대해서 그 생산과정이 사회화되지 못한 점을 고려하야 혹은 조합경영 혹은 개인경영으로 허락하야 그 자유발달을 보호조장한다."는 규정을 두었다.[46] 이러한 정책방향은 국영산업 중심의 경제발전과 함께 중소산업의 자유발전에서 한 단계 나아가 구체적인 운영방안으로 조합과 개인경영을 제시하고 있는 점에서 의미가 있다. 이는 일본 소유의 재산을 몰수한 후의 경제건설방향으로 중요산업 이외의 중소기업과 산업은 민영을 원칙으로 하겠다는 것으로서 박헌영의 8월 테제에서는 찾아볼 수 없는 것이며 인민당이나 사회노동당의 강령과 기본입장이 동일하다. 이는 당초 민주주의민족전선이 공산당뿐 아니라 여운형, 백남운 등 중도좌파들까지 아울러 구성되어 있었던 점에서 이유를 찾을 수 있다. 이러한 경제정책의 입장은 이후 만들어질 헌법초안에 그대로 반영된다.

민주주의민족전선 강령에 대한 중도좌파들의 영향은 이후 좌파 3당(조선인민당, 조선신민당, 조선공산당)의 합당 후 분열되어 성립된 남조선노동당의 강령을 보면 분명해진다. 1946. 9. 6. 남조선노동당준비

---

45) 『해방조선 I』, 110, 114면.

46) 해방일보 1946. 4. 22. 1면, 『한국현대사 자료 총서 5』, 249면. 이 보고는 토지농업정책과 일반경제대책으로 구성되어 있다. 토지농업정책은 다시 토지, 농업, 상업, 수산의 네 가지 하위 정책으로 나뉘어 규정되어 있고, 일반경제대책은 경제체제수립요강과 경제건설대책요강으로 구성되어 있으며 후자의 하위에 금융대책, 화폐대책, 재정대책, 공업대책, 광업대책 등 10개 대책을 규정하고 있다.

위원회에서 발표한 강령초안은 제5조에서 "강력한 민주주의국가의 물질적 토대의 창설을 목적하고 일본국가와 일본인과 조선민족반역자에게 속한 산업, 광산, 철도, 해운, 통신, 은행과 금융기관, 상업기관, 급 문화기관의 국유화를 주장한다."라고 규정하고 있다.[47] 또한 토지개혁에 대한 규정은 존재하나 국유화된 산업시설의 이후 처리와 운용방안에 대한 규정은 찾아볼 수 없는 점에서 일단 국유화된 상태에서 국가가 경영하는 것을 원칙으로 한 것으로 풀이된다. 이는 박헌영의 '8월 테제'에서 제시된 경제정책과업인 일본 소유 산업시설의 몰수와 국유화에서 조금도 벗어나지 않은 것이다. 남조선노동당 결성 후 노선투쟁 끝에 중도좌파들이 사회노동당과 근로인민당으로 갈라져 나오고 남조선노동당은 조선공산당에 의하여 장악되었던 점에서 위와 같은 국유화 강령을 이해할 수 있다.

5. 경제정책의 구체화와 천연자원의 국유화

(1) 좌우합작 원칙과 중요산업 국유화

해방 후 각 정치세력들은 독립된 국가의 건설을 위한 방안을 마련하기 위하여 노력하였고 이는 각 정당의 정강, 정책의 모습으로 나타났다. 해방 직후부터 시작된 정치세력들의 논쟁은 1945. 12. 16. 모스크바 3상회의 결정 이후에는 신탁통치안에 대한 찬반이 주된 쟁점이 되었고, 1946. 3.~5.에 있었던 미소공동위원회를 전후하여서는 미군정의 임시행정부 수립구상과 좌우합작에 대한 논의들이 중심이 되었다. 특히 좌우합작을 위한 논의[48]는 미군정의 주선으로 민주의원

47) 『자료 대한민국사 3』, 국사편찬위원회, 1970, 278면.

48) 그 이전에도 좌우정당간의 회동과 합의가 없었던 것은 아니다. 예를 들면 미소공동위원회를 앞둔 1946. 1. 7. 인민당, 한국민주당, 국민당, 공산당의 대표들이 모여 통일된 의견을 제시한 '사당(四黨)공동코뮤니케'가 발표되었다. 그러나 이러한 공동성명에서는 모스크바 3상회의의 신탁통치결정에 대한 입장과 테러행위 방지에 대한 당부가 표현되고 있을 뿐 구체적인 국가건설방안에 대한 내용은 없었다. 『자료 대한민국사 1』, 783면.

의장 대리인 김규식, 한민당의 원세훈, 인민당의 여운형, 민주주의민족전선의 허헌 등 좌우 주요정치세력의 대표들이 참여하여 이루어짐으로써 각계의 비상한 관심을 받았다.[49] 이들의 논의과정은 그 자체로 새로운 국가건설을 위한 정치, 경제, 사회 모든 분야의 원칙들을 좌우가 서로 합의하여 가는 과정이었다. 따라서 여기에 제출된 원칙들을 보면 각 정치세력의 경제정책에 대한 입장들의 차이와 그것들이 수렴하여 가는 상황을 확인할 수 있다.

우선 1946. 7. 27. 발표된 민주주의민족전선의 좌우합작을 위한 5원칙을 보면 제2원칙에서 "토지개혁(무상몰수 무상분여), 중요산업국유화, 민주주의적 노동법령 급 정치적 자유를 위시한 민주주의 제(諸) 기본과업 완수에 매진할 것"을 제시하여 토지개혁과 함께 중요산업의 국유화를 주요 경제정책의 원칙으로 제시하고 있다.[50] 특히 중요산업의 국유화는 민주주의민족전선의 기본강령과 중요정책이 그대로 반영된 결과로 볼 수 있다. 이에 대응하여 좌우합작위원회 우측 참가자들에 의하여 제시된 8대 기본대책에서는 구체적인 경제정책에 대한 원칙은 제시되지 않았다. 다만 제7조에서 "정치 경제 교육의 모든 제도 법령은 균등사회 건설을 목표로 하여 국민대표회의에서 의정할 것"이라 규정하고 있을 뿐이다.[51] 이러한 우측의 입장은 한국독립당과 한국민주당의 정강정책에도 미치지 못하는 것으로서 다만 정치·경제·교육의 균등을 언급하고 있는 점에서 한국독립당의 삼균주의의 영향을 받은 것으로 볼 수 있다.

이러한 차이에도 불구하고 좌우의 합작노선을 대표하는 김규식과 여운형의 노력으로 같은 해 10. 7. 좌우합작을 위한 7대원칙이 발표되었다. 그중 제2원칙을 보면 "토지개혁은 몰수, 유(有)조건몰수, 체

49) 송남헌, 『해방 3년사 II』, 까치, 1985, 368면.

50) 『자료 대한민국사 2』, 958면.

51) 위의 책, 963면.

감매상 등으로 토지를 농민에게 무상으로 분여하여 시가지의 기지(基地) 급 대건물을 적정 처리한다."고 규정한 후 "중요산업을 국유화"한다고 규정하고 있다.[52] 이로써 토지개혁에 있어서는 좌우의 입장을 절충함으로써 민주주의민족전선의 무상몰수 무상배분에서 다양한 방식에 의한 취득과 무상분여로 변경되었으나 중요산업의 국유화 부분은 민전에서 제시한 원칙이 그대로 채택되었음을 알 수 있다. 이는 특히 중요산업의 국유 문제가 우측으로서도 어렵지 않게 수용할 수 있는 것이었다는 점을 나타내는 것이다.

물론 이러한 좌우합작의 원칙은 좌우의 공산당과 한국민주당으로부터 공격을 받음으로써 전체 정치세력을 포괄하는 합의에는 이르지 못하였다. 그러나 이는 해방정국에서 좌우가 실질적인 정책에 대하여 합의를 이룬 유일한 문서였으며, 나아가 함께 발표된 '입법기구에 관하여 하지 장군에 대한 요망'이 남조선과도입법의원을 설립하는 근거가 되었고, 이후 7원칙은 중도파에 의하여 주도되었던 입법의원이 실시한 각종 입법의 기본방향으로 작용하였던 면에서 의미가 크다.[53]

(2) 미소공동위원회의 공동결의 제6호 질의에 대한 답신안

좌우합작원칙과 함께 당시 각 정치세력들의 경제정책을 종합적으로 비교·분석할 수 있는 자료로서 제2차 미소공동위원회의 공동결의 제5호와 제6호에 의하여 이루어진 질문과 자문에 대한 답신안이 있다. 미소공위는 공동결의 제5호에 의하여 민권, 임시정부의 형태, 중앙정부, 지방정권기구, 사법기관 등에 대하여 조선의 제(諸)정당 및 사회단체에 질문서를 보냈으며, 공동결의 제6호에 따라서 일제잔재의 청산문제, 경제정책, 산업조직, 노동, 임금, 사회보험 등에 관해 자문을 구했다. 질문 내용 자체가 구체적으로 이루어졌으므로 이에 대한

52) 『자료 대한민국사 3』, 468면.
53) 정상우, 앞의 논문, 127-128면.

답신 역시 상세할 수밖에 없었고, 주요정치세력 모두가 빠짐없이 제출하였다는 점에서 각 입장에 따른 국가건설방향을 한 번에 파악할 수 있는 주요한 자료로 평가된다.[54)]

특히 주목해야 할 것은 1947. 6. 7. 만들어진 제6호에 의한 질문서 중 B. 경제정책(economic policies)을 묻는 부분이다.[55)] 이 부분을 살펴보면 우선 첫 번째와 두 번째로 산업발전을 위해 일반적으로 필요한 조치와 농토 및 소작제에 대한 질문이 포함되어 있고, 세 번째로 산업의 조직(3. organization of industry)에 대한 질문이 이어진다. 이 부분에서 a. 산업생산과 분배에 관한 정책을 질문한 후 b.에서 이루어진 소유권제도에 대한 질문은 다음과 같다.

> b. 각 다음의 사항에 대하여 어떠한 소유권(公有, 私有, 共有)제도가 도입되어야 하는가: What kind of ownership(public, private or cooperative) should be adopted for each of the following:
> **대형산업**(예를 들면 금속과 화학) Large industries(for example, steel and chemicals)
> **중형산업**(예를 들면 섬유와 신발) Medium industries(for example, textiles and shoes)
> **소형산업**(예를 들면 가구와 농기구) Small industries(for example, furniture and farm tools)
> **은행** Banks
> **도매업** Wholesalers
> **소매업** Retailers
> **광물자원** Mineral resources
> **삼림** Forests

54) 서중석, 「해방후 주요 정치세력의 국가건설방안」, 『대동문화연구』 제27집, 1992, 228-229면.

55) 이하 질문지의 내용은 정용욱, 이길상 편, 『해방전후 미국의 대한정책사 자료집 9-미소공동위원회 자료(4)』, 다락방, 1995, 191-192면.

철도 Railroads
해운 Shipping companies
보험 Insurance
어업 Fishing industries
공공시설(예를 들면 전기, 수도, 통신) Public utilities(for example, electric power, water, communications)
가내공업 Household industries

이 목록을 보면 대부분의 산업과 함께 생산을 위한 주요한 산업시설 및 생산수단들이 모두 포함되어 있으며 이들에 대한 소유권제도로서 사적 소유뿐 아니라 공적인 소유 및 공동소유가 고려되고 있음을 알 수 있다. 이 질문지가 미소공동위원회에서 작성되었고, 남북한 정치사회단체들을 대상으로 하고 있는 점에서 위와 같은 목록작성과 질문의 내용에 소련의 의도와 관점이 상당부분 반영되어 있었음을 알 수 있다.[56)]

위와 같은 경제정책에 관한 질문에 대한 정당사회단체들의 답변은 놀랍도록 일치되었던 것으로 보인다. 답변들에 대한 미군정청의 분석보고서(Analysis of Replies to Questionnaires Submitted to the Joint Commission)는 모든 단체들이 진보적인 농업 및 노동입법과 함께 주요산업, 광업, 철도와 공공시설의 국유화(nationalization of major industries, mines, railroads and utilities)를 일치하여 지지하고 있다고 서술하고 있다.[57)]

---

56) 1936년 개정된 소비에트 헌법 제6조는 "토지, 광물자원, 수자원, 삼림, 공장, 광산, 철로, 수로 그리고 항공운송, 은행, 통신수단은 국가의 소유로서 모든 인민의 유산이다(Article 6. The land, its mineral wealth, the waters, the forests, factories, mines, rail, water and air transport, banks, means of communications, (…) are the property of the state, i.e. the heritage of the whole people)."라고 규정하고 있다. Feldbrugge, F. J. M. ed. *The Constitutions of the USSR and the Union Republics : analysis, texts, reports*, Sijthoff & Noordhoff, 1979, p.80.

57) 『해방전후 미국의 대한정책사 자료집 9』, 162면.

소유권제도에 대한 답변을 구체적으로 보면 다음의 표와 같다.[58]

	임협	시협	입법의원	민전	남로당
대형산업	원칙적 공유(公有) 혹은 공유(共有)로 하되 국가경영, 업종에 따라 위임경영 가능	국가경영	원칙적 공유(公有) 혹은 공유(共有)로 하되 국가경영, 업종에 따라 위탁경영(委托經營) 가능	국유	국유
중형산업	원칙적 사유사영, 국방상 필요한 것은 예외	관민합변(官民合辨)	원칙적 사유사영, 국방상 혹은 국민생활상 절대 필요한 것은 공유(共有) 사영 가능	국유 혹은 공유(公有)	국유 혹은 공유(公有)
소형산업	사유사영	사유사영	사유사영	대체로 사유, 일부 공유(共有)	대체로 사유사영, 일부 공유(共有) 가능
은행	중앙은행, 특수은행은 공유(公有) 혹은 공유(共有), 보통은행은 국가의 감독 하에 사유사영	중앙은행은 국영, 보통은행이 필요한 경우 국가의 감독 하에 사유사영을 허가	중앙은행은 공유 혹은 공유로 하고 국영, 보통은행이 필요한 경우 국가의 감독하에 사유사영을 허가	국유	국유

58) 한민당계열의 단체로 우익의 견해를 대표하는 임시정부수립대책협의회(임협), 민주주의 민족전선, 좌우합작위원회가 중심이 된 시국대책협의회(시협) 및 입법의원의 답변내용은 『임시정부수립대강 - 미소공위자문안답신집』, 새한민보사, 1947을 기반으로 하여 작성되었다. 남로당의 답변은 『해방전후 미국의 대한정책사 자료집 9』, 222-223면에 수록된 미군정의 보고서에 따라 작성되었다.

도매업	사영	업종에 따라 공유(公有)국영을 할 수 있되 국가의 감독하에 사유 사영 허가	업종에 따라 공유(公有)국영을 할 수 있되 국가의 감독하에 사유 사영 허가	국유 또는 공유(共有)	국유, 일부는 공유(共有) 가능
소매업	사영	없음	없음	사유 또는 공유(共有)	사유
광물 (지하자원)	공유(公有)	공유(公有)	공유(公有)	국유	국유
삼림	농가소유의 최고한정면적 이외는 공유(公有), 임업 장려의 필요상 일정기간 허가제로 점유권 허락	농가소유의 최고한정면적 이외는 공유(公有), 임업 장려의 필요상 일정기간 허가제로 점유권 허락	농가소유의 최고한정면적 이외는 공유(公有), 임업 장려의 필요상 일정기간 허가제로 점유권 허락	국유, 단 농민이 소유한 소산(小山) 삼림은 제외	국유, 단, 농민소유의 소(小)삼림이나 묘지용은 제외
철도	공유(公有) 국영	공유(公有) 국영	공유(公有) 국영	국유	국유
해운	국제항로는 공유(共有) 사영, 기타 사유사영	국제항로는 공유(共有) 사영, 기타 사유사영	국제항로는 공유(共有) 사영, 기타 사유사영	국유	국유
보험	국가감독하에 공유(公有) 혹은 사유	공유(公有) 국영, 필요한 경우 위탁경영 가능	공유(公有) 국영, 필요한 경우 위탁경영 가능	국유	국유
어업	연안어장 공유(公有), 경영은 허가제하 사영, 원양어업은 국가경영 또는 보조로 사영	연안어업은 원칙적 공유(公有)로 하고 경영권은 허가제로 국가 감독하에 사영	연안어업은 원칙적 공유(公有)로 하고 경영권은 허가제로 국가 감독하에 사영	대어업은 국유, 소어업은 사유 또는 공유(共有)	대어업은 국유, 소어업은 사유 또는 공유(共有)

공공시설	공유(公有) 또는 국유	공유(公有) 국영	공유(公有) 국영	국유	국유
가내공업	사유사영	사유사영	사유사영	사유	사유

이상의 표에 의하면 대형산업, 광물(지하자원), 일정면적 이상의 삼림, 철도, 국제해운, 보험, 공공시설에 대하여 좌우를 막론하고 국공유(國公有)로 하는 것에 일치된 의견이 제시되었음을 알 수 있다. 이는 당시 최소한 이러한 사항의 국공유에 대하여 남한사회의 공동체 구성원들의 광범위한 합의가 존재하였음을 의미한다. 특히 개별 정치단체들의 정강과 정책 그리고 좌우합작에 이르기까지 이와 같이 산업별, 항목별로 구체적으로 이루어진 소유권제도에 대한 논의는 존재하지 않았다. 미소공동위원회의 위와 같은 질의에 의하여 비로소 각 정치세력들이 이러한 문제를 고려하게 되었고, 그 결과가 이러한 일치점으로 나타난 것이다. 따라서 헌법적으로 보면 이때의 논의들은 천연자원 국유화에 대한 사고의 일치와 구체화를 확인할 수 있는 최적의 자료라 평가할 수 있다.

이러한 결과는 미군정청으로서도 이미 예상할 수 있는 것이었다. 국무부에 의하여 미군정청 고문단장으로 파견되어 미소공동위원회 미국측 대표단 5명 중 1명으로 경제분과를 이끌었던 아더 번스(Arthur C. Bunce)[59]의 경우 일찍이 일제하의 상황에서 향후 조선의 경제운용에 대하여 언급하면서 사적 소유와 사회적 소유의 이상적인 혼합을 통해 독점과 경제력 집중의 위험을 방지하면서 최대의 경제적 자유를 보장할 수 있는 길이 가능하다고 보았다. 그는 이를 위한 구체적인

59) 번스의 해방 후 내한활동에 대해서는 안종철, 「해방 전후 아더 번스(Arthur C. Bunce)의 활동과 미국의 대한정책」, 『미국사연구』 제31집, 2010, 145-154면 참조. 그는 미군정종료 이후에도 미국의 한국에 대한 경제원조의 책임자가 되어 한국의 재건과 부흥을 위해 활동하였다.

실현형태로서 인삼, 담배, 설탕, 아편 등의 전매제의 계속과 철도, 우편, 전신 및 전화 서비스의 국유국영을 제시하였고, 이와 함께 광물, 삼림, 수력 등 천연자원의 국유화(state ownership of natural resources) 및 사적 개인들에 대한 개발 혹은 사용의 허가제를 통하여 그 생산성을 극대화할 수 있다고 주장하였다.[60] 또한 번스가 1947년 작성한 남한경제부흥 3개년 계획[61]에 의하면 당시 남한의 경제개발을 위하여 우선적으로 필요한 것은 자본의 확장이 아닌 이미 존재하고 있는 시설과 설비의 복구와 정상화였고 이를 위해서는 각종 산업분야에서 미군정청의 많은 비용부담이 필요한 상황이었다. 따라서 미군정청의 입장에서도 경제개발을 위해서는 국유 또는 국영을 통해 대부분이 일제 또는 일본인 소유였던 대규모 공업이나 광산 등의 생산을 정상화하는 것이 우선적으로 필요한 것이었다. 게다가 1946. 8. 미군정청여론국이 주민들을 대상으로 실시한 여론조사에 의하면 응답자의 70%가 사회주의를 찬성한다고 하여[62] 당시 남한주민들이 일정한 정도의 국유 내지 국가경영을 기반으로 한 경제운영이 필요하다고 생각하고 있었음을 미군정청도 명확히 인식하고 있었다. 그러한 점에서 위와 같은 대규모 공업 및 천연자원에 대한 국, 공유제는 미군정청 역시 반대할 사항이 아니었다.

이와 같이 해방 후 남한 사회에서 이루어졌던 주요산업 및 천연자원 국유화에 대한 합의는 결국 1948년 헌법에 명문으로 규정되기에 이른다. 이하에서는 해방 이후 1948년 헌법에 이르기까지 각종 헌

60) Arthur C. Bunce, "The Future of Korea: Part I", *Far Eastern Survey*, Vol. XIII, No. 8, 1944, 68-69. 한국정신문화연구원 편, 『해방전후 미국의 「대한인식」 자료』, 선인, 2001, 2-3면.

61) Arthur C. Bunce, "Proposed Three-year Program for the Rehabilitation of South Korea", 『미군정기정보자료집 하지(John R. Hodge) 문서집 1』, 1995, 543-549면.

62) 『자료 대한민국사 3』, 105면.

법안과 관련 문서들에서 이러한 합의내용이 반영되어 규정화되는 과정을 검토해 본다.

Ⅲ. 1948년 헌법 제85조 및 제87조의 성립

1. 행정연구위원회의 헌법초안

해방 후 헌법에 관한 구체적인 논의는 행정연구위원회를 통하여 시작되었다. 행정연구위원회는 대한민국임시정부가 귀국한 후 행정조직의 정비를 준비하기 위하여 1945년 12월 초 내무부 산하에 조직된 단체로서, 내무부장 신익희를 위원장으로 하여 일제 강점기 고등문관시험에 합격하여 행정실무에 밝은 사람들을 중심으로 구성되었다.[63] 위원회의 행정간칙(行政簡則)[64]에 의하면 위원회는 임시정부건국강령을 실천함에 필요한 행정과정을 준비하기 위하여 설치된 것으로서(제1조) 지식, 학력 등을 감안하여 행정 각 분야의 전문가를 초빙하여 위원을 위촉하였고(제2조) 국토계획, 행정계획, 법제, 광공, 농림, 수산 등 20개의 전문위원회로 구성되었다(제3조). 특히 전문위원회 중 법제위원회는 담당업무로서 법제일반, 과도기입법(민, 형, 상, 호적, 소송 등의 법)과 함께 '신헌장(新憲章)'을 포함하고 있어(간칙 제3조 제4문 법제조) 결성시부터 헌법제정에 대비하고 있었음을 알 수 있다.

위원회의 설치목적에 비추어 보면 1946. 1.~3. 사이에 이루어진 행정연구위원회 헌법분과위원회[65]의 헌법초안작성은 기본적으로 대한민국건국강령의 취지를 헌법으로 조문화하는 작업이었다고 볼 수 있다. 따라서 초안작성은 임시정부의 건국강령과 대한민국임시헌장을

---

63) 유치송, 『해공 신익희 일대기』, 해공신익희선생 기념회, 1984, 444면.

64) 중앙일보 현대사연구소 편, 『미군 CIC 정보보고서 1』, 선인, 1996, 416-421면.

65) 장경근, 최하영, 강명옥의 회고를 종합하면 작성에 참여한 사람은 강명옥, 김용근, 박근영, 윤길중, 이상기, 장경근, 최하영의 7인이었다. 김수용, 앞의 책, 31-32면.

기본으로 하고 다른 자료들을 참작하여 수정하는 형식으로 이루어졌고, 특히 독일의 바이마르 헌법 및 중화민국헌법안 등이 많은 영향을 주었던 것으로 보인다.[66] 게다가 1933년 이래 만들어진 중화민국헌법초안들 자체가 이미 국민경제와 국민교육에 대한 별도의 장을 두어 규정하면서 바이마르 헌법의 영향이 언급되고 있는 점을 보면[67] 경제 관련 규정들에 대한 두 문서들의 영향은 매우 컸던 것으로 보인다. 헌법안의 제2편 제3장 경제생활 부분[68]을 보면, 경제질서 규정(제75조)을 먼저 두고 계약 및 영업의 자유(제77조), 소유권(제78조), 토지에 대한 국가의 감독권(제78조)을 규정하는 것은 바이마르 헌법 제151조부터 제155조의 순서와 같으며, 경제질서의 정의의 원칙 적합성(제75조), 계약자유의 법률유보(제76조), 소유권행사의 공공복리적합성(제77조)은 각각 바이마르 헌법 제151조, 제152조, 제153조에서 도입된 것임을 알 수 있다.[69]

그러나 초안 제78조 제3문의 천연자원 규정과 제79조 기업의 공영원칙 규정은 바이마르 헌법과는 구별된다. 제78조 제3문은 "토지에 부착한 광물 급 경제상 이용할 수 있는 자연력은 국가의 소유에 속하고 국민이 취득하는 소유권에 인하여 영향을 받지 아니함"으로 규정

---

66) 「헌법기초당시의 회고담: 최하영씨와의 대화」, 『국회보』 제20호, 1958. 7, 41면; 「헌법기초당시의 회고담: 강명옥씨와의 대화」, 앞의 책, 45면. 최하영은 바이마르 헌법과 중국의 오권(五權)헌법초안을 모범으로 참고하였다고 하였고, 강명옥은 특히 경제통제와 관련하여 바이마르 헌법, 자유중국헌법 및 필리핀 헌법을 참고하였다고 하였다. 이와 함께 필리핀 헌법은 1948년 제2단계 헌법초안심의에서 참고하였다는 최하영의 회고를 종합하면, 결국 제1단계 초안에 영향을 준 기본자료는 바이마르 헌법과 중국의 헌법초안들이라고 볼 수 있다. 중국헌법초안과 바이마르 헌법의 구체적인 영향에 대한 분석은 김수용, 앞의 책, 48-51면 참조.

67) 繆全吉 編著, 『中國制憲史資料彙編-憲法篇』, 國史館, 1989, 480면.

68) 이하 헌법안의 내용은 『국회보』 제20호, 59-64면에 의하였다.

69) 이하 바이마르 헌법조문은 Dürig/Rudolf, *Texte zur deutschen Verfassungsgeschichte*, C.H. Beck, 1996, pp.207-208에 의하였다. 번역은 송석윤, 『위기시대의 헌법학』, 정우사, 2002, 382면을 참조하였다.

하고 있으나 바이마르 헌법은 제155조 제4항에서 천연자원에 대한 국가감독을 규정하고 있을 뿐 국유는 언급하고 있지 않다.[70] 이는 1933년 중화민국헌법초안초고초안에서부터 도입되어 1936년 중화민국헌법초안, 이른바 오오헌초를 거쳐 1946년 중화민국헌법에 규정된 "附着於土地之鑛, 及經濟上可供公衆利用之天然力 屬於國家所有, 不因人民取得土地所有權而受影響"을 그대로 번역한 것이다.[71] 이와 함께 제79조 "공공사업 급 기타 독점성을 유(有)하는 기업은 국가의 공영(公營)을 원칙으로 함. 단 필요에 의하여 국민의 사영을 허가함을 득함. 국가는 국방상 긴급한 수요에 인하여 특허한 사영사업을 임시관리하며 또는 법률에 의하여 차를 상당한 보상으로써 공영에 귀수함을 득함" 역시 1934년 중화민국헌법초안수정안에서 도입되어 오오헌초에까지 이어진 중국헌법상의 "公用事業 及其他有獨占性之企業 以國家公營爲原則. 但因必要 得特許國民私營之. 國家對於前項特許之私營事業 因國防上之緊急需要 得臨時管理之. 並得依法律收歸公營 但應予以適當之補償"을 그대로 번역한 것임은 분명하다. 반면 바이마르 헌법은 우편, 전신, 전화(제88조), 철도(제89조), 수로(제97조)의 국유 또는 국가귀속을 규정하고 있을 뿐 일반적인 공용사업이나 독점성 있는 기업의 국공영을 언급하고 있지 않다.

천연자원 및 주요산업의 국유화 또는 국가관리는 사회주의의 영향으로 1922년 오전헌법초안과 1923년 개진선언 이래 중화민국헌법문서들에 도입되어 손문의 국민정부건국대강으로 이어져 결국 헌법초안들에 포함되었고,[72] 임시정부의 대한민국건국강령 자체가 손문의

70) "모든 토지매장물과 경제적으로 이용 가능한 자연력은 국가가 감독한다. 사적인 경제고권은 입법을 통해 국유로 한다(Alle Bodenschätze und alle wirtschaftlich nutzbaren Naturkräfte stehen unter Aufsicht des Staates. Private Regale sind im Wege der Gesetzgebung auf den Staat zu überführen)."

71) 중국헌법상 천연자원 규정의 도입과 전개는 전종익, 「중국근대헌법과 천연자원 규정의 도입」, 『법사학연구』 제44호, 2011. 10, 77-79면 참조(본서 26-29면).

삼민주의와 국민정부건국강령의 영향을 받았으며,[73] 임시정부가 중국에 위치하고 있어 자료의 입수가 상대적으로 수월했던 점을 종합하여 보면, 행정연구위원회가 헌법초안작성시 건국강령상의 천연자원 및 주요산업 국유화를 법규정화하면서 중국헌법초안들을 참고한 것은 자연스러운 일이었다. 게다가 초안작성자들이 대개 일제 강점기 법학을 공부한 사람들로 구성되었으나 일본의 명치헌법 및 그 이전 헌법제정 논쟁시의 헌법초안들에서는 이와 관련된 규정을 찾아보기 어려운 점[74]까지 더하여 보면 이들이 이 부분에서 각종 중국헌법문서들을 참고한 것은 분명하다.

이때 만들어진 헌법초안은 제목이 '한국헌법'으로 되어 있고 이후 1948년 국회에서의 헌법제정시 논의의 바탕이 된 최초의 초안이라는 의미로 '제일단계헌법초안'으로 명명되기도 한다.[75] 따라서 이 단계에서 이루어진 중국헌법문서들의 영향은 계속 이어져 결국 1948년 헌법에까지 이어진다고 보아야 한다. 다만 이 헌법초안은 대한민국임시정부의 산하기관에서 작성한 것으로서 행정연구위원회가 내무부장 신익희의 지휘를 받았고 대한민국건국강령의 실현을 위한 작업으로 이루어졌던 점에서 대한민국임시정부와 한국독립당의 국가건설방안을 구체화한 헌법안이라는 한계가 있다. 그러한 점에서 천연자원 및 주요산업 국유화에 한정하여 보면 중국헌법의 영향을 받은 헌법초안상의 제78조 제3문 및 제79조가 당시 다른 정치세력들과의 사이에 존재하는 일반적인 공감대를 반영한 것이라고 볼 수는 없다. 이러한 국민적 합의는 이후 이루어지는 국가건설방향에 대한 논의와 헌법안

72) 전종익, 앞의 논문, 2011, 64-74면(본서 11-23면).

73) 신우철, 「건국강령(1941. 10. 28.) 연구」, 『중앙법학』 제10권 제1호, 2008. 4, 71-74면.

74) 家永三郎 등 3人 編, 『明治前期の憲法構想』, 福村出版, 1987에 수록된 헌법초안들을 살펴보면 토지의 국유(植木枝盛, 憲案, 197조, 248면) 또는 도로, 전신, 우편, 철도, 기선에 대한 천황의 관리(西周, 憲法草案, 294면) 등의 규정은 찾을 수 있다.

75) 『국회보』 제20호, 59면.

들의 작성을 거치면서 나타나게 된다.

2. 남조선대표대한국민민주의원의 헌법안

대한민국임시정부를 중심으로 한 행정연구위원회와는 별도로, 비상국민회의와 이를 이은 남조선대표대한국민민주의원(이하 '민주의원'이라 한다)에서 헌법에 대한 논의가 이루어졌다. 비상국민회의는 좌파인 조선공산당, 인민당, 연안의 독립동맹을 제외하고 임시정부의 비상정치회의와 이승만의 독립촉성중앙협의회 등 우파와 일부 중도파들을 중심으로 과도적 입법기관을 지향하여 결성된 것으로서 1946. 2. 1. 첫 회의를 시작하였고, 그 최고정무위원회가 미군정의 과도정부 설립구상에 따라 민주의원으로 전환하여 같은 달 14. 개원되었다.[76] 그러한 과정에서 여운형과 종래 임시정부에 참여하였던 김원봉, 김성숙 등 일부 중간파들이 탈퇴하면서 민주의원은 대체로 우익들의 통합기구로 자리매김된다.

비상국민회의와 민주의원은 각각 헌법기초를 위한 위원들을 위촉하여 헌법초안을 작성하였고 상호협의를 거쳐 헌법안이 마련되었다.[77] 비상국민회의의 작업이 기본적으로 임시정부의 대한민국임시헌

76) 민주의원이 결의한 민주의원규범은 제1조에서 민주의원이 비상국민회의의 결의에 의한 최고정무위원으로 조직된다고 규정하였고 제2조에서 과도정권 수립과 기타 긴급한 제문제의 해결에 관하여 관계방면과 절충하여 필요한 제조치를 행할 것을 임무로 규정하였다. 따라서 비상국민회의가 의회적 성격을 가진다면, 민주의원은 집행기관의 성격을 가지는 것으로 평가된다. 정상우, 앞의 논문, 78-84면.

77) 비상국민회의는 법제위원 7인(신익희, 최동오, 김정설, 김준연, 한근조, 김병로, 이봉구)을 선출하고 이들로 하여금 임시정부의 임시헌장을 기준으로 이를 수정하여 헌법안을 작성하는 수정위원을 선정하도록 하였다. 이에 따라 구성된 헌법선거법수정위원회의 헌법분과위원으로는 최동오, 김용무, 강병순, 김병로, 안재홍, 김약수, 조만식, 원세훈, 김붕준, 김준연이 임명되었다. 『자료 대한민국사 2』, 6, 53면. 민주의원의 경우 헌법대책연구위원에는 김붕준, 최익환, 김도연이 있었다. 위의 책, 325면. 한편 김준연에 의하면 민주의원의 헌법기초위원으로 조완구, 조소앙, 김붕준이 임명되었다. 김수용, 앞의 책, 75면. 이에 의하면 헌법대책위원과는 별개로 실제 민주의원의 헌법안을 기초한 사람은

장을 기반으로 외국의 헌법들을 참작하여 헌법안을 기초하는 방식으로 진행되었고[78] 민주의원의 헌법기초가 임시정부측의 조완구, 조소앙, 김붕준에 의하여 이루어졌으므로, 완성된 헌법안[79]의 기본적인 편제는 1944. 4. 22. 대한민국임시헌장과 유사하였다.[80] 헌법안은 제1장에 총강을 배치하여 대한민국이 민주공화국임과 주권의 소재, 국민, 영토에 대하여 규정하였고, 제2장에서 국민의 권리와 의무를 생활균등권(제5조), 문화 급 후생균등권(제6조), 자유권(제7조), 국가기관에 대한 요구권(제8조), 참정권(제9조), 국민의 의무(제10조)로 나누어 규정하였다. 제5조의 생활균등권과 제6조 문화 급 후생균등권은 임시헌장에는 존재하지 않았던 것으로서 제5조에서 계획경제의 원칙과 함께 각종 경제 관련 조항들을 규정하고 제6조에서 교육, 보건 등에 대하여 규정하고 있다.

특히 제5조 제5호에서 "대규모의 주요공업 급 광산의 국영 우(又)는 국가관리"를 규정하고 있는 점이 주목된다. 이는 한국민주당의 정책세목에 규정되어 있던 "대규모의 주요공업 급 광산의 국영 내지 국가관리"[81]를 거의 그대로 옮겨 온 것이다. 한국민주당이 비상국민회의와 민주의원의 주요한 참여단체였으며 이 조항을 포함하고 있는 상위의 생활균등권의 기원이 된 균등생활이라는 용어가 일찍부터 한국독립당 당의에 존재[82]하던 것이라는 점에서 이 규정이 양측의 합의와 절충에 의하여 만들어진 것임을 알 수 있다. 이는 나아가 민주의원에 참여한 중도파를 포함한 우익 단체들 사이에 대규모의 주요공

이들 3인이었던 것으로 보인다.

78) 『자료 대한민국사 2』, 53면.

79) 민주의원의 '대한민국임시헌법'의 내용은 고려대학교 박물관 편, 『현민 유진오 제헌헌법 관계 자료집』, 고려대학교 출판사, 2009, 34-58면의 영인본에 의하였다.

80) 김수용, 앞의 책, 81면.

81) 『자료 대한민국사 2』, 26면.

82) 『대한민국임시정부 자료집 33-한국독립당 I』, 국사편찬위원회, 2009, 21면.

업과 대표적으로 천연자원과 관련된 광산에 대한 국영 정책을 헌법규범화하는 것에 합의가 있었음을 알려주는 것이기도 하다.

이러한 정책적 합의의 모습은 이승만이 민주의원의장 자격으로 1946. 3. 7. 발표한 과도정부당면정책 33개항 중 제7항에서 "중요한 공업과 광업과 삼림과 은행과 철도와 통신과 운수와 모든 공익기관등 사업을 국유로 만들어 발전식힐 것입니다."라고 선언한 것과[83] 이어서 같은 달 18. 발표된 민주의원의 임시정책대강이 제1항에서 "전국민의 완전한 정치적 경제적 교육적 평등의 원칙을 기초로 한 독립국가의 균등사회를 건설함"을 규정하고 제7항에서 "주요한 중공업 광산 삼림, 공익시설, 은행, 철도, 통신, 수리, 어업, 전기 급 운수기관 등은 이를 국영으로 함"이라고 규정[84]하고 있는 점에서 찾아볼 수 있다. 임시정책대강에 대한 국민당위원장 안재홍[85]의 설명을 보면 이들과 헌법안의 주요산업 및 천연자원 규정 간의 관계와 규정의 취지를 알 수 있다. 그는 우선 "임시헌장과 임시정책은 서로 표리본말이 되는 바"로서 "국민의회를 거치어 정식정부가 나온 후에라도 국가시설은 대체 이에 준거할 바"라고 하여 임시정책대강의 연장선에서 헌법안이 만들어진 것임을 밝히고 있다. 또한 제1항에서 표명한 기본이념은 "임시정부가 해외에 있을 때에 벌써부터 주장하여 온 삼균제도의 정

83) 당면정책 33개항은 대동신문 1946. 3. 4.-9.에 게재되어 있다.

84) 『자료 대한민국사 2』, 244면. 제1항은 "정치 경제 교육의 균등을 기초로 한 신민주국을 건설하여서 내로는 국민 각개의 균등생활을 확보"라고 규정한 한국독립당 당의의 내용을 수정한 것이며, 제7항 역시 같은 당의 당책 제9조 "교통, 광산, 삼림, 수리, 운수, 전기, 어업, 농업 등 전국성의 대규모 생산기관은 국가 경영으로 할 것"을 기본으로 한 것으로 보인다. 『대한민국임시정부 자료집 34』, 173-174면.

85) 안재홍은 민주의원을 "민족 총의가 그를 지지하고 진정한 민주주의를 실천으로 이행하려는 조국재건의 정통적 기관"이라고 보고 적극 지지하면서 참여하고 있었다. 이하 그의 견해는 "국민당수 안재홍 씨 방송 민주의원의 정책(1) - 자율적 통일과 자주적 건국", 고려대학교박물관 편, 『민세안재홍선집 7』, 지식산업사, 2008, 50-52면에서 인용한 것이다.

신을 건설로써 실천도정(道程)에 들어가려고 하는 바”라고 하여 임시정부의 영향을 분명히 하였다. 제7항에 대하여는 “부력(富力)의 집중편재로서 재산을 독점하여 대중생활을 농단하는 폐해가 없도록 모든 산업적, 상업적 기업은 감독을 강화하기로 한” 것이라 설명하고, 이는 “민간기업이나 개인영업을 함부로 제한 압박하는 것이 아니라 거기에 충분한 신축성과 융통성을 주어서 극좌편향적인 독재경향을 지양시키려는 진정한 민주주의 민족국가로서 대중공생의 구전(俱全)한 실천을 꾀하는 바”이며, 이로써 자본가와 기술전문가, 노동자가 협동체제에서 경제를 운영하게 되고 “국영의 경우 기업진은 순연한 국가봉사의 정신에서 될 것이고, 자본가적, 착취적 야망을 떠나서 있게 되는” 결과가 온다고 설명하였다. 따라서 그에 의하면 헌법안의 국영 내지 국가관리 규정은 자본의 집중과 독점 등에 의한 자본주의의 폐해를 극복함으로써 “전 민족이 계급분열을 지양 회통하여서 협동단결”하여 “산업경제 재건설과 국가기구의 제운영에 전 심혼을 쏟아 넣도록” 하기 위한 필요에서 이루어진 것이다. 결국 주요산업 및 광산 등에 대한 국영 또는 국유정책은 계급 간의 대립을 기반으로 한 좌익의 논리에 대응하여, 향후 만들어질 새로운 국가경제의 기본방향으로서 자본주의를 기본으로 그 폐해를 극복하면서 계급협동을 지향하기 위하여 필요하다는 우익들의 공통된 인식하에서 도입된 것임을 알 수 있다.

3. 민주주의민족전선의 헌법안

한편 우파들의 이러한 움직임에 대응하여 좌익단체들을 중심으로 결성된 민주주의민족전선에서도 헌법제정을 준비하였다. 민주주의민족전선은 인민의 총투표에 의하여 선거될 인민대표대회가 구성될 때까지 과도적 임시정부의 역할을 맡을 것을 자임하며[86] 정부수립

86) 서중석, 앞의 책, 348면.

전후에 시행되어야 할 제반 시책을 연구하기 위한 전문위원회를 설치하였고, 그중 임시약법기초위원회에서 헌법안의 기초를 구상하는 임무를 맡았다.[87] 전문위원회의 연구결과가 1946. 4. 20. '중요정책에 대한 보고' 및 '임시헌장 정부급행정기구조직요강에 대한 보고'의 형식으로 발표되었는데, 경제정책에 대한 내용은 전자에서 찾아볼 수 있다.[88] 이 보고는 일반경제대책의 경제체제수립요강에서 국영사업의 중심과 중소산업의 조합경영 또는 개인경영의 허용을 선언하고 있고, 이는 앞서 살펴본 바와 같이 민주주의민족전선 강령의 행동슬로건 중 '중요산업의 국영화', '중소 상공업의 자유발전과 국가의 보호지도'를 문구만 변경하여 규정한 것이다. 이러한 정책적 방향은 민주주의민족전선의 헌법안인 '조선민주공화국임시약법시안'[89]에서도 그대로 찾아볼 수 있다. 시안은 별도로 경제정책에 대한 장을 두고 있지 않으나 제2장 인민의 기본적 권리 급 의무 제17조에서 일반적인 인민의 영업의 자유를 규정하고[90] 이어서 제18조의1에서 "조선인민의 중소개인자본은 기업경영의 자유가 법률로서 보장됨"이라고 규정하고 있다. 대규모의 주요산업 국영방침을 명시적으로 헌법에 규정하고 있지 않으나 민주주의민족전선의 강령과 기존에 발표된 정책방향에 비추어 이 규정을 반대해석해 보면 중소개인자본이 아닌 대자본 및 주요산업은 국영을 원칙으로 함을 표현한 것이라 할 수 있다.

물론 이 시안은 완성된 헌법이 아닌 약법제정을 위한 시안으로서 공식적으로 채택되지 않았던 한계가 있다.[91] 그럼에도 불구하고 이

87) 기초위원으로 허헌, 김용암, 김약산, 성주식, 조평재, 정진태, 김응섭, 이강국, 한길언, 정노식의 10인이 임명되었다. 『해방조선 I』, 162면.

88) 해방일보 1946. 4. 22. 1면, 『한국현대사 자료 총서 5』, 249면.

89) 약법시안의 내용은 『현민 유진오 제헌헌법관계 자료집』, 7-32면에 의하였다.

90) "제17조 조선인민은 재산 사유의 권리, 계약, 영업의 자유를 향유하며 법률에 의한 외에는 이를 침탈할 수 없음."

91) 정상우, 앞의 논문, 104-105면.

시안은 좌익측의 법률가들에 의하여 만들어진 헌법구상으로서 당시 좌익측의 경제정책이 헌법규정화하는 과정을 살펴볼 수 있는 점에서 의미가 있다. 게다가 중요산업 국유화는 이후 민주주의민족전선측의 좌우합작 5원칙에 그대로 계승되었고 결국 좌우가 합의한 합작 7원칙에 규정되게 된다. 또한 유진오에 의하면 이 시안은 1948년 헌법초안 작성시 참고자료로 활용되었으므로[92] 이후 헌법제정을 위한 논의 과정에서 계속하여 영향을 미친 것으로 볼 수 있다.

4. 남조선과도입법의원의 헌법안

민주의원이 우파들의 결집체가 되고 제1차 미소공동위원회가 결렬된 이후 미군정은 극좌와 극우를 배제하고 중도적인 정치세력을 규합하여 조선인들에 의한 임시정부와 임시입법기관을 구성하고 이를 통해 간접적인 통치를 시행할 계획을 세운다. 미군정은 우선 이를 위해 김규식, 원세훈, 여운형 등으로 이루어진 좌우합작위원회를 적극 지원하여 좌우합작 7원칙을 도출하게 하였고, 이러한 합작원칙에 의거하여 임시입법기구로서 남조선과도입법의원이 설립되었다.[93]

과도입법의원은 특별위원회로 행정조직법기초위원회와 임시헌법기초위원회를 구성[94]하여 국가조직법을 제정하기 위한 노력을 기울였고, 그 결과 먼저 1947. 2. 27. 정부조직법에 해당하는 '남조선과도행정조직법초안'이 제출되었으며, 이어서 같은 해 3. 11. 서상일 의원을 중심으로 한 의원들에 의하여 '남조선과도약헌안'이 제출되었다.[95]

---

92) 유진오, 『헌법기초회고록』, 일조각, 1980, 22면.

93) 이경주, 앞의 논문, 143-144면.

94) 행정조직법기초위원에는 신익희, 오하영, 천진철, 신중목, 문진교, 장연송, 정광조, 백남용, 서상일이 선출되었고, 임시헌법기초위원에는 김붕준, 손문기, 최동오, 김철수, 이봉구, 하경덕, 박승호, 이주형, 변성옥이 선출되었다. 김수용, 앞의 책, 93면.

95) 『남조선과도입법의원속기록 2』, 여강출판사, 1984, 61, 241-243면. 이하 남조선과도약헌안의 내용은 이에 의하였다.

이와는 별도로 임시헌법기초위원회에서도 '조선민주임시약헌초안'을 작성하여 김붕준 의원이 의장에게 제출하였다.[96] 이후 법제사법위원회, 임시헌법기초위원회, 행정조직법기초위원회의 연석회의를 통하여 이들을 합친 '조선민주임시약헌 수정안'[97]이 만들어졌고, 심의를 거쳐 같은 해 8. 6. '조선임시약헌'이 최종확정되었다.[98]

서상일이 주도하여 만든 남조선과도약헌안은 총강과 입법의원, 행정부, 사법, 재정으로 구성되어 있었고, 국민의 권리에 대하여는 제2조에서 "인민은 법률상 평등이며 민주주의의 모든 기본적 자유와 권리를 향유함"이라는 포괄적인 규정만이 존재하였다.[99] 반면 김붕준의 조선민주임시약헌 초안[100]은 제1장 총강에 이어 제2장에 국민의 권리의무를 두어 생활균등권(제4조), 문화 및 후생균등권(제5조), 자유권(제6조) 등을 규정하고 있다. 이러한 내용은 민주의원의 '대한민국임시헌법'을 문구만 수정하여 이어받은 것으로서, 제4조 제5호에서 "대규모 주요공업 급 광산의 국영 우(又)는 국가관리" 역시 그대로 규정하고 있다. 이러한 규정은 심의에 회부된 조선민주임시약헌 수정안에서도 변함이 없었고[101] 별다른 이론 없이 최종확정되어 조선임시약헌[102]에 그대로 규정된다.

과도입법의원에서 이루어진 조선민주임시약헌 수정안 제2독회를 보면 생활균등권의 각호에 대해서 대체로 별다른 논의 없이 원안대로

96) 자유신문 1947. 4. 2. 1면.
97) 『남조선과도입법의원속기록 3』, 여강출판사, 1984, 39면.
98) 위의 책, 197, 227면.
99) 서상일 의원은 약헌안이 법률전문가 4-5인이 영국, 불란서, 일본, 중국, 필리핀 등 각국 헌법을 참조하여 작성한 것이라고 밝혔다. 위의 책, 255면.
100) 당시 신문기사를 토대로 정리한 초안의 내용은 김수용, 앞의 책, 430-438면 참조.
101) "제4조 제5호 대규모 주요공업 급 광산의 국영 또는 국가관리." 『남조선과도입법의원속기록 3』, 45면.
102) 약헌의 내용은 『현민 유진오 제헌헌법관계 자료집』, 102-103면에 의하였다.

통과되었으나, 제7호 '공장의 경영관리에 노동자대표참여' 규정에 대하여는 많은 의견이 개진되었다. 그러한 논의에서 제4조의 규정 의미와 배경에 대한 언급을 찾아볼 수 있다. 우선 서상일 의원은 제4조 생활균등권에 대하여 "이것은 정치적으로는 민주주의이며 경제적으로는 국가사회주의의 정신을 말한 것이얘요. 이것은 건국이념이얘요. 이러한 의미에 있어서 기업가 본위만 생각하지 말고 노자협조, 즉 자본가이건 노동자이건 다 생활균등해야 하겠다는 것이 이 법의 기본이념이라 봅니다."라고 말하여 생활균등권을 적극 지지하는 의사를 밝혔다.[103] 서상일 의원은 당시 한국민주당 소속으로서 그가 주도하여 제출하였던 남조선과도약헌안에는 이와 같은 규정들이 존재하지 않았다. 그럼에도 불구하고 이와 같이 지지를 역설하고 있는 것을 보면 한국민주당 소속 의원들을 포함하여 의원들 사이에 이에 대한 일정한 합의가 이루어져 있었음을 알 수 있다. 생활균등권에 대한 내용은 이미 민주의원의 헌법안 작성시 포함되었던 내용이었고 특히 제4조 제5호는 사실상 한국민주당 강령을 거의 그대로 옮겨 온 것으로서 우파라고는 하나 한국민주당 소속 의원들로서도 반대할 이유가 없었다. 게다가 주요산업의 국유화가 좌우합작 7원칙에 포함되어 있었던 점에서 광산에 대한 내용만이 덧붙여진 이 규정에 대하여 여타 다른 의원들에게도 다른 의견이 있을 수 없었다.

이와 함께 원세훈 의원의 발언을 보면 당시 국유화 규정이 도입된 배경을 알 수 있다. 그는 당시 모든 대기업체는 일본에게서 빼앗아 미국인이 꼭 틀어쥐고 있으므로 조선인에게 자본가다운 자본가는 존재하지 않는 상황을 설명하면서 "지금 공장주는 적산관리를 맡은 이들이여요. 그 운명이 얼마될지 모릅니다. 그러니 우리는 자본가다운 자본가가 없어요. 대기업은 앞으로 국가경영이 되겠지요. 그러니

103) 『남조선과도입법의원속기록 3』, 47면.

말할 것도 없고 다만 양심적 분발이 있어야 될 줄로 압니다. 노동자와 자본가가 일심일체로 나가지 아니하면 우리 민족은 앞으로 어려우리라고 봅니다."[104]라고 언급하였다. 이로써 당시 대부분의 산업체가 적산으로서 미군정의 소유로 되어 있고 조선인 소유는 찾아보기 힘든 상황에서 주요기업들을 국유화한다는 것은 건국 후 민족적 역량의 총결집과 온 국민의 협동을 통한 경제개발 도모를 이끌어 내기 위하여 반드시 필요한 것으로 인식되었음을 알 수 있다.

이로써 각 정당 및 사회단체들의 주요 정책방향에 포함되어 있었던 주요산업 및 천연자원 국유화 원칙은 좌우 각 단체들의 합의를 거쳐 헌법안에 공식적으로 규정되게 되었다. 조선임시약헌상의 국유화 규정은 문언상으로 한국민주당 강령 및 한국독립당 등 우파를 중심으로 하는 민주의원의 헌법안을 기반으로 하면서 민주주의민족전선의 입장이 좌우합작원칙을 통해 반영되어 형성되었으므로 우파는 물론 중도좌파까지 포괄하는 정치세력의 합의를 반영한 것으로 볼 수 있다. 게다가 과도입법의원에서의 헌법안 논의시기가 제2차 미소공동위원회의 제6호 결의에 의한 질의서를 계기로 각 정치단체들이 천연자원 및 주요산업의 소유권제도에 대한 정책방향을 논의하여 답신안을 작성하고 있던 때와 일치하므로, 결국 답신안의 입장들이 조선임시약헌을 통하여 헌법규정화하였다고 볼 수도 있다. 물론 과도입법의원에서 최종확정되어 통과된 조선임시약헌은 미군정장관으로부터 인준을 받지 못하고 보류되어 시행되지 않았다는 한계가 있다.[105] 그럼에도 불구하고 천연자원 및 주요산업 국유화에 대한 정치단체들의 일반적

---

104) 이어서 "그러므로 대기업체는 모두 노동자가 경영하라 한 것에 반대할 이가 없을 것입니다. 대기업체는 국가소유인데요 그러니 참여하라는 것은 어떻게 되는 것인가나 알자 하는 것이여요."라고 하며 노동자참여규정에 대한 지지의사를 밝혔다. 『남조선과도입법의원속기록 3』, 52면.

105) 『남조선과도입법의원속기록 4』, 여강출판사, 1984, 325면.

합의와 헌법규범화의 방향을 이 시기 공식적으로 확인할 수 있는 점에서 의의는 크다. 1948년 헌법제정시에도 이와 같은 정책적 방향과 헌법규범에 대한 합의는 영향을 미칠 수밖에 없었고, 결국 이는 구체적인 헌법규정으로 나타나게 된다.

5. 국회의 1948년 헌법제정

(1) 사법부의 헌법개정요강과 유진오 사안

헌법의 제정은 여러 정치세력들 간에 그때까지 이루어졌던 논의들과 헌법안들을 확인하고 종합하여 단일화하는 과정이다. 그러한 점에서 천연자원 및 주요산업 국유화에 한정하여 1948년 헌법제정과정을 보면, 당시 이의 헌법규정화에 대한 일반적 합의가 있었고 이에 따라 기본적인 내용이 초기부터 확정되어 변동이 없었음을 알 수 있다.

우선 헌법제정의 준비는 남조선과도정부의 사법부에서 이루어졌다. 1947. 6. 30. 남조선과도정부 사법부는 법전편찬위원회와 헌법기초분과위원회를 구성하여 헌법개정요강(憲法改正要綱)을 작성하였고 이를 토대로 한 헌법안 작성에 착수하였다.[106] 한편 이와는 별도로 헌법기초분과위원회 위원으로 위촉되었던 유진오를 중심으로 윤길중, 황동준, 정윤환 등이 참여한 이른바 유진오 사안(私案)[107]이 만들어져 위원회에 제출되었다.[108]

법전편찬위원회 헌법기초분과위원회의 헌법개정요강을 보면 제7장 국민경제 부분에서 민생주의와 생계의 균등에 이어 토지의 국민전체 소유, 소유권의 법률상 보호와 징세·징수 및 토지사용의무를 규

106) 김수용, 앞의 책, 176, 191-193면. 헌법기초분과위원회는 황성수, 한근조, 정윤환, 정문모, 장후영, 신익희, 유진오로 구성되어 있었다.

107) 유진오의 이 헌법안에 대한 명칭은 사실상 이 안이 가지는 개인적 성격에 따라 '유진오 사안'이라고 이름 붙인 이영록, 앞의 논문, 81면에 의하였다.

108) 유진오, 앞의 책, 23-25, 37면.

정한 후 "광물, 천연력 – 국가소유"와 "국가공영(公營)사업 – 독점성, 긴급시"를 별도로 명문화할 것을 제시하고 있다.[109] 헌법개정요강은 남조선과도입법의원의 조선임시약헌을 개정하기 위한 것으로서 기본적인 편제가 조선임시약헌을 토대로 하고 있었다.[110] 조선임시약헌과 마찬가지로 제1장 총강에 이어 제2장 인민의 권리의무에서 평등권, 자유권, 요구권, 정당한 재판을 받을 권리, 참정권, 의무를 순서대로 규정하고 특히 평등권의 하위 항목으로 생활균등권과 문화·후생균등권을 규정하고 있는 것을 보면 이러한 점은 명백하다. 다만 조선임시약헌의 생활균등권에 있었던 경제 관련 규정들이 제7장 국민경제를 규정하면서 위치가 변경되었다. 헌법구성의 말미에 경제와 교육에 대하여 규정하고 마지막에 헌법개정을 배치하는 것은 중국의 1936년 중화민국헌법초안 이른바 오오헌초에서 찾아볼 수 있으며, 특히 제7장 국민경제 부분의 규정순서를 보면 이와 일치한다.[111] 따라서 요강상의 "광물, 천연력 – 국가소유"와 "국가공영사업 – 독점성, 긴급시"는 오오헌초의 제118조 및 제123조[112]를 요약한 것으로 보아야 한다.

유진오가 개인적으로 작성하였다는 이른바 유진오 사안[113]에서도 헌법개정요강과 같은 맥락에서 조선임시약헌 및 중국헌법초안의 영향을 발견할 수 있다. 우선 제1회 초고의 편별부분을 보면 유진오는 애초 원고지에 전문, 총강, 국민의 권리의무, 국민의회, 정부, 법

109) 「조선법제편찬위원회기초요강(一)」, 『법정』 제3권 제6호, 1948. 6, 28, 39면.

110) 김수용, 앞의 책, 184면.

111) 繆全吉 編著, 앞의 책, 559-560면.

112) "제118조 附着於土地之鑛 及經濟上可供公衆利用之天然力 屬於國家所有, 不因人民取得土地所有權而受影響"; "제123조 公用事業 及其他有獨占性之企業 以國家公營爲原則 但因必要時 得特許國民私營之。國家對於前項特許之私營事業 因國防上之緊急需要 得臨時管理之 並得依法律收歸公營 但應予以適當之補償."

113) 유진오 개인의 헌법안으로는 제1회 초고와 이를 정리하여 사법부에 제출한 사법부 제출안이 있다. 이하의 내용은 『현민 유진오 제헌헌법관계 자료집』, 105-196면에 수록되어 있는 것을 이용하였다.

원, 재정, 보칙을 기입해 놓았는데 이는 제목만 일부 변경되었을 뿐 조선임시약헌의 구성과 일치한다. 이후 이를 수정하여 제5장 법원 다음에 '제6장 경제기구(제도)', 제7장 재정 다음에 '제8장 지방제도', '제9장 헌법개정'을 원고지의 줄 사이 빈칸에 기입하거나 기존의 내용을 지우고 하단에 기입한 것을 확인할 수 있다. 유진오는 조선임시약헌을 기본모델로 하고 이를 수정하는 방식으로 초안을 작성하였던 것이다.[114] 유진오가 사안을 작성한 것이 헌법기초분과위원회의 요청에 의한 것이었고,[115] 위원회의 헌법개정요강에서 요구하는 대로 조선임시약헌을 개정하는 형식으로 초안작성이 이루어졌으며, 전체적인 구성의 면에서 경제생활을 별도의 장으로 구성하고 마지막 장에 헌법개정을 배치한 것이 헌법개정요강의 내용과 일치하는 점들을 종합해 보면, 유진오의 헌법안 작성이 사법부에서 제시한 작업방향에 따라 이루어졌음을 알 수 있다.[116]

위에서 본 바와 같이 헌법개정요강의 국민경제 부분이 중국의 오오헌초에 기반하였으므로 유진오 사안의 경제제도부분 역시 중국헌법의 영향은 당연한 것이었다. 천연자원 및 주요산업의 국유화와 관련하여 유진오 사안은 "광물, 석탄 기타 중요한 지하자원, 수력 기타 경제상 이용할 수 있는 모든 자연력은 국유로 한다. 공공필요에 의하야 (일정한 기간) 그 개발 또는 이용을 특허하거나 또는 특허를 취소함은 법률이 정하는 바에 의하야 차를 행한다(제1회 초고 제89조; 사법부 제출안 제94조)."라고 하고 나아가 "운수, 교통, 통신, 금융, 수도, 전기, 까스, 기타 독점성 또는 공공성을 가진 기업은 국영으로 한다.

114) 김수용, 앞의 책, 211면.

115) 유진오, 앞의 책, 19면.

116) 헌법개정요강과 유진오 헌법안의 선후관계는 명확하지 않다. 헌법개정요강의 작성시기는 명확하지 않으나 적어도 1948. 5. 이전에 작업이 이루어진 것은 확실하다. 김수용, 앞의 책, 183면. 유진오는 憲法私案을 위원회에 1948. 5. 초에 제출하였다. 유진오, 앞의 책, 37면.

공공필요에 의하야 (일정한 기간) 그 공영 또는 사영을 특허하거나 또는 그 특허를 취소함은 법률이 정하는 바에 의하야 차를 행한다(제1회 초고 제91조 제1, 2문; 사법부 제출안 제96조 제1, 2문).”라고 규정하고 있다.[117] 조선임시약헌 제4조 제5호의 ‘대규모 주요공업 및 광산의 국영 또는 국가관리’를 두 개의 조문으로 분리하여 광물 및 천연력과 독점성 있는 사업의 국가공영으로 나누어 규정하도록 한 것이 헌법개정요강이었고 이는 중국의 오오헌초에 따른 것이었다. 유진오가 같은 맥락에서 두 개의 조문을 어떻게 구성할 것인지를 고민하였다면, 그 시작은 중국 오오헌초 제118조와 제123조였을 것이다. ‘경제상 이용할 수 있는 자연력’의 부분과 필요한 경우 개발 또는 이용이나 사영을 ‘특허’하며 특허의 취소는 ‘법률이 정하는 바에 의한다.’는 부분은 이러한 시작점을 알 수 있게 해 준다. 나아가 천연자원 규정의 제2문과 주요산업 국영 규정의 제2문이 내용과 구조가 동일한 것을 보면 작성자가 오오헌초 제123조 제2문을 변형하여 두 조문에 모두 사용하였음을 알 수 있다.

이와 함께 천연자원의 국유 또는 국영 대상을 획정하고 열거하는 부분은 유진오가 사안을 사법부에 제출하기 이전인 1948. 3. 발표한 논문에서 ‘천연자원(공기와 모든 종류의 잠재적 에너지를 포함한)의 국유를 선언한 헌법’으로 1922년 아일랜드 자유국(愛蘭自由國) 헌법 제11조[118]를 언급하였고, 바이마르 헌법상의 경제조항의 영향을 설명하면

---

117) 두 조문 모두에서 제1회 초고에는 ‘일정한 기간’이라는 표시가 수정하여 삽입되어 있으나 사법부 제출안에는 이 부분이 포함되어 있지 않았다.

118) 아일랜드 자유국 헌법(CONSTITUTION OF THE IRISH FREE STATE 1922) 제11조는 국유의 대상으로 ‘영토상의 모든 토지와 하천들, 광산과 광물들(All the lands and waters, mines and minerals, within the territory of the Irish Free State)’, ‘모든 자연자원들(all the natural resources)’ 그리고 ‘모든 지적 재산권 및 영업권들(all royalties and franchises)’을 열거하고 있다. http://www.irishstatutebook.ie/1922/en/act/pub/0001/print.html. 2013. 3. 21. 검색.

서 오오헌초 제118조를 바이마르 헌법 제155조 제4항과 같은 취지라고 한 점[119]에서 보면 이들 헌법규정들이 참고가 되었음을 알 수 있다. 주요산업의 국유화 대상에 대해서도 유진오는 바이마르 헌법이 우편, 전화, 통신, 철도, 수로, 항로표식 등을 전부 국유로 한 것(제88조 내지 제101조)에 비하여 오오헌초 제118조가 도리어 불철저하다고 설명하고 있어[120] 이들 규정들이 기반이 되었음을 알 수 있다. 나아가 대한민국건국강령[121]과 한국독립당 당책 제9조[122]에서 열거하고 있는 국가경영의 대상들과 미소공동위원회의 공동결의 제6호 질의에 대한 답신안에 나타난 산업조직의 소유권제도 부분 역시 고려가 되었을 것이다.[123] 특히 독점성 또는 공공성을 가진 기업의 경영을 국영, 공영(公營), 사영의 세 가지로 구분한 것은 미소공위 제6호 질의에서 소유권 제도를 'public, private or cooperative'로 나누어 질문한 것의 영향을 알 수 있게 한다. 또한 사안 제1회 초고를 보면 '일정한 기간'이라는 표시가 수정하여 삽입되어 있고, 이후 유진오가 천연자원과 관련하여 일정한 기간을 명시한 이유에 대하여 "무기한으로 특허를 계속한다면 천연자원의 국유라는 것은 공문화(空文化)하고 사실상 사유로 화(化)할 우려가 있기 때문"이라고 하면서 특히 필리핀 헌법 제7조 제1항을 언급하고 있는 것[124]을 보면 필리핀헌법 역시 참고가 되

119) 유진오, 「국가의 사회적 기능(一)」, 『법정』 제3권 제3호, 1948. 3, 9-10면.

120) 위의 논문, 10면.

121) "대생산기관의 공구와 수단; 토지 · 광산 · 어업 · 농림 · 수리 · 소택과 수상 · 육상 · 공중의 운수사업, 은행 · 전신 · 교통 등과 대규모의 농 · 공 · 상 기업과 성시 공업구역의 공용적 주요 방산."

122) "교통, 광산, 삼림, 수리, 운수, 전기, 어업, 농업 등 전국성의 대규모 생산기관."

123) 유진오는 헌법기초회고록에서 헌법초안 작성시 참고한 자료로서 세계주요 각국의 헌법과 여러 학자들의 저서 외에 남조선과도입법의원의 조선임시약헌, 대한민국건국강령, 우드월 헌법안, 조선민주공화국임시약법, 민주의원 헌법안, 미소공위에 제출된 자문 5, 6호에 대한 답신, 조선민주주의인민공화국헌법, 그리고 각정당의 강령과 정책을 제시하고 있다. 유진오, 앞의 책, 22면.

었음을 알 수 있다.

이와 같이 유진오 사안의 천연자원 및 주요산업의 국유화 규정은 조선임시약헌과 헌법개정요강에서 시작하여 중국 오오헌초를 기반으로 하고 여러 외국헌법들과 함께 대한민국건국강령, 미소공위 제6조 질의에 대한 답신안 등을 참고하여 작성되었다. 이후 이 규정들은 다른 헌법안과의 절충과 국회에서의 심의를 거치면서도 거의 원형에 변함이 없이 1948년 헌법에 규정되게 된다.

(2) 대한민국 헌법초안의 작성

1948. 5. 10. 총선거가 실시된 이후 신익희를 중심으로 한 행정연구위원회가 다시 가동되어 헌법안을 작성하는 과정에서 이른바 제1단계 헌법초안과 유진오 사안의 절충이 이루어졌고 이로써 제2단계 헌법초안, 즉 유진오·행정연구회 공동안이 만들어졌다.[125] 이때 만들어진 제2단계 초안은 국회에 구성된 헌법기초위원회에 제출되었고, 이와 함께 소위 '권승렬안'으로 불리는 법전편찬위원회 헌법기초분과위원회안이 제출되었다. 이들을 토대로 헌법기초위원회의 토론을 거쳐 헌법초안이 작성되었고 같은 해 6. 23. 국회 본회의에 제출되었다.[126] 국회에서 3회의 독회를 거친 후 마침내 7. 17. 헌법이 제정되었다.

행정연구위원회에서 이루어진 제2단계 헌법초안의 작성 과정은 제1단계 헌법초안과 유진오 사안간의 절충이었다. 법률의 위헌심사와 관련된 법원 부분을 제외하고 권력기구나 기본권 등 기본적인 헌법원

124) 유진오, 『헌법해의』, 명세당, 1949, 180면. 유진오는 필리핀 헌법 제7조 제1항을 언급하고 있으나 1943년 필리핀 헌법에서 천연자원의 보존과 이용(Conservation and Utilization of Natural Resources)에 대하여 규정하고 있는 것은 제8조 제1항(Ariticle VIII, Sec. 1)이며, 여기에서는 25년을 기한으로 개발 및 이용을 허가하도록 하고 있다. http://www.gov.ph/the-1943-constitution/ 2013. 3. 21. 검색.

125) 제2단계 헌법초안의 내용은 『국회보』, 제20호, 70-76면에 의하였다.

126) 대한민국국회, 『제헌국회속기록 1』, 선인문화사, 1999, 203면.

칙에서 양자 사이에 큰 차이가 없었으므로 대체로 절충은 어렵지 않게 진행되었다. 경제분야와 관련하여 별다른 의견충돌이 없었던 이유에 대하여 유진오는 “농지개혁조항을 제외하고는 당시의 status quo에 별다른 변혁을 가하려는 것이 아니었기 때문”이라고 밝히고 있다.[127] 특히 중요기업의 국영원칙에 대하여 “우리나라 중요기업의 대부분(철도, 항만, 전신, 전화, 수도 등)이 일정 때부터 이미 국영 또는 공영으로 내려온 데다가 해방 후 일본인 소유의 모든 재산이 대소를 막론하고 미군정에 의해 몰수되었기 때문에 중요기업을 국영화한다고 하여도 우리 국적을 가진 사인의 재산을 유상 또는 무상으로 몰수 또는 강제매상(買上)하는 일이 절무(絕無)”하므로 “우리나라 경제체제에 아무런 변혁도 가져오는 것이 아니”라고 설명하고 있는 것[128]에 비추어보면 천연자원의 국유화 역시 이와 마찬가지로 볼 수 있을 것이다. 양 헌법안의 문언을 보더라도 앞서 살펴본 바와 같이 제1단계 헌법초안의 천연자원 및 주요산업의 국유와 국영에 관한 제78조 제3문 및 제79조는 중국 오오헌초 제118조와 제123조를 번역한 것이고, 유진오 사안(사법부 제출안)의 제94조와 제96조는 중국의 위 규정을 바탕으로 수정한 것이므로 기본적인 내용이 동일할 수밖에 없었다. 다만 구체적인 조문의 작성은 제1단계 초안이 유진오 사안보다 2년이나 앞서 만들어진 이유로 이론적, 실제적으로 현저히 완성도가 떨어져 있었으므로 그동안의 헌법지식과 현실변화를 반영하여 수정된 후자가 중심이 되었다.[129] 이에 따라 만들어진 제2단계 헌법초안은 유진오 사안의 문구를 일부 조정하여 제89조 “광물, 기타 중요한 지하자원, 수력 기타 경제상 이용할 수 있는 모든 자연력은 국유로 한다. 공공필요에 의하여 일정한 기간 그 개발 또는 이용을 특허하거나 또는

127) 유진오, 앞의 책, 1980, 41면.

128) 위의 책, 30면.

129) 이영록, 『우리 헌법의 탄생』, 서해문집, 2006, 84면.

특허를 취소함은 법률에 의하여 차를 행한다." 및 제92조 제1, 2문 "운수, 교통, 통신, 금융, 수도, 까스, 기타 독점성 또는 공공성을 가진 기업은 국영으로 한다. 공공필요에 의하여 그 공영 또는 사영을 특허하거나 또는 특허를 취소함은 법률이 정하는 바에 의하여 행한다."를 규정하게 된다.

이와 같이 천연자원 및 주요산업 국유화에 대하여 별다른 이견이 없었던 것은 국회의 헌법기초위원회에서도 마찬가지였다. 헌법기초위원회[130]에 제2단계 헌법초안과 함께 제출되어 참고안으로 사용된 이른바 권승렬안[131]은 제109조에서 "광물 기타 중요한 지하자원 및 공공경제에 이용할 수 있는 수력 기타 자연력은 국유이다. 국민경제의 필요에 의하야 개발 우(又)는 이용의 허가 우는 그 격소(繳消)는 법률의 정한 바에 의한다."라고 하고 제111조에서 "운수, 통신, 수도, 전기, 까스, 금융, 보험, 기타 공공성을 가진 기업은 국영 또는 공영으로 한다. 국민경제의 필요에 의하야 사영의 허가 우는 그 격소는 법률의 정한 바에 의한다."라고 규정하고 있었다. 이는 수력, 공공경제, 국민경제의 필요, 특허와 허가, 전기, 독점성과 공공성 등 문구가 일부 다를 뿐 제2단계 헌법초안의 관련 규정과 큰 차이가 없다. 권승렬이 법전편찬위원회를 위한 헌법안을 준비하였으므로 기본적으로 헌법개정요강을 중심으로 작업을 진행하였을 것이며, 이때 이미 제출되어 있던 유진오 사안이나 관련 자료들을 참조하였을 가능성은 매우

130) 정식명칭은 憲法及政府組織法起草委員會이나 편의상 줄여 '헌법기초위원회'로 한다. 기초위원으로 위원장 서상일, 부위원장 이윤영을 포함하여 28명이 임명되었다. 명단은 『제헌국회속기록 1』, 45면 참조. 전문위원으로는 고병국, 임문한, 권승렬, 한근조, 노진설, 노용호, 차윤홍, 김용근, 윤길중, 유진오가 임명되었다. 이 중 김용근, 노용호, 유진오, 윤길중, 차윤홍은 제2단계 헌법초안 작성에 참여하였던 사람들이다. 유진오, 앞의 책, 1980, 46-47면.

131) 이하 헌법안의 내용은 『현민 유진오 제헌헌법관계 자료집』, 197-226면에 수록되어 있는 것을 이용하였다.

높다.[132] 이러한 점에서 양자는 많은 부분에서 서로 일치할 수밖에 없었다. 천연자원과 주요산업 국유화 규정들의 경우에도 위와 같이 제2단계 헌법초안과 권승렬안이 기본적으로 일치하였으므로 회의에서 서로 이견이 있을 수 없었다. 이러한 점은 헌법기초위원회 제3독회 심의의 대상이 된 헌법안[133] 제87조 “광물, 기타 중요한 지하자원, 수력 및 경제상 이용할 수 있는 자연력은 국유로 한다. 공공필요에 의하여 일정한 기간 그 개발 또는 이용을 특허하거나 또는 특허를 취소함은 법률이 정하는 바에 의하여 차를 행한다.” 및 제89조 “중요한 운수, 통신, 금융, 보험, 전기, 수도, 까스 및 공공성을 가진 기업은 국영 또는 공영으로 한다. 공공필요에 의하여 사영을 특허하거나 또는 특허를 취소함은 법률이 정하는 바에 의하여 행한다.”가 제2단계 헌법초안을 기본으로 하여 권승렬안의 보험 등 일부 문구를 보충하는 정도로 수정이 된 것을 보면 확실히 알 수 있다. 결국 위 제3독회 심의안의 규정들은 거의 수정 없이 헌법기초위원회에서 국회에 1948. 6. 23. 제출한 헌법초안의 제84조 및 제86조[134]로 규정된다.

(3) 국회본회의 심의

국회본회의 심의를 보면 천연자원 및 주요산업의 국유화에 대하여 근본적인 방향에 대한 의문보다는 개별적인 사항에 대한 논의가

132) 이영록, 「「권승렬안」에 관한 연구」, 『법과 사회』 제24호, 2003, 137면. 유진오는 권승렬안에 대하여 자신이 작성한 헌법안을 토대로 한 것이어서 독자적 안으로 볼 수 없다고 주장한다. 유진오, 앞의 책, 1980, 48-49면.

133) 제헌국회 헌법기초위원회 제3독회 심의안의 내용은 『현민 유진오 제헌헌법관계 자료집』, 227-250면에 수록되어 있는 것을 이용하였다.

134) 『제헌국회속기록 1』, 207면. “제84조 광물, 기타 중요한 지하자원, 수력과 경제상 이용할 수 있는 자연력은 국유로 한다. 공공필요에 의하여 일정한 기간 그 개발 또는 이용을 특허하거나 또는 특허를 취소함은 법률의 정하는 바에 의하여 행한다.”; “제86조 중요한 운수, 통신, 금융, 보험, 전기, 수도, 까스 및 공공성을 가진 기업은 국영 또는 공영으로 한다. 공공필요에 의하여 사영을 특허하거나 또는 특허를 취소함은 법률이 정하는 바에 의하여 행한다.”

주로 이루어졌다. 우선 제1독회에서 전문위원 유진오는 경제규정 전반에 대하여 "헌법의 기본정신은 정치적 민주주의와 경제적·사회적 민주주의와의 조화"라고 하면서 "모든 사람의 자유와 평등과 권리를 위하고 존중하는 동시에 경제균등을 실현해 볼려고 하는 것이 이 헌법의 기본정신"이라고 설명하였다.[135] 특히 경제에 관하여 국가적 통제가 원칙이 아닌가 하는 의문에 대하여 헌법안에 의하면 경제적 활동은 원칙적으로 자유이나 "경제적 활동이 공공성을 띠우는 정도로 이르를 때에는 국가권력으로서 경제문제에 간섭을 한다는 것"이며, "경제상 자유는 사회정의의 실현과 균형 있는 국민경제의 발전이라는 그 두 가지 원칙하에서 인정되는 것"이 경제장의 기본정신이라고 하면서 그에 대한 예로서 중소상공업에 관한 자유경제 원칙과 대규모 기업, 독점성·공공성 있는 기업의 국영 및 국방상, 국민생활상 긴절한 필요시 법률에 의한 사기업의 국공영화를 예로 들었다.[136]

제84조 천연자원 규정과 관련해서 수산과 산림을 포함시킬지 여부가 헌법기초위원회에서부터 많은 논의가 있었고, 국회본회의에서도 찬반의견이 서로 엇갈렸다. 제1독회를 보면 헌법초안과 같이 산림을 사유로 하자는 주장은 국유로 하면 양목(養木)에 어려움이 있다는 점을 논거로 하였고, 같은 맥락에서 산림보호를 위하여 농지와 같이 이를 일반농민에게 배분하는 것이 좋겠다는 의견도 제시되었다.[137] 이에 대하여 산림을 국유로 한다 하더라도 사유재산과 마찬가지로 국유림에서도 함부로 나무를 베어 내는 경우 법률로 제재하면 아무런 문제가 없다는 주장이 맞섰다.[138] 이러한 대립은 제2독회에서도 이어져

---

135) 『제헌국회속기록 1』, 209면.

136) 위의 책, 213면. 그는 "모든 국민에게 생활의 기본적 수요를 충족할 수 있게 하는 사회정의"와 "경제상의 약자를 다만 도와줄 뿐만 아니라 국민경제의 전체에 관해서 균형 있는 발전을 하는 것"을 경제의 기본정신이라 부연설명하고 있다.

137) 위의 책, 266, 268, 302, 481면.

138) 위의 책, 297-298면.

서 찬반토론을 거쳐 제85조 제2항에 "산림은 국유 또는 공유를 원칙으로 하되 법률에 정한 바에 의하야 농민의 사유를 용인할 수 있다."는 서상일 의원의 수정안이 발의되었으나 부결되었다.[139] 수산자원과 관련하여 제1독회에서 어류에는 근해, 연해, 원해의 이동하는 성격이 있어 이를 국유로 할 수도 사유로 할 수도 없으므로 규정하지 않았다는 유진오의 설명[140]에 대하여, 어촌이 전체적으로 독점화되어 있어 어민의 민생문제를 해결하기 위해서는 당연히 국유화해야 한다는 주장[141]이 제기되었다. 같은 맥락에서 제2독회에서는 수산자원의 경제적 중요성과 함께 이미 과거부터 수산자원은 국유 또는 공유(公有)와 같이 취급되어 점유권을 인정한다거나 어업권을 허가하고 있다는 점을 들어 제84조에 '수산자원'을 삽입하자는 수정안이 발의되었고, 결국 가결되었다.[142]

수정안까지 발의되지는 않았으나 이들 규정과 관련한 의미 있는 질의·응답도 상당수 존재하였다. 우선 제84조 및 제86조 특허의 상대방과 공공필요성에 관한 질의에 대하여 유진오는 특허의 대상은 국가이외의 사람에게 허(許)한다는 의미로서 사용(私用) 또는 공공단체의 이용이 모두 된다는 의미이며, 공공필요성은 결국 법률로서 구체화되는 것이라고 설명하였다.[143] 또한 그는 제84조 국유가 되는 경제상 이용할 수 있는 자연력의 범위를 묻는 질의에 대하여 해석상 전부 '중요한'이 걸리는 것으로 보아 "조고마한 자연력이라든지 시골에서 물레방아를 부친다는지 풍차바람을 분다든지 하는 것은 여기 포함하지 않는다."고 답하였다.[144] 이러한 설명은 이 규정으로 말미암아 국

---

139) 『제헌국회속기록 1』, 484면.
140) 『제헌국회속기록 1』, 267면.
141) 『제헌국회속기록 1』, 292면.
142) 『제헌국회속기록 1』, 475-477면.
143) 『제헌국회속기록 1』, 267면.

민에게 부여되어 왔던 천연자원의 개인적 이용에 대한 권리는 제한되지 않는다는 의미로 볼 수 있다.

제86조와 관련해서는 소유권과 경영권의 귀속이 불분명하다는 지적이 있었고, 이에 대하여 유진오는 기초자의 의도는 국영 또는 공영의 경우 국유 또는 공공단체 소유를 당연한 전제로 하는 것이라고 설명하면서, 이론적으로는 국영이라도 소유권은 국유, 공유(公有), 사유가 모두 가능하므로 조문의 불완전성을 인정하고 소유권 귀속을 명시하는 개정이 필요하다고 답변하였다.[145] 이와 함께 일제 강점기의 지배계급들이 군정의 보호를 받아 여전히 경제적, 정치적 세력을 가지고 있으므로 중소(重小)상공업 중소(重小)기업을 모두 국영으로 하여 생산과 배급수단을 사회화하는 방향으로 이끌어가자는 의견[146]이 제시되기도 하였으나 관련된 수정안이 제출되지는 않았다. 오히려 제86조 주요산업 국유화와 관련하여 제2독회에서 발의된 수정안은 '수리(水利)'를 삽입하자는 내용이었다. 제84조의 수력과 수리는 구분되는 것으로서 전자는 물의 역학적 이용이라면 후자는 논에 물을 대는 것과 같이 물을 물건처럼 이용하는 것이라면서 개간사업이나 간척사업 등이 식량문제와 관련하여 매우 중요한 의미를 가지므로 이는 반드시 국유화해야 한다는 것이 논거로 주장되었고, 별다른 반대의견 없이 수정안이 가결되었다.[147] 제2독회에서 수정된 헌법안은 제3독회에서 그대로 통과되었다.

이상에서 본 바와 같이 국회본회의의 심의를 보면 천연자원 및 주요산업 국유화 규정은 특별한 반대 없이 원안의 위치가 변경되고

---

144) 『제헌국회속기록 1』, 269면.

145) 『제헌국회속기록 1』, 270면.

146) 『제헌국회속기록 1』, 326면.

147) 『제헌국회속기록 1』, 385면. 이와 함께 제86조 제2문을 삭제하자는 수정안이 발의되었으나 철회되었다.

수산자원(제85조) 및 수리(제87조)만이 삽입되는 것으로 수정되어 가결되었다. 이는 국회본회의의 심의절차 자체가 이미 형성된 이 부분에 대한 합의를 확인하고 규정화하는 과정이었음을 나타내는 것이다.

Ⅳ. 결

일제 강점기 대부분의 기업과 생산시설들이 일본 또는 일본인에 장악되어 있었고, 경제개발이 일본의 수요와 필요에 맞추어 이루어진 상황에서, 해방 후 조선에게는 일본인들이 소유하여 운영하던 각종 시설과 자원들을 최대한 활용하여 경제를 재건해야 할 과제가 부여되어 있었다. 독립운동시기부터 중국 내 독립운동 단체들을 중심으로 천연자원과 주요산업의 국유 또는 국영의 원칙은 주요 정책방향으로 설정되어 있었다. 이는 해방 후에도 이어져 좌우를 불문하고 주요 정당, 사회단체들은 주요산업의 국유화를 강령에 규정하고 있었고, 그와 관련하여 대표적인 천연자원 관련 산업인 광산 역시 국유 또는 국영의 대상에 포함되어 있었다. 당시 천연자원과 주요산업의 국유화에 대한 일반적인 합의가 널리 존재하였음은 좌우합작원칙이나 미소공동위원회의 질의에 대한 답신에서 확인할 수 있으며 특히 후자에 의하여 천연자원과 산업별 소유권 제도에 대한 구상이 상당한 수준으로 구체화되기도 하였다. 이러한 천연자원과 주요산업의 국유 또는 국영에 대한 일반적인 합의는 헌법제정과정에서 규범화하기에 이른다. 1946년 신익희를 중심으로 대한민국임시정부 내무부 산하기관으로 출범한 행정연구위원회에서 최초로 작성한 헌법안을 보면 임시정부 건국강령의 취지에 따라 이른바 오오헌초 등 중국의 헌법초안들의 규정을 도입하여 천연자원 및 독점성을 가진 주요기업의 국유 또는 국영을 규정하였고, 우익 중심의 민주의원이나 좌익 중심의 민주주의민족전선의 헌법안에서도 대형 또는 주요산업의 국유 또는 국영을 채택하고 있었다. 나아가 남조선과도입법의원의 조선임시약헌 또한 민주의원의 헌법안을 그대로 계승하였다. 1948년 국회가 개원하면서 이루어진 헌법제정과정을 보면 조선임시약헌을 기반으로 중국의 오오헌초 및 그때까지 만들어졌던 기타 다른 헌법안들을 참고로 하여 초기부터 1948년 헌법 제85조 및 제87조의 원형이 형성되었고 국회의 헌법기초위원회나 본회의에서 큰 이견 없이 그대로 헌법규정으로 확정되었다.

이와 같은 해방 후 1948년 헌법의 천연자원 및 주요산업 규정의 형성과정을 보면 다음과 같은 점을 확인할 수 있다. 우선 국유화 정책과 헌법규정 형성의 과정에서 대한민국임시정부의 대한민국건국강령과 임시헌장이 큰 영향을 미치며 기본적인 방향을 제시하였다. 대한민국임시정부가 신국가건설을 위한 기본정책으로서 공식적으로 채택하였던 건국강령과 임시헌장은 한국독립당 및 관련 인물들을 통하여 정당, 사회단체들의 정책방향에 영향을 미쳤고, 특히 한국민주당과 더불어 우익의 정책형성에 큰 기여를 하였다. 헌법제정과정을 보아도 초기작업의 기반이 되는 것이 건국강령과 임시헌장이었고 이들을 기반으로 한 제1단계 헌법초안이나 민주의원의 헌법초안이 남조선과도입법의원이나 국회의 헌법제정작업에 그대로 계승되었음을 알 수 있다. 두 번째로는 국유화 규정에 대한 중국헌법초안의 영향이다. 종래 1948년 헌법의 경제조항들은 대체로 독일 바이마르 헌법의 영향을 받은 것으로 알려져 왔다.[148] 물론 앞서 살펴본 경제조항의 상당한 내용들이 바이마르 헌법의 영향을 받은 것은 사실이다. 그러나 천연자원 및 주요산업의 국유화에 한정하여 보면 오오헌초 등 중국헌법초안상의 규정들이 원형이 되고 있으며, 다른 관련 자료들을 참고

---

148) 예를 들면 한태연 외 4인, 『한국헌법사(상)』, 한국정신문화연구원, 1988, 383면; 김철수, 『한국헌법사』, 대학출판사, 1988, 125면; 김효전, 「한국헌법과 바이마르 헌법」, 『공법연구』 제14집, 1986, 37-43면.

로 수정하여 1948년 헌법규정에 이르렀음을 알 수 있다. 나아가 중국 근대헌법사에서 이러한 국유화 정책의 도입이 중국국민당의 국공합작 과정에서 소련 및 중국공산당의 영향으로 이루어졌던 점에서 보면,[149] 국유화 규정들의 문언상의 근원은 멀리 소련 사회주의 헌법에까지 이어지는 것으로 보아도 무리는 없을 것이다. 세 번째로는 국유화 규정들의 도입에 좌익의 기여가 크지 않았던 점이다. 독립운동시기 국유화 정책의 도입이 좌우의 연합과정에서 이루어졌던 점에서 그에 대한 초기 사회주의의 영향을 부인할 수는 없다. 그러나 해방 후의 과정을 살펴보면 기본적으로 공산당, 남로당 등의 좌익들은 헌법제정에 직접적으로 관여하지 않았고, 1948년 헌법은 남한단독정부의 설립에 참여한 우익들이 중심이 되어 제정되었다. 따라서 국유화 규정들은 정부와 우익들의 경제건설과 이를 위한 자원활용의 필요성에 의하여 도입되었음을 알 수 있다. 기본적으로 사회주의적인 국유화 규정이 헌법상의 경제조항으로 받아들여진 배경에는 해방 후 곤궁과 혼란이라는 사회경제적 배경이 있었다. 일본의 압도적인 지배와 수탈, 나아가 해방 후 일본자본과 기술인력의 철수에 따른 생산의 공동화와 물자부족은 도시와 농촌을 불문하고 경제적 혼란과 사회적 대립을 격화시켰고, 좌우를 불문하고 하루빨리 당시 존재하였던 자원과 생산시설들을 총동원하여 어느 개인이 아닌 전체 국민을 위한 경제건설을 실현해야 할 필요성을 절실하게 인식하고 있었다. 이와 함께 대부분의 천연자원과 주요산업이 적산으로서 미군정에게 귀속되어 있었고, 조선인 자본가들은 친일의 굴레를 벗어나기 어려웠던 점에서 이들의 사적인 소유를 인정하는 것은 당시 용납되기 어려웠다.

1948년 헌법상의 천연자원 및 주요산업의 국유화 규정은 1954년 개정되어 현행 헌법에는 국유화 규정이 존재하지 않는다. 다만 헌법

149) 전종익, 앞의 논문, 2011, 66-70면(본서 14-18면).

제120조 제1항이 천연자원에 대한 채취, 개발, 이용이 국가의 허가 사항이 아닌 기간의 제한을 받는 특허사항임을 명시하여 일반적인 직업의 자유의 대상과는 달리 취급하고 있을 뿐이다. 이러한 현행 헌법의 입장은 천연자원의 이용 등에 따른 이익이 원칙적으로 개인들에게 귀속될 수 있는 성질이 아니며, 천연자원은 국가공동체 전체를 위하여 운용되어야 함을 의미하는 것으로 볼 수 있다. 그러한 점에서 1948년 헌법에 천연자원 및 주요산업의 국유화를 명시한 제정자들의 의도는 여전히 현행 헌법에도 영향을 미치고 있는 것으로 볼 수 있다.

부 록 1

해방 후 천연자원 및 주요산업의 국유화 정책 규정 및 강령

<table>
<tr><th>연도</th><th colspan="2">이 름</th><th>내 용</th><th>비고</th></tr>
<tr><td>1945</td><td colspan="2">韓國獨立黨 黨策</td><td>交通, 鑛山, 森林, 水利, 運輸, 電氣, 漁業, 農業 等 全國性의 大規模 生産機關은 國家經營으로 할 것</td><td>우</td></tr>
<tr><td>1945</td><td rowspan="2">韓國民主黨</td><td>政策</td><td>主要産業의 國營 又는 統制管理</td><td rowspan="2">우</td></tr>
<tr><td>1946</td><td>政策細目</td><td>大規模의 主要工場 及 鑛山의 國營 乃至 國家管理</td></tr>
<tr><td>1945</td><td colspan="2">朝鮮人民黨 政策</td><td>주요 기업은 국영 又는 공영으로 하고 중소기업은 국가지도하에 자유경영</td><td>중도좌</td></tr>
<tr><td>1946</td><td colspan="2">朝鮮新民黨 綱領</td><td>일본제국주의자 및 친일분자에게서 몰수한 대기업은 국영으로 하여 국민경제의 발전을 도모할 것</td><td>중도좌</td></tr>
<tr><td>1946</td><td colspan="2">社會勞動黨 綱領 草案</td><td>從來의 日本國家 日本人 親日派 民族反逆者의 所有 企業 鑛山 森林 鐵道 電車 港灣 河川 通信 及 運輸機關의 國有化를 主張한다.
一切 重要産業 及 貿易은 國營으로 하고 中小資本은 人民政府의 一定한 監督下에 그의 自由發展을 保障 할 것을 主張한다.</td><td>중도좌</td></tr>
<tr><td>1947</td><td colspan="2">勤勞人民黨 行動綱領</td><td>重要企業의 國有化와 (重)工業을 中心으로 한 基幹産業의 計劃的 建設을 圖謀하며 國民의 日常 消費品과 國外輸出을 爲한 輕工業의 確立을 主張한다.</td><td>중도좌</td></tr>
<tr><td>1945</td><td colspan="2">國民黨 政策</td><td>衣食住行 四部門에 聯關된 重要産業 및 國防工業은 大體 國營으로 하고 其外 重輕工業, 産業 貿易 商業 등은 自由 經營케 하고 勞資關係는 國家가 調整함</td><td>중도우</td></tr>
</table>

1946	民主主義民族戰線	행동슬로건	중요산업의 국영화 중소상공업의 자유발전과 국가의 보호지도	좌
		重要政策에 對한 報告	朝鮮의 經濟體制로서는 全人民의 所有이오 全人民의 財産인 國營事業을 中心으로 하는 가장 進步的인 民主主義體制를 採用해야 한다. 中小産業에 對해서 그 生産過程이 社會化되지 못한 點을 考慮하야 或은 組合經營 或은 個人經營으로 許諾하야 그 自由發達을 保護助長한다.	
1946	南朝鮮勞動黨 綱領 草案		强力한 民主主義國家의 物質的 土臺의 創設을 目的하고 日本國家와 日本人과 朝鮮民族叛逆者에게 屬한 産業 鑛山 鐵道 海運 通信 銀行과 金融機關 商業機關 及 文化機關의 國有化를 主張한다.	좌
1946	左右合作委員會 左右合作原則		土地改革에 있어 沒收 有條件沒收 遞減買上 等으로 土地를 農民에게 無償으로 分與하며 市街地의 基地 及 大建物을 適正處理하며 重要産業을 國有化하며 社會勞動法令 及 政治的 自由를 基本으로 地方自治制의 確立을 速히 實施하며 通貨 及 民生 問題 等等을 急速히 處理하야 民主主義 建國課業 完遂에 邁進할 것	중도좌우

부록 2

해방 후 헌법안들의 천연자원 및 주요산업 국유화 규정

<table>
<tr><th>연도</th><th colspan="2">이 름</th><th>내 용</th></tr>
<tr><td>1946</td><td colspan="2">행정연구위원회 제1단계 헌법초안</td><td>제78조 土地에 附着한 鑛物 及 經濟上 利用할 수 있는 自然力은 國家의 所有에 屬하고 國民이 取得하는 所有權에 因하여 影響을 받지 아니함
제79조 公共事業 及 其他 獨占性을 有하는 企業은 國家의 公營을 原則으로 함. 但 必要에 依하여 國民의 私營을 許可함을 得함. 國家는 國防上 緊急한 需要에 因하여 特許한 私營事業을 臨時管理하며 또는 法律에 의하여 此를 相當한 補償으로써 公營에 歸收함을 得함</td></tr>
<tr><td>1946</td><td colspan="2">남조선대표대한국민민주의원 大韓民國臨時憲法</td><td>제5조 大韓民國國民은 左記 各項 政策의 確立에 依하여 生活均等權을 享有함
5. 大規模의 主要工業 及 鑛山의 國營 又는 國家管理</td></tr>
<tr><td>1946</td><td colspan="2">민주주의민족전선 朝鮮民主共和國臨時約法試案</td><td>제18조의 1 朝鮮人民의 中小個人資本은 企業經營의 自由가 法律로서 保障됨</td></tr>
<tr><td rowspan="4">1947</td><td rowspan="4">남조선과도 입법의원</td><td>南朝鮮過渡約憲案(일명 서상일안)</td><td>없음</td></tr>
<tr><td>朝鮮民主臨時約憲草案 (일명 김붕준안)</td><td>제4조 朝鮮의 國民은 左記 各項 政策의 確立에 依하야 生活均等權을 享有함
5. 大規模 主要工業 及 鑛山의 國營 又는 國家管理</td></tr>
<tr><td>朝鮮民主臨時約憲 수정안</td><td>제4조 朝鮮의 國民은 左記 各項 政策의 確立에 依하야 生活均等權을 享有함
5. 大規模 主要工業 及 鑛山의 國營 또는 國家管理</td></tr>
<tr><td>朝鮮臨時約憲</td><td>제4조 國民은 左記 各項 政策의 確立實施에 依하여 生活均等權을 享有함
5. 大規模의 主要工業 及 鑛山의 國營 또는 國家管理</td></tr>
</table>

1948	조선법제편찬위원회 憲法改正要綱	제7장 國民經濟 一. 鑛物, 天然力 - 國家所有 一. 國家公營事業-獨占性, 緊急時
1948	憲法草案 (유진오 私案)	제89조(제94조) 鑛物 石炭 其他 重要한 地下資源, 水力 其他 經濟上 利用할 수 있는 모든 自然力은 國有로 한다. 公共必要에 依하야 (一定한 期間) 그 開發 또는 利用을 特許하거나 또는 特許를 取消함은 法律이 定하는 바에 依하야 此를 行한다. 제91조(제96조) 運輸, 交通, 通信, 金融, 水道, 電氣, 까스, 其他 獨占性 또는 公共性을 가진 企業은 國營으로 한다. 公共必要에 依하야 (一定한 其間) 그 公營 또는 私營을 特許하거나 또는 그 特許를 取消함은 法律이 定하는 바에 依하야 此를 行한다.
1948	행정연구위원회 제2단계 憲法草案	제89조 鑛物 其他 重要한 地下資源, 水力 其他 經濟上 利用할 수 있는 모든 自然力은 國有로 한다. 公共必要에 依하여 一定한 期間 그 開發 또는 利用을 特許하거나 또는 特許를 取消함은 法律에 依하여 此를 行한다. 제92조 運輸, 交通, 通信, 金融, 水道, 까스, 其他 獨占性 또는 公共性을 가진 企業은 國營으로 한다. 公共必要에 依하여 그 公營 또는 私營을 特許하거나 또는 特許를 取消함은 法律이 定하는 바에 依하여 行한다.
1948	법전편찬위원회 헌법기초분과 위원회 憲法草案(권승렬안)	제109조 鑛物 其他 重要한 地下資源 및 公共經濟에 利用할 수 있는 水力 기타 自然力은 國有이다. 國民經濟의 必要에 依하야 開發 又는 利用의 許可 又는 그 繳消는 法律의 定한 바에 依한다. 제111조 運輸, 通信, 水道, 電氣, 까스, 金融, 保險, 其他 公共性을 가진 企業은 國營 또는 公營으로 한다. 國民經濟의 必要에 依하야 私營의 許可 又는 그 繳消는 法律의 定한 바에 依한다.

1948	국회 헌법기초위원회 헌법안(국회제출)	제84조 鑛物 其他 重要한 地下資源, 水力과 經濟上 利用할 수 있는 自然力은 國有로 한다. 公共必要에 依하여 一定한 期間 그 開發 또는 利用을 特許하거나 또는 特許를 取消함은 法律의 定하는 바에 依하여 行한다. 제86조 重要한 運輸, 通信, 金融, 保險, 電氣, 水道, 까스 및 公共性을 가진 企業은 國營 또는 公營으로 한다. 公共必要에 依하여 私營을 特許하거나 또는 特許를 取消함은 法律의 定하는 바에 依하여 行한다.
1948	대한민국 헌법	제85조 鑛物 其他 重要한 地下資源, 水産資源, 水力과 經濟上 利用할 수 있는 自然力은 國有로 한다. 公共必要에 依하여 一定한 期間 그 開發 또는 利用을 特許하거나 또는 特許를 取消함은 法律의 定하는 바에 依하여 行한다. 제87조 重要한 運輸, 通信, 金融, 保險, 電氣, 水利, 水道, 까스 및 公共性을 가진 企業은 國營 또는 公營으로 한다. 公共必要에 依하여 私營을 特許하거나 또는 特許를 取消함은 法律의 定하는 바에 依하여 行한다.

제4장

1954년 헌법 천연자원 및 주요산업 국유화 규정 개정의 의미

I. 서

1948년 헌법의 경제질서는 제정 당시부터 개인주의적 자본주의 국가 체제를 폐기하고 사회주의적 균등의 원리를 채택하면서도 개인의 자유와 평등 및 창의의 가치를 존중하여 정치적 민주주의와 경제적 사회적 민주주의가 조화되고 융합되는 국가형태를 실현함을 목표로 삼은 것으로 평가되었다.[1] 이후에도 학자들은 경제적 자유를 기반으로 하는 자본주의의 폐해를 배제하고 경제적 약자를 보호하려는 사회민주주의적 경제질서라고 평가하거나,[2] 시장경제를 시장에만 맡겨놓는 것이 아니라 철저히 통제·조정하려고 한 혼합경제체제라고 유형화하기도 하였다.[3] 이러한 평가들은 제15조의 재산권보장과 제5조의 '경제영역에 있어서 각인의 자유, 평등과 창의의 존중' 및 제6장의 각종 경제규정들 뿐 아니라 기본권 부분의 근로의 권리(제17조), 노동3권 및 근로자의 이익균점권(제18조), 생활보장을 받을 권리(제19조) 등 인간다운 생활을 위한 생존권 규정들을 근거로 한 것이었다.

1948년 헌법이 제정된 이래 1954년 헌법개정안이 국회에 제출될 때까지 경제와 관련된 헌법규정의 개정은 논의되지 않았다. 이는

1) 유진오, 『헌법해의』, 명세당, 1949, 177면.
2) 김철수, 『한국헌법사』, 대학출판사, 1988, 127면.
3) 김영수, 『한국헌법사』, 학문사, 2000, 432면.

1954. 1. 23. 정부에 의하여 제출된 헌법 제6장 경제 부분의 제85조 천연자원 국유화, 제87조 중요기업 국공영 및 대외무역의 국가통제, 제88조 국방상·국민생활상 필요에 의한 사영기업의 국공영화, 제89조 특허취소에 관한 개정안에서 처음으로 시도되었으나, 이 헌법개정안은 정부가 심의 도중 철회하면서 폐기되었다. 같은 해 11. 29. 소위 '사사오입 개헌'으로 정치체제에 관한 규정들이 개정되면서 경제 부분의 위 4개조가 앞서 철회된 개정안의 일부 내용이 수정된 형태로 개정되었다. 1954년의 경제규정들의 개정으로 말미암아 1948년 헌법의 경제질서는 '경제조항의 자유화'[4] 또는 '자유시장경제의 강화'[5] 방향으로 전환되었다고 평가된다. 다만, 당시 제84조 경제질서의 원칙규정과 제88조 농지분배 규정 그리고 제18조 근로자의 이익균점권 등 관련 기본권 규정들에 아무런 변화가 없어 헌법상 경제질서의 근본적인 변화는 1962년 개정에 이르러 이루어진 것으로 보기도 한다.[6]

1954년 헌법개정은 이로써 국민투표제의 도입, 국무총리제의 폐지, 헌법공포 당시의 대통령에 대한 중임제한 철폐 등 중대한 정치제도상의 변경이 이루어졌고 국회의 표결 결과 의결정족수에 미달되어 부결이 선포되었다가 이후 이를 취소하고 가결을 선포하는 등 개정과정에 큰 결함이 있어, 헌정사 연구에서 주로 개정의 배경과 정당성 등에 관한 논의가 중심이 되어 왔다.[7] 이에 따라 1954년 헌법개정의 과정과 내용을 전반적으로 평가한 정상우의 연구[8]에서도 정부형태의

4) 김철수, 앞의 책, 128면.

5) 성낙인, 『대한민국헌법사』, 법문사, 2012, 214면.

6) 위의 책, 68면.

7) 김철수, 앞의 책, 78-79면; 김영수, 앞의 책, 444-447면; 갈봉근, 「제헌헌법의 기본성격과 그 발전과정」, 한태연 외 4인, 『한국헌법사(상)』, 한국정신문화연구원, 1988, 437-438면; 박용상, 「제1공화국 헌정사」, 『법조』 제38권 제6호, 1989, 24-25면.

8) 정상우, 『1954년 헌법개정에 관한 연구』, 서울대학교 석사학위논문, 2002; 「1954년 헌법개정의 성격에 대한 비판적 고찰」, 『법사학연구』 제28호, 2003, 221면.

변경과 그 정당성에 대한 논의가 중심이 되었고 경제질서 부분의 개정의의와 내용에 대한 집중적인 연구는 이루어지지 않았다. 특히 1954년 헌법개정 중 경제규정의 개정내용이 같은 해 1월 제출되었다 폐기된 헌법개정안(이하 '1월 개정안'이라 함)의 내용과 큰 차이가 없는 점에서 경제규정 개정에 대한 연구는 1월 개헌안의 성립과정과 내용에 대한 연구에 집중되어야 함에도 불구하고 이에 대한 구체적인 헌정사적 연구는 찾아보기 어렵다. 무엇보다 헌법 제85조, 제87조, 제88조, 제89조 4개 조문만의 개정을 가지고 자유시장경제체제로의 변화를 의도한 것으로 설명하는 데에 어려움이 있으나 이러한 부분에 대한 해명은 이루어지지 않았다.

다만 정치학과 국사학계의 연구 성과를 보면 이러한 부분을 일부 해명하고 있다. 우선 박명림은 미국 국립문서기록관리청(National Archives and Records Administration, NARA) 문서와 국회에서의 논의를 근거로 하여 1월 개정안은 미국 관리와 민간의 제안을 반영하여 시장경제체제를 지향하는 내용으로 제출되었고 1954년 경제규정의 개정은 결국 그러한 미국의 강력한 요구에 의한 것이라고 보았고,[9] 신용옥은 6·25 이후 개헌론의 대두과정과 정치·경제적 배경 및 성격, 논의과정 등을 종합적으로 정리하여 1월 개정안을 '자유경제체제를 구축하려는 미국의 입장에 대한 이승만 정부의 임기응변적이고 방어적인 가시적 대응과 외자 도입이라는 실용적인 입장이 헌법수준에서 추상적 형태로 융합되어 제출된 것'으로 평가하였다.[10] 이에 의하면 1954년 경제규정의 개정은 미국의 전후 정책변화와 그에 대한 이승만 정부의 대응 속에서 이루어진 것임을 알 수 있다.

---

9) 박명림, 「헌법, 국가의제, 그리고 대통령 리더십: '건국 헌법'과 '전후 헌법'의 경제조항 비교를 중심으로」, 『국제정치논총』 제48집 제1호, 2008, 450면.

10) 신용옥, 「대한민국 헌법 경제조항 개정안의 정치·경제적 환경과 그 성격」, 『한국근현대사연구』 제44집, 2008, 291면.

이와 같은 그간의 연구성과에 의하여 1954년 헌법상 경제규정의 개정에 대한 성격과 의미, 그 과정에 대한 기본적인 부분은 밝혀졌다. 그럼에도 불구하고 개정안의 처리과정과 관련된 그간의 연구성과들은 당시의 논쟁들을 구체적으로 분석하여 개정된 헌법규정의 의미를 밝히는 작업에는 이르지 못하였다. 이때 개정된 헌법규정들 중 제89조를 제외한 나머지 규정들은 현행 헌법에도 일부 개정된 형태로 남아 있어 1954년 당시의 개정을 둘러싼 논의들은 관련된 현행 헌법 규정들의 해석·적용을 위해 중요한 의미를 가진다.

이 장은 1954년 헌법개정 중 특히 천연자원 및 주요산업의 국유화 등 경제규정의 개정과정을 살펴봄으로써 천연자원 규정 등 현행 헌법상 관련 규정과 제도들의 의미를 이해하기 위한 기초 작업을 수행하기 위한 것이다. 이를 위해서 헌법개정 전후의 정치적, 경제적 상황과 미국의 대한(對韓) 정책을 검토하여 대통령의 헌법개정안 제출의 동기와 의미를 살펴보고, 이후 국회 내·외에서의 논쟁들을 검토하여 최종 개정에 이르는 과정에서 당시 이루어졌던 전반적인 헌법개정의 의미에 대한 합의점이 무엇이었는지 밝혀 낸다. 대통령이 헌법개정안을 제출·철회하고 다시 제출하고 국회가 이를 의결하는 개별 과정마다 국내적 요인뿐 아니라 특히 미국의 영향이 크게 작용한 점에서 그들이 헌법개정을 통해서 원하던 바가 무엇이었는지, 그것이 어떻게 헌법개정에 반영되었는지를 확인해본다. 이를 위해 주로 미국 국립문서기록관리청의 관련 문서, 당시의 신문기사, 그리고 국회속기록에서의 논의들을 살펴볼 것이다.

II. 전후 미국의 대한 정책과 헌법개정

1. 전후 한국의 경제 상황과 미국의 대한 정책

한국전쟁은 산업이나 생활의 모든 면에서 한국사회에 심각한 영향을 주었다. 전쟁으로 인한 물적 피해액은 막대하였으며 돈으로 계산할 수 없는 심리적인 피해까지 고려하면 그 액수는 엄청난 것이었다. 따라서 이 시기의 경제성장은 더 나은 경제적인 조건을 위한 것이라기보다 생존권의 차원에서 논의되는 것이었다.[11] 사회간접자본의 파괴는 물론이고 공업부문의 피해율도 평균 60%에 이르렀다. 특히 당시 산업구조가 경공업 중심으로 구성되었던 관계로 제조시설의 파괴로 인한 생산의 감소는 바로 생필품의 부족으로 이어졌다.[12] 또한 한국전쟁시 유엔군의 전비를 위하여 대여금으로 제공된 한국통화가 통화증가로 이어져 생필품 부족으로 인해 초래된 인플레이션은 더욱 악화되었고 이것이 국민의 생존권을 위협함에 따라 중·장기적인 피해복구와 경제재건을 위한 정책에 앞서 인플레이션의 수습이 단기적인 과제로 제기되었다.[13]

휴전 이후 피해복구와 경제재건을 통하여 국민의 생활을 안정시키기 위해서는 막대한 투자자금이 필요하였으나 국내의 자금만으로는 턱없이 부족하였다. 미군정 때부터 침체를 거듭해 온 산업활동은 정부 수립 후에도 회복되지 않았다. 원료난, 자금난, 동력난 등의 어려움은 계속되었고 귀속기업체의 운영은 계속하여 부진하였다. 이를 극복하기 위하여 한국정부는 전쟁 전인 1949년 미국의 원조를 기반으로 하여 산업발전의 전제조건이 되는 사회간접자본을 확충하고 기

11) 박태균, 『원형과 변용 - 한국 경제개발계획의 기원』, 서울대학교 출판부, 2007, 35면.
12) 이상철, 「1950년대의 산업정책과 경제발전」, 문정인 · 김세중 편, 『1950년대 한국사의 재조명』, 선인, 2004, 177면.
13) 박태균, 앞의 책, 36면.

간산업으로서 연료, 원료, 기계류 등의 증산을 주요 내용으로 하는 '산업부흥 5개년 계획'을 수립하는 등 공업화를 위한 노력을 기울였으나 이러한 계획은 전쟁으로 인해 제대로 실행되지 않았다.[14] 이미 전쟁 전에도 한국경제는 미국의 대한 원조가 아니면 유지되기 어려운 상황이었다.[15] 이러한 상황에 전후 산업시설의 파괴와 불안정한 사회질서 등이 더해지면서 국내산업의 발전을 통한 민간자본의 축적과 투자는 이루어질 수 없었다. 결국 복구와 부흥을 위해서 정부의 지출에 대한 수요가 커질 수밖에 없었다. 게다가 정부는 한국전쟁으로 인해 한국군의 규모가 증가하여 더 많은 방위비를 조달해야 하는 상황이었다. 그럼에도 불구하고 전후의 혼란으로 말미암아 정부 세입의 증가는 기대하기 어려웠다. 따라서 정부는 경제재건을 위한 투자자금은 물론이고 증가된 한국군을 유지할 재원조차 확보할 수 없었다.[16]

결국 전쟁피해를 복구하고 파괴된 경제를 재건하는 당면과제는 해외원조에 의하여 해결할 수밖에 없었다. 예를 들면 1953년도에 작성된 '1954년도 한국경제부흥계획'상 필요한 총자금 6억 28백만 달러 중 미국 및 유엔의 원조자금이 5억 6백만 달러로서 전체의 81%를 차지하고 있었다.[17] 또한 정부가 국회에 제출한 1953년도(1953. 4. 1. - 1954. 3. 31.) 정부총예산안을 보면 재정수요 총 72,606억 원 중 조세수입과 국채발행 등 국내자력으로 충당할 수 있는 것은 29,676억 원에 불과하여 나머지 약 60%에 해당하는 42,930억 원은 원조재원으로 충당하도록 책정되어 있었고,[18] 휴전 이후 처음으로 제출된 1954년도

14) 최상오, 「한국의 경제개발과 미국, 1948-1965: 경제계획과 공업화정책을 중심으로」, 『미국학논집』 37-3, 2005, 104면.

15) 이대근, 『해방후 · 1950년대의 경제』, 삼성경제연구소, 2002, 169-170면.

16) 박태균, 앞의 책, 37면.

17) 최상오, 앞의 논문, 105면.

18) 국회속기록 1953. 1. 14. 제2대 국회 15회 제5차 본회의, 11면. 이하 국회속기록은 '국회회의록시스템(http://likms.assembly.go.kr/record, 최종검색 2018. 8. 24.)'을

(1954. 4. 1. – 1955. 6. 30.) 정부총예산안 역시 재정수요 총액 1,088억 환[19] 중 약 55%인 602억 환을 국내자력으로, 잔여 486억 환을 원조재원으로 충당하도록 책정되어 있었다.[20] 특히 이와 같은 예산은 이미 확정된 해외원조액을 기반으로 작성된 것이 아니라 미확정된 원조액을 확보할 것을 예상하여 작성된 것이었다.[21] 따라서 해외원조, 그 중 대부분을 차지하고 있었던 미국의 원조를 확보하는 것은 국가운영에 있어서 사활이 걸린 문제였다.

그러나 1953. 7. 27. 휴전협정을 전후하여 미국의 대외정책은 변경되었고 미국정부의 대한 원조는 축소되었다. 1952년 대통령에 당선된 아이젠하워의 핵심공약 중 하나는 한국전쟁을 빨리 끝내겠다는 것이었고, 아이젠하워 행정부는 전쟁으로 인하여 지나치게 늘어난 군사비를 감축하고 재정균형정책을 제1의 과제로 내세운 '뉴룩(New Look)' 정책을 채택하였다. '뉴룩'은 트루먼 행정부의 케인즈적 재정확대정책과는 다른 새로운 재정균형정책을 의미하는 것으로, 이를 시행하는 과정에서 제기되는 첫 번째 과제는 국방비 감축과 해외 주둔 미군의 규모 축소였다. 이에 따라 주한미군은 감축되지 않을 수 없었다. 나아가 미국은 재정균형을 위해서 대외원조의 감축을 시도하였고, 이는 곧 단일 국가로서 미국의 원조를 가장 많이 받고 있던 한국에 대한 원조 삭감을 불러왔다. 당시 미국의 대한 원조 대부분이 한국군에 대한 것이었던 점에서 미국의 원조감축은 한국군의 축소로 이어질 수밖에 없었다.[22]

이와 같이 휴전 이후 전후복구를 위하여 미국의 원조를 절실하게

통해 검색한 결과임.

19) 1953년 화폐개혁으로 화폐단위가 '원'에서 '환'으로 변경됨.

20) 국회속기록 1954. 2. 17. 제2대 국회 18회 제20차 본회의, 7면.

21) 국회속기록 1953. 1. 15. 제2대 국회 15회 제6차 본회의, 5면.

22) 이상의 설명은 박태균, 『우방과 제국, 한미관계의 두 신화』, 창비, 2006, 154면.

필요로 하였던 한국 정부와 재정균형을 위하여 원조를 감축하려는 미국 정부 사이에 갈등은 피할 수 없었다. 다른 한편 미국으로서는 전쟁을 거치면서 중국군의 군사적 위협에 대한 대비가 필요하였고 한반도의 안보적 중요성을 뒷받침할 한국의 군사력 유지와 정치, 경제적 안정 역시 필요하였다.[23] 따라서 미국은 대한 경제원조를 둘러싼 갈등을 공적 자금에 의한 원조를 감축하고 '민간자본(또는 사적 자본 private capital)'의 투자를 촉진하는 방식으로 해결하려 하였다.[24] 이를 위해서는 미국 개인 기업가들이 안심하고 한국에 투자를 할 수 있도록 대내외적으로 제도를 정비하는 것이 필요하였다. 결국 한국경제의 재건을 위한 미국의 역할, 특히 대한 원조의 규모와 방법을 둘러싸고 발생했던 한미 간의 갈등과 협상 과정에서 미국은 우리 정부에게 민간투자 및 사기업 경제활동의 활성화를 위한 각종 법제도의 정비는 물론 헌법상 관련 규정의 개정을 요구하게 된다.

2. 미국 민간자본 투자와 헌법개정 요구

미국은 전쟁 전부터 한국의 경제개발과 원조계획을 수립하기 위하여 사회경제적 상황과 경제정책 그리고 정부의 역할에 대하여 폭넓은 조사를 실시해 왔다. 그러한 조사의 결과 일찍부터 우리 헌법상의 경제규정들의 내용과 광범위한 국가의 산업통제를 파악하고 있었고 지속적으로 사기업 또는 민간산업의 활성화가 필요함과 그 대책을 언급하여 왔다.

미국은 일찍부터 우리 헌법상 경제규정들의 내용을 파악하여 이를 토대로 한 경제정책의 방향을 주시하고 있었다. 미군정 법률고문 퍼글러(Charles Pergler)는 헌법제정 직후 작성한 1948년 헌법에 대한

23) 이현진, 『미국의 대한경제원조정책 1948~1960』, 혜안, 2009, 149면.

24) 박태균, 「1950년대 미국의 대아시아정책과 ECAFE」, 『국제 · 지역 연구』 제12권 제2호, 2003, 33-34면.

보고서에서 우리 헌법 제6장에 대하여 '국가사회주의(state socialism)'에 대한 강력한 경향을 보인다고 소개하고 헌법 제85조, 제87조, 제88조를 근거로 전체 경제생활이 국가의 통제하에 들어갈 수 있다고 설명하였다. 또한 헌법 제18조의 근로자 이익균점권과 제86조의 농지개혁 규정도 경제체제와 관련이 있는 것으로 보았다. 다만 그는 이들 규정들의 구체적인 내용이 법률로 정해져야 하므로 그 자체로는 큰 의미를 부여할 수 없다고 단서를 달았다.[25)]

헌법상 경제규정과 경제에 대한 국가통제의 문제점은 이후 계속하여 지적되었다. 예를 들면 정부 수립 후 대한 경제원조의 책임을 맡은 미 경제협조처(Economic Cooperation Administration, ECA)는 한국경제에 대한 조사를 위해 한국정부를 통해 데이 앤 짐머만(Day & Zimmerman) 회사에 자문을 의뢰하였다.[26)] 이 회사는 1949. 8. 15. 이승만에게 제출한 보고서에서 헌법 제85조 및 제87조에 의한 정부의 기업소유 문제를 제기하면서 현재 한국정부에 의하여 운영되고 있는 많은 관련 기업 및 재산들을 정부로부터 단절시키고 정부는 단지 공공복지에 밀접하게 관련되어 있는 몇몇 산업만을 통제하여야 하며 가능한 한 빨리 이를 위한 조치를 취할 것을 권고하였다. 다만 위 회사는 이러한 조치들은 당시 헌법규정하에서도 가능하다고 보았고 특히 헌법 제85조와 관련하여 특허를 위한 명확한 정책들이 만들어진다면 민간의 사적 경제 행위들을 위한 다른 넓은 영역들이 열릴 수 있음을

25) Charles Pergler, "Analysis of the Constitution of the Democratic Republic of Korea(1948, 7, 23)", 360.1 Constitution 1948-52, 1-11, RG 84 Records of the Foreign Service Posts of the Department of State, 1788-1964, Korea, Seoul Embassy, Classified General Records, 1952-63. 위의 문서는 '국립중앙도서관 해외수집기록물 문서군 검색(http://www.nl.go.kr/nl/dataSearch/archives_search.jsp, 최종검색 2018. 7. 30.)'에서 검색한 것이다. 인용은 국립중앙도서관에서 제시한 '문서명, 분류표제, 목차순서 및 페이지, 문서군명, 시리즈명'으로 구성하였다. 이하 NARA문서에 대한 검색과 인용은 이와 같다.

26) 박태균, 앞의 책, 2006, 81면.

언급하였다.[27]

이와 유사하게 한국의 경제발전을 위하여 경제자유화 조치와 민간 기업의 발전이 필요함을 주장하는 내용은 이른바 '네이산 보고서'에서도 찾아볼 수 있다. 위 보고서는 휴전회담이 진전됨에 따라 전후 한국경제 재건을 위하여 유엔 한국재건단(United Nations Korean Reconstruction Agency, UNKRA)이 미국의 로버트 R. 네이산 협회(Robert R. Nathan Associations)와 계약을 맺고 한국경제에 대한 전반적인 실태조사와 이에 근거한 '한국경제 재건계획' 수립을 의뢰하여 작성된 것이다. 네이산 협회는 1952. 12. 15. 예비보고서를 발표하였고 1954. 2. 4. 최종보고서가 제출되었다.[28] 네이산 협회는 예비보고서에서 경제활동에 대한 광범위한 한국정부의 개입을 지적하면서 그 원인을 40년간 일본의 점령과 가부장주의의 영향, 귀속재산의 정부보유 그리고 전쟁에 의한 긴급상황의 세 가지로 분석하였고, 이러한 상황에서 정부는 모든 사람과 사업의 일상에 이루 헤아릴 수 없는 악영향을 주고 있다고 문제점을 지적하였다.[29] 이러한 상황에 대한 해결책은 최종보고서에서 제시되었다. 최종보고서는 '제3편 재건정책과 조직' '제9장 물가와 생산의 통제와 관리'에서 기업체의 소유와 관리에 관한 건의를 하면서 한국정부에게 "책임 있는 민간기업의 발전을 장려하기 위한 적극적 계획을 수립할 필요"가 있다고 하였고 "한국헌법에 의거하여 특히

27) From Am Embassy to The Department of State, Washington, "Amendment of economic articles of the ROK constitution(1954. 3. 5.)", 360.1 Constitutional Amendments Bill 1954-55, 14-55, RG 84 Records of the Foreign Service Posts of the Department of State, 1788-1964, Korea, Seoul Embassy, Classified General Records, 1952-63.

28) 이대근, 앞의 책, 279면. 예비보고서의 번역본은 국사편찬위원회 편, 『한국경제정책자료』 8, 국사편찬위원회, 2013, 19-154면에 수록되어 있고 최종보고서의 번역본은 한국산업은행 기획조사부 역, 『네이산보고 - 한국경제재건계획』(상, 하), 한국산업은행, 1954으로 출판되었다.

29) 『한국경제정책자료』 8, 64면.

공유(公有)로 되는 산업이외의 일체산업은 민영으로 함"이 가장 유익함을 인식하고 명확히 결정해야 한다고 하였다. 이 보고서는 이어서 "귀속재산을 조속히 유능하고 책임 있는 민간인 또는 민간단체에 불하"하는 제반조치를 취하여야 한다고 주장하였다.[30] 이와 같이 네이산 보고서는 전후재건을 위해 귀속재산의 불하를 포함한 민간기업활동의 활성화가 필요하며 이러한 조치는 당시 헌법규정의 범위 내에서 정책변경만으로 가능하다고 보았다.

이러한 네이산 보고서의 지적은 타스카 사절단의 보고서에서도 계속되었다. 네이산 보고서가 유엔에 의한 것이라면 타스카 보고서는 미국의 대한원조정책을 결정하기 위한 것이었다. 아이젠하워 대통령은 유럽 부흥 계획의 경험을 가진 헨리 J. 타스카를 사절단장으로 임명하여 1953. 4. 17. 한국으로 파견하였고, 이들은 2달여의 활동기간 동안 한국경제상황에 대한 광범위한 조사와 분석을 실시하여 같은 해 6. 15. '한국경제의 강화(Strengthening the Korean Economy)'라는 제목의 보고서를 대통령에게 제출하였다.[31] 이 보고서는 미국의 안보이익을 위한 한국경제 강화방안을 제시하고 있으며 그중 주목해야 할 것은 '제8장 사절단의 권고' 부분이다. 여기에서 보고서는 미국원조의 효율적인 활용을 위해 미국과 한국 간의 구호 협정 또는 경제조정협정의 근본적인 개정이 필요하다고 하며, 그러한 협정에 포함될 구체적인 정책으로 환율, 보조금, 재정정책의 조율 등을 언급하였는데, 그 세 번째로 "국유사업체 및 기타 생산업체를 개인사업자에게 매각 또는 임대하여 민간사업(private enterprise)의 활성화를 추진하기 위한 포괄적인 계획을 수립할 것"과 함께 "대한민국 헌법이 요구하는 바에 유의하면서 외국무역을 정부주도에서 민간주도로 변경할 것"을 제시

30) 한국산업은행 기획조사부 역, 앞의 책(상), 445-446면.

31) 이상 타스카 사절단의 활동경과에 대한 설명은 이현진, 「타스카 사절단의 방한과 그 보고서의 성격」, 『역사와 현실』 제49호, 2003, 211-220면.

하였다. 이러한 권고사항은 당시 국영기업과 산업통제가 건전한 경제 발전의 걸림돌로 작용하고 있으며 국영기업들이 재정적으로 취약하고 경영이 제대로 이루어지지 않으며 정부의 각종 제한으로 인하여 어려움을 겪고 있다는 인식에 근거한 것이었다. 또한 보고서는 네이산 보고서와 마찬가지로 귀속재산을 민간구매자들에게 매각 또는 장기 임대하도록 하는 포괄적인 계획을 수립할 것을 권고하였다.[32] 이 보고서 역시 원조를 위한 전제조건으로 민간사업의 활성화가 필요함을 주장하였지만 여전히 네이산 보고서와 마찬가지로 이를 위해 헌법 개정이 필요하다는 언급은 없었다. 이들 보고서는 당시 헌법규정에 의하여도 정부의 정책과 입법 노력에 의하면 얼마든지 민간사업 중심의 경제를 만들어나갈 수 있다고 보았다.

미국의 민간사업 활성화 의견에 대하여 이승만 대통령이 처음부터 적극적인 입장은 아니었던 것으로 보인다. UN 경제조정관인 우드(C. Tyler Wood)를 만났을 때 이승만은 한국 기업인 및 금융인들이 애국심이 없어 재건을 위해 이들을 크게 믿을 수 없으므로 많은 새로운 산업시설들이 정부에 의하여 자금이 조달되고 운영되어야 한다고 주장하였다. 우드는 미국경제와 발전이 민간사업을 기반으로 건설되었고 한국도 이러한 경로를 따랐으면 좋겠다면서 미 행정부와 의회가 한국 민간사업의 발전에 큰 중요성을 두고 있음을 강조하였다. 또한 우드는 한국정부가 미국 민간자본이 한국에 들어오는 데에 편의를 제공할 것인지 여부를 물었다. 이에 이승만은 미국 민간자본과 회사들이 오직 그들의 이익을 위해 한국인을 착취하고 최단시간 안에 이 나라로부터 나가는 것에만 관심이 있지 않다면 환영한다고 하여 우회적

---

32) "Strengthening the Korean economy", Dr. Henry Tasca's Korea Report, 5-21, 136-138, RG 469 Records of U.S. Foreign Assistance Agencies, 1942-1963, The Deputy Director for Program and Planning: Program Office, Subject Files, 1952-57. 이 보고서의 요약문 번역본은 『한국경제정책자료』 8, 157면부터 수록되어 있다. 위 인용한 부분은 이 책 166-168면의 번역을 참조하였다.

으로 우려를 표현하였다.[33)]

이후 미국정부가 민간자본의 한국투자를 활성화하기 위하여 노력하는 과정에서 한국경제를 위하여 헌법상 경제규정의 개정이 필요하다는 주장이 민간기업 쪽에서 등장하였고 이승만은 이에 적극적인 모습을 보였다. 특히 헌법 제85조, 제87조, 제88조를 특정하여 개정이 필요하다고 한 내용은 한미재단(American-Korean Foundation)의 제2차 사절단으로 1953. 8. 한국을 방문한 퀴니(Edgar M. Queeny)의 주장에서 발견된다. 한미재단은 비정부기관의 활동을 통해 한국구호에 대한 대중의 호응을 얻으려는 미국정부의 의도와 한국에 우호적인 미국사회의 여론을 지속시키기를 원하는 한국정부의 생각이 일치하여 만들어진 민간 구호 및 재건기관으로서 한국전쟁기와 전후 대민구호를 위해 활동하였다. 재단의 운영진 중 한국측 인사들은 이승만의 측근들이 주를 이루었고 미국측은 재단의 기부와 사업을 실질적으로 수행할 수 있는 기업가들과 각 분야의 인사들로 구성되었다. 재단은 1952. 12.부터 본격적으로 활동을 시작하여 1953. 3.과 8. 두 차례 사절단을 파견하여 사업을 위한 현지조사를 시행하였다.[34)]

퀴니는 제2차 사절단으로 방한 후 귀국하여 재단에 제출할 보고서를 작성하였고 방문 경과와 한국경제의 상황 등 자세한 내용을 자신이 대표이사로 있는 몬산토 화학회사(Monsanto Chemical Company)의 'Monsanto Magazine'에 "What Now For Korea"라는 제목으로 발표하였다.[35)] 이글에서 퀴니는 한미재단의 방문은 민간인으로서 한국

33) From C. Tyler Wood, to Harold E. Stassen, "Memorandum: Meeting with President Rhee(1953. 9. 7.)", Korea 1953-54, 82-263, RG 469 Records of U.S. Foreign Assistance Agencies, 1942-1963, Office of the Dir: Geographic Files of the Director, 1948-55.

34) 이상 한미재단의 결성과 활동에 대한 설명은 이소라, 「1952-55년 한미재단의 활동과 역사적 성격」, 『한국사론』 제62권, 2016, 462-475면.

35) Edgar M. Queeny, "What Now for Korea", Monsanto Magazine, October-

의 재건을 도울 수 있는 방법을 찾기 위한 것이며, 한국의 민간사업으로부터 좋은 인상을 받았으나 국유공장은 나태하게 운영되고 있다고 진단하였다. 그는 군정시기 실시된 산업의 국유화와 토지개혁, 그리고 헌법 제85조, 제87조, 제88조의 내용을 근거로 미국 전문가들의 조언을 받아 만들어진 한국 헌법은 소위 '미국식 공산주의(American-style Communism)'를 도입한 것으로 평가하고 이를 실행하기 위해 대부분의 공장과 기업인 적산들이 모두 국유로 되었다고 보았다. 이러한 상황에서 재건(reconstruction)을 위해 작성된 공식 계획에는 정치적으로 많은 문제가 있다고 평가하였다. 예를 들면 모든 철도, 발전소, 광산, 비료, 유리, 철강공장 및 건설을 계획하고 있는 다른 시설들이 한국 헌법에 의하면 국유재산이 될 것이며, 또한 미국의 민간사업체와 미국 국민들에 대한 조세부과로 한국에 새로운 공산주의 또는 완전한 사회주의 체제가 만들어질 수 있다고 경고하였다. 게다가 한국의 대통령은 민간사업과 외국자본의 투자가 활성화되기를 바라지만 헌법 제88조가 국가가 국민생활상 긴절한 필요에 의하여 기업을 국유로 이전할 수 있도록 규정하고 있는 상황에서 어떠한 미국 민간자본도 한국에 투자하지 않을 것이라고 주장하였다. 이어서 쿼니는 "한국의 이익을 위해서 헌법은 현재 국유화되어 있는 산업들의 사적 소유를 허용하고 한국과 외국을 막론하고 투자될 새로운 자본들이 수용으로부터 보호될 수 있도록 개정되어야 한다."고 주장하였다. 그는 헌법 제85조, 제87조 및 제88조가 개정되면 현재 계획되고 있는 많은 시설들이 책임을 부여받은 미국회사들에 의하여 장기계약에 따라 설계되어 설치되고 운영될 것이며, 그 계약에 일정한 기간 동안 교육·훈련을 거쳐 한국민들에게 당해 기업의 소유지분을 매각할 것이라는

November 1953", Korea, 1953-54, 71.2-191, RG 469 Records of U.S. Foreign Assistance Agencies, 1942-1963, Office of the Dir: Geographic Files of the Director, 1948-55.

점이 명시되어야 한다고 하여 민간의 투자가 한국에게도 도움이 될 수 있음을 설명하였다. 그는 위 글에서 이승만 대통령이 한미재단 사절단을 만난 자리에서 미국의 민간투자를 유치하기 위해서 필요하면 법개정을 추진하겠다고 확답하였음을 밝혔다.

이러한 퀴니의 글과 취지는 미국 정부와 의회에 바로 전달되었다. 미주리 주 하원의원 커티스(Thomas B. Curtis)는 이 글이 자매국들(sister nations)에 대한 기본입장을 잘 설명하고 있다며 상원과 하원의원들에게 회람하였고 이러한 사실을 행정부에도 통지하였다.[36] 대외원조 예산 확보를 위해 의회를 설득해야 할 미국 정부로서는 한국 헌법 경제규정의 문제점을 지적하고 이에 대해 이승만 대통령이 법개정을 추진하겠다고 답변하였다는 위 글의 내용을 토대로 후속조치를 하지 않을 수 없었다. 이에 따라 미국 정부와 UN은 미군정청 사법부장 등으로 한국에서 근무하였던 코넬리(John W. Connelly, Jr.)에게 한국 헌법 제6장과 관련하여 헌법상 민간사업에 대한 제한의 범위와 성격 및 이들 규정의 개정과 관련된 입법사항 등에 대한 보고서를 제출하도록 하였다.[37]

이와 같이 미국정부와 의회 그리고 민간은 당시 헌법 제85조 천연자원 국유화와 제87조 중요 공공기업들의 국영 또는 공영 원칙을 근거로 하여 민간투자의 대상으로 주로 논의되고 있던 광산, 철도, 비료, 발전소, 철강 등 민간기업에 의한 공장 또는 기업의 설립이 금지

36) "Letter from Thomas B. Curtis to Harold Stassen(1953. 12. 2.)", Korea, 1953-54, 71.1-190, RG 469 Records of U.S. Foreign Assistance Agencies, 1942-1963, Office of the Dir: Geographic Files of the Director, 1948-55.

37) From U.N. Command Rom W. Ketcahm to C. Tyler Wood, Economic Director, "Restrictions in Korean Constitution Upon Private Enterprise(1953. 10. 29.)", 21. Korea, 1-1, RG 469 Records of U.S. Foreign Assistance Agencies, 1942-1963, Office of the European Operations: Office of the Director Geographic Files, Central Files, 1953-54.

되어 있거나 설사 미국의 민간자본이 투자를 한다 하더라도 제88조에 의하여 사후 당해 기업들이 국유화될 수 있음을 우려하고 있었다. 이러한 상황에서 미국의 원조와 투자를 절실하게 필요로 하던 이승만 대통령은 신속하게 헌법개정을 추진할 수밖에 없었다. 그는 퀴니에게 보낸 1954. 1. 12.자 편지에서 정부는 원칙적으로 사회주의에 반대하며 공익사업과 전략적 산업의 개인소유를 촉진하기 위한 모든 조치들을 수행하고 있다고 하면서도 당시의 경제 여건상 달리 방법이 없다고 하여 여전히 민간기업의 활성화에는 상당한 시간이 필요할 것이라고 밝혔다. 다만 헌법개정에 대하여는 5월에 새로 구성될 국회에 헌법 제85조, 제87조 그리고 제88조의 개정안을 제출할 것이며 개정안은 큰 어려움 없이 통과될 것을 확신한다고 밝혔다.[38] 이러한 이승만 대통령의 의지에 의하여 이들 규정에 대한 헌법개정안이 정부에 의하여 준비되었고 새 국회가 구성되기도 전인 같은 달 23. 서둘러 국회에 개정안이 제출되었다.

Ⅲ. 1월 개정안의 제출과 철회

1. 1월 개정안의 내용과 제안이유

1954. 1. 1. 신년사에서 국무총리 백두진이 미국과의 군사적, 경제적 협조를 낙관하면서 "모든 군사적, 경제적 호조건을 충분히 활용하여 정치 및 행정체계를 혁신강화하고 신기업정신을 양성"하여 국민소득의 증진을 성취할 것을 신년의 목표로 제시하고, 안동혁 상공부

38) "Excerpt from letter from President Syngman Rhee to Mr. Edgar M. Queeny, January 12, 1954 about Amendments to the Constitution of the Repulbic of Korea", From Am Embassy to The Department of State, Washington, "Amendment of economic articles of the ROK constitution (1954. 3. 5.)", Enclosures 6, 360.1 Constitutional Amendments Bill, 1954-55, 14-55.

장관이 "국책상 공영으로 하지 않을 수 없는 것 이외의 귀속기업체는 전부 단시일내에 불하를 추진하여 자유기업체하에 생산의욕의 앙양과 그 창의적 발전을 도모할 것"을 선언하여 경제정책의 방향을 자유화 쪽으로 변경할 것을 시사하였고,[39] 이어서 이승만 대통령은 헌법개정안을 국무회의의 의결을 거쳐 같은 달 23. 공고 후 국회에 제출하였다.

국회에 제출된 헌법개정안을 구체적으로 보면 우선 제85조에서 천연자원의 국유를 명시한 제1항을 삭제하고 제2항의 공공필요에 의하여 일정한 기간 개발 또는 이용을 특허한다는 내용을 "처분, 채취, 개발 또는 이용은 법률로 정하는 바에 의한다."로 변경하였다. 제안이유서는 그 취지를 "융통성 있게 그 소유 관계, 경영 내지 이용 관계를 규정하려는 것"이라고 밝혔다. 제1항의 삭제에 대하여 "사영 존중의 입장에서 볼 때 과연 타당한 것인가가 문제일 뿐만이 아니라 설사 그중 일부를 국유로 한다 하더라도 이를 헌법에 규정할 필요는 없을 것이다."라고 언급한 점에 주목해야 한다. 이는 제안자가 '천연자원의 국유화'의 명시적인 문구 삭제가 국유의 부정을 의미하는 것이 아님을 인식하고 있었음을 의미한다. 따라서 명문의 규정은 없더라도 남아있는 특허규정의 해석상 또는 이와 상관없이 당연해석으로 여전히 헌법상 '천연자원 국유'를 인정하는 것이 가능하다고 볼 수 있다.

제87조는 국영 또는 공영의 대상이 되는 공공성을 가진 중요기업을 운수, 통신, 금융, 보험, 전기 등으로 열거하던 것을 단순히 "공공성을 가진 기업은 국영 또는 공영을 원칙으로 하되"라고 변경하고, 기존 공공필요에 의하여만 사영을 특허할 수 있도록 하던 것을 "법률

39) 《조선일보》 1954. 1. 1. "국토재건에 기여", "산업부흥을 추진". 이에 언론에서는 기업재건 또는 신설의 책임을 비능률적이고 비양심적인 공무원들에게 맡기게 되면 많은 폐단이 발생하므로 민간기업에게 맡겨야 한다는 등 이를 지지하는 사설을 발표하기도 하였다. 예를 들면 《동아일보》 1954. 1. 6. "사설: 부흥사업을 담당할 기업체".

의 정하는 바에 의하여 사영을 특허할 수 있다."고 규정하여 사영을 위한 '공공필요'의 요건을 삭제하였다. 이에 대해 제안이유서는 "사영기업을 특허할 수 있는 조건을 완화하여 가능한 한 넓게 이를 특허할 수 있도록" 한 것이라고 취지를 밝혔다. 또한 대외무역을 국가의 통제 하에 둔다고만 규정하던 것에 "법률에 정하는 바에 의하여"라는 문구를 삽입하여 법률의 규정에 따라 통제범위와 정도를 달리할 수 있도록 하였다.

제88조는 "국방상 또는 국민생활상 긴절한 필요에 의하여 사영기업을 국유 또는 공유로 이전하거나 또는 그 경영을 통제, 관리하는 것은 법률이 정한 바에 의하여 행한다."라고 되어 있던 문구를 수정하여 '법률로써 특히 규정한 경우를 제외하고는' 위와 같은 국유 또는 공유 이전, 경영의 통제 또는 관리를 할 수 없다고 하여 허용이 가능하다는 긍정적인 것을 할 수 없다는 내용의 부정적인 표현으로 변경하였다. 제89조는 제15조 제3항 재산권의 수용 등에 대한 보상 규정이 제86조 농지수용과 제88조 사영기업의 국유 또는 공유의 경우에 적용된다고 하여 종래 제86조 내지 제88조로 되어 있던 보상규정의 적용범위를 제한하였다.[40)]

제안 이유서는 이러한 헌법개정안의 제안 취지에 대하여 당시 헌법은 "일면 자유주의경제의 장점인 자유와 창의를 존중하면서도 타면 사회주의적 균등의 원리를 실현하기 위한 국가의 통제, 간섭을 규정"하고 있으나 "중요 자원과 중요 기업에 관한 한, 후자에 입각한 국유, 국영 제도가 원칙이 되어 있다."고 평가하고, 경제의 후진성으로 말미암아 헌정 5년여 동안 폐해가 많이 노정되어 "경제활동에 있어서 국민 각자의 자유와 창의를 일층 더 존중·앙양시킴으로써 생산력의 고

40) 구체적인 개정안의 내용은 '[부록] 1954년 헌법 경제규정 개정안·개정내용 및 현행헌법' 참조. 이상 개정안의 내용과 취지는 국회속기록 1954. 2. 25. 제2대 국회 18회 제26차 본회의, 8-10면.

도증강과 국가경제의 발전을 기하려는 취지"에서 "중요 자원 및 자연력의 개발과 공공기업에 있어서의 사유 내지 사영의 비중 확대" 및 "사영기업의 국·공유화 내지 그에 대한 국가의 통제·관리를 최소한으로 제한"하려는 것이라고 밝혔다.

유의할 점은 국무총리 백두진이 1월 개정안의 제안설명에서 '사유와 자유'가 더 많은 생산효과, 더 빠른 경제부흥 및 경제 혹은 산업의 재편성을 가져올 수 있다고 하고 이번 개정은 국내노동력과 자원을 통한 더 나은 생산효과를 얻기 위한 것이라고 하면서 다음과 같이 덧붙인 점이다.

> "또 동시에 국내에 있는 자원과 국내에 있는 노동력만 가지고 되지 않을 적에 또 국외에 있는 기술과 국외에 있는 자재를 도입하는 길을 열자는 것이 정부로서 작정하고 있는 터입니다."[41]

이는 표면적으로는 헌법개정의 이유가 헌법상 경제질서의 방향을 '사유와 자유'로 변경하기 위한 것이기는 하나 그 실질적인 이유는 해외자본의 투자 내지 원조를 받기 위한 선택이었음을 나타낸 것으로 풀이된다. 법제처장 신태익의 발언을 보면 이러한 점은 좀 더 분명해진다. 그는 외국에서 대한민국 경제체제를 '국가사회주의' 또는 '사회주의적'이라고 평한다고 하면서 "그들이 우리네들의 자본이라든지 기술이라든지 기타 등등을 이롭게 사용하려고 하드라도 이러한 헌법제를 가지고서는 상당한 위구심을 사고 오해도 사고 누가 안심하고 투자를 안 해 줄 것"이라는 평론이 전해진다고 하여 해외투자를 위한 개헌의 취지를 명확히 하였다. 이에 덧붙여 그는 헌법 제84조, 제5조, 제15조 및 제28조 기타 노자(勞資)문제 규정들은 '자유경제도 폐해가 있으면 때로는 조절할 수 있어야 함'을 유지한다는 취지에서 개정하

41) 국회속기록 1954. 2. 25. 제2대 국회 18회 제26차 본회의, 11면.

지 않았다고 하여 이번 개정이 헌법상의 경제질서에 대한 근본적인 변화는 아님을 밝혔다.[42]

이상의 제안이유서와 이유 설명을 보면 1월 개정안의 제출이 미국의 요구에 의하여 급조된 것임을 알 수 있다. 또한 '경제의 자유화'를 위한 것이라고 표면적으로 제시하고 있으나 실제로 경제운영의 원칙을 변경하려고 하기 보다는 해외투자유치를 위하여 정부가 그러한 노력을 기울이고 있음을 나타내려는 의도임을 엿볼 수 있다. 게다가 1952년 헌법개정 이후 몇 차례 헌법개정에 대한 논의가 있었으나[43] 모두 정치제도와 관련된 것이었고 경제규정에 대한 언급은 찾아볼 수 없었다. 따라서 국회에서 "미리 일반 민간 학자들이라든지 국회측과도 사전에 의논을 해 가지고 했으면 더 합리적이고 훌륭한 조항을 만들어 낼 수가 있음에도 불구하고 왜 이것을 아닌 밤중에 홍두깨 내밀 듯이 정부에서 제안을 했는가"라는 비판을 면하지 못하였다.[44]

2. 헌법개정안에 대한 찬반 논의

헌법개정안이 국회에 제출되고 국회본회의의 심의가 이루어지기 전에 이미 언론과 학계는 1월 개정안에 대한 많은 평가와 논의를 하였다. 신문들은 사설을 통해 찬반론을 주장하였고[45] 법학 및 경제 전

---

42) 국회속기록 1954. 2. 25. 제2대 국회 18회 제26차 본회의, 12-13면.

43) 예를 들면 1952. 8. 27. 이승만 대통령, 신 개헌구상 7개항 발표에 이은 국회의 '헌법수정연구위원회' 구성 논의와 1953. 3. 27. 이승만 대통령과 신익희 국회의장의 회담에서 있었던 국민투표를 위한 헌법개정 논의를 볼 것. 그 내용은 국사편찬위원회 편, 『(자료) 대한민국사』 26, 국사편찬위원회, 2007, 438, 493면; 『(자료) 대한민국사』 28, 국사편찬위원회, 2008, 606-607면 참조.

44) 엄상섭 의원의 발언, 국회속기록 1954. 2. 26. 제2대 국회 18회 제27차 본회의, 4면.

45) 예를 들면 《동아일보》 1954. 1. 27.-29. "사설 : 경제관계개헌안을 보고(상, 중, 하)"는 기본적으로 경제규정개헌의 취지에 공감하면서 나아가 제6장의 제84조부터 제89조까지를 모두 삭제하는 방향으로 개헌이 이루어져야 한다고 주장하였다. 반면 《경향신문》 1954. 2. 5. "사설: 경제조항개헌안과 공청회의 효과"는 이번 개헌안이 공영(公營)과

문가들 역시 이에 가세하였다.

우선 법제처 차장 강명옥은 법정 1954. 3월호에 1월 개정안의 내용과 그 의미를 자세히 소개하면서 적극적인 찬성의 의사를 밝혔다.[46] 그는 당시 헌법상 중요기업이 광범위하게 국영 또는 공영체제로 되어 있어 외자를 도입할 여지가 없다는 인상을 줄 우려가 있다며 이번 헌법개정의 취지를 "기업에 대하여 국유국영 또는 공유공영에 중점을 두고 있는 것을 그 반대로 기업에 대하여 사유사영에 중점을 두는 체제로 그 방향을 전환시키는 것이며 전연 자유방임주의를 확립시키려는 의도는 아니"라고 설명하였다. 구체적으로 개정전 제87조로는 중요한 기업들에게 공공필요에 의하여 사영을 특허할 여지가 없는 것으로 해석되고 제85조도 천연자원 국유로 말미암아 자원개발기업의 순수한 사영이 용인될 수 없다고 해석되므로 이들을 개정하여 법률이 정하는 바에 의하여 사영을 특허하도록 하는 이번 개정안이 적절하다고 의견을 밝혔다.

반면 헌법학자인 유진오는 같은 해 2. 7.부터 11.까지 동아일보에 '경제개헌안 검토'라는 글을 투고해 반대의 입장을 밝혔다. 그는 우선 빈번한 개헌은 국민생활의 안정 및 준법정신의 앙양을 위하여 지극히 유감스러운 일이라며 졸속 개헌을 비판하였다. 또한 경제가 발전하지 못하고 민주정신이 확립·보급되지 못한 원인은 헌법에 의하면 사유사영을 원칙으로 하여야 할 경제영역에 국가권력이 과도하게 간섭한 것에 있다고 하고 그 근거로서 정부가 일제 말기의 각종 경제통제단체들을 해체하지 않고 도리어 그러한 단체의 신설에 급급하였던 점,

---

사영(私營)의 주종의 원칙을 변경하고 있을 뿐 근본적인 변화를 규정하고 있지는 않다고 평가하고 현행 헌법조문을 가지고도 운용의 묘를 얻는다면 민족자본을 육성시키며 자유경제의 묘용을 발휘시키는데 구애가 없을 것이라며 충분한 기간을 두고 전문가의 신중한 검토를 거듭한 뒤에 개헌을 해야 한다고 반대의 입장을 밝혔다.

46) 강명옥, 「헌법경제조항개정 제의에 관하여」, 『법정』 64, 1954, 12-14면.

귀속기업체 중 당연히 민간에 불하되었어야 할 방직업 등 기타 중요 기업체가 아직도 정부가 임명하는 관리인 수중에 있는 점, 그리고 징발 잡부금 기타의 명목으로 함부로 수탈이 이루어지고 있는 점을 들었다. 따라서 사기업의 자유 확보와 국민각자의 자유와 창의 존중이 중요하기는 하나 이를 위해 헌법 개정이 필요한 것은 아니라고 주장하였다. 개별조문에 대하여도 개정안의 제85조는 자연자원의 사유라는 언어도단의 구상을 포함하고 있는 점, 제87조는 국영 또는 공영기업의 범위를 확대하여 사용의 특허라는 무기로써 정부가 간섭할 기회를 도리어 증대시킨 점을 지적하며 비판하였다.[47]

이어서 김용갑은 같은 신문에 게재된 '경제헌법의 문제'에서 원래 천연자원은 노동 및 자본과 결합되지 않은 지상지하의 모든 자원이며 생산에 필요한 요소로서 그 가공물에 대한 사적 소유권은 인정할 수 있으나 그 자체는 국가고유의 권리에 속하는 것이라며 제85조의 개정에 반대하였다. 그는 또한 제87조를 독점성 있는 기업에 한하여 국가가 관리하면서 이와 관련하여 발생할 수 있는 국가의 일방적인 개인 소유권 침해 행위를 법적으로 제한하는 규정으로 보고 개정의 필요가 없다고 하였다. 김용갑은 결론적으로 유진오의 견해에 찬성한다고 하면서 헌법개정을 위한 수정안을 제출하거나 별개의 개헌안 제출이 필요하다고 주장하였다.[48]

반면 주요한은 같은 신문에 기고한 글에서 개정안 제85조에 대하여 천연자원 국유 규정을 삭제하였다고 하여 이를 부인하는 것은 아니며 이번 개정안은 '처분'을 추가하여 예외적으로 사유화의 가능성을 열어 놓은 것에 불과하다고 하였다. 제87조 역시 개정을 통해 사유 또는 사영을 위한 입법자의 광범위한 자유재량이 허용되게 되어

47) 이 글은 이후 유진오, 『헌정의 이론과 실제』, 일조각, 1954, 157-168면에 수록되었다.
48) 《동아일보》 1954. 2. 15.-18. "경제헌법의 문제"

융통성 있는 입법이 가능하게 되었다며 찬성의 의견을 밝혔다. 그는 근본적으로 지난 6년간의 경제정책이 '국영' 중심의 방향이었고 그 원인 또는 핑계가 헌법경제조항이었으므로 방향전환의 신호로 개헌을 단행할 필요가 있다며 개헌의 취지에 동감을 표현하였다. 다만 시간적으로 개헌안이 졸속으로 만들어진 점을 지적하며 충분한 비판과 검토가 필요하므로 일단 철회하고 다시 제안하는 것도 가능하다고 하여 새로운 개헌절차 시작의 가능성을 열어두었다.[49)]

이어서 게재된 안재준의 글은 개헌안의 취지에 찬성하면서도 좀 더 근본적인 개헌을 주장하였다. 그는 그간 헌법을 구실삼아 자유경제의 원칙이 짓밟혀 왔다며 당시의 헌법규정들을 사회주의 색채가 농후한 것으로 보았다. 그는 진정한 자유경제지향의 개정이 필요하다고 하며 제85조[50)]등 이번 개정안에 포함되어 있는 규정들뿐 아니라 제6장 경제 전체 및 제5조, 제15조, 제17조, 제18조, 제19조, 제28조도 엄밀히 검토하여 삭제여부를 결정하여야 한다고 주장하였다. 이를 위해서는 개헌안을 엄격히 재검토하여 별개의 개정안을 제출하는 것이 필요하다는 의견을 제시하였다.[51)]

이상의 찬반론들을 보면 개헌반대론은 기본적으로 경제의 운용방향을 자유화로 전환하는 것에 동의하면서도 이는 헌법개정이 아닌 법률제·개정과 정부의 정책변경만으로 가능하다는 입장이었다. 반대로 개헌찬성론은 헌법 자체가 그와 같은 전환의 걸림돌로 작용하고 있다고 보고 있다. 다만 찬성론에서도 명문규정의 존재여부와 관계없이 '천연자원의 국유'에는 이견이 없었고 헌법개정 추진의 졸속성과 개별규정내용의 문제점을 인정하면서 새로운 개헌추진의 필요성을

49) 《동아일보》 1954. 2. 12.-14. "경제개헌안 사견(私見)-유진오씨의 소론(所論)을 읽고"
50) 다만 안재준은 제85조와 관련하여 자원과 자연력이 국유로 되어 있음은 세계 어느 나라에서도 통념이므로 헌법의 조문에까지 구태여 성문화시킬 필요조차 없다고 밝혔다.
51) 《동아일보》 1954. 2. 19.-24. "경제개헌의 초점"

언급하고 있는 점이 주목된다. 1954. 2. 1.부터 5개 도시에서 개최된 공청회에서도 이와 같은 찬반론의 대립이 이어졌으나 전반적으로 반대론이 우세했다.[52] 이와 같은 상황은 국회본회의의 헌법개정안 심의에서도 그대로 나타났다.

3. 국회본회의 심의

국회 본회의의 헌법개정안 심의는 1954. 2. 25. 제26차 본회의에서부터 제30차 본회의까지 5회에 걸쳐 이루어졌다.[53] 회의별 심의에 참여한 의원들의 입장을 정리하면 다음 표와 같다.

〈표 1〉 1월 개정안에 대한 국회본회의 토론

회의날짜 및 회차	찬성	반대	질의 및 유보
1954. 2. 25. 26차	박철웅(자유당)		
1954. 2. 26. 27차	노기용(민주국민당) 최원호(민주국민당)		엄상섭(무소속) 안용대(자유당) 조광섭(자유당) 오성환(자유당)
1954. 3. 2. 28차	곽상훈(무소속)	정남국(무소속) 전진한(무소속)	
1954. 3. 3. 29차	서범석(무소속) 조주영(자유당) 김봉재(무소속) 김종순(자유당)	장홍염(무소속) 최국현(무소속) 정남국(무소속) 이용설(무소속)	
1954. 3. 4. 30차	박영출(자유당) 여운홍(자유당) 조광섭(자유당)	임기봉(무소속) 박철웅(자유당)	

52) 《경향신문》 1954. 2. 28. "졸렬한 운영을 시정하라, 개헌안공청회서 반대론 우세"

53) 이하 국회토론내용은 제2대 국회 18회 제26-30차 본회의 속기록을 정리한 것이다. 구체적인 인용은 생략한다. 아래 표는 신용옥, 앞의 논문, 283면의 표를 재구성한 것임.

회의 첫날인 1954. 2. 25. 제26차 본회의에서는 국무총리 백두진과 법제처장 신태익의 헌법개정안 제안취지 설명이 있었고 심의에는 박철웅 의원만이 참여하였다. 박 의원은 헌법개정이 지향하는 경제질서의 조직과 방향에는 원칙적으로 찬성한다면서도 현재의 상황이 헌법 때문에 문제가 된 것인가 하는 점에서는 의문이라고 밝혔다. 지금까지 정부가 헌법대로 해 본 적이 없으므로 공장건설이나 투자 등 경제의 문제가 헌법개정으로 해결되는 것이 아니라며 헌법이 허락하는 안에서 정부가 의도하는 방향으로 추진하다 문제가 생기면 그때 개정하는 것이 마땅하다고 하였다. 나아가 외국자본의 투자에 대해서도 그대로 받아들이면 '경제적인 식민지나 노예'가 될 것이라며 부정적인 의사를 밝혔다.

다음 날 열린 제27차 본회의에서는 개헌안에 대한 찬반입장을 정하기 위한 의원들의 사전 질의가 주로 이루어졌다. 엄상섭 의원은 전시체제 및 부흥단계에서 통제경제 방향으로 좀 더 나아가야 할 시기에 자유주의 경제체제로 개헌을 할 필요성이 무엇인지 의문을 제기하였고, 또한 헌법 제85조 천연자원 관련 독점화와 외국자본의 지배에 대한 우려를 표명하면서 그에 대한 대책과 천연자원 소유권의 귀속관계를 어떻게 할 것인지 질의하였다. 이와 함께 외국의 불건전한 자본투자에 대한 대비, 대외무역 통제법률의 내용, 사전논의 없는 개정안 제출의 이유도 질문하였다. 안용대 의원은 헌법 제84조의 경제질서에 대한 원칙규정과 제18조 근로자 이익균점권이 남아 있는 상황에서 이번 개정만을 가지고 자유경제체제를 채택한 것으로 볼 수 있는지 의문을 표하면서 정부의 헌법개정 의도가 근본적 사회주의 체제를 유지하면서 단순히 외국자본을 도입하기 위한 것이 아닌가 하는 점을 지적하였다. 조광섭 의원은 민족자본 축적과 소유자들에 대한 실태조사가 되어 있는지 의문을 표시하면서 개헌을 통해 도리어 서민들은 경제적인 수난을 받을 수 있음을 지적하였다. 오성환 의원은 이번 개헌의 의의는 헌법의 경제에 대한 근본이념을 혁명적으로 고치는 것인데 개정안을 보면 내용을 법률에 위임하고 있을 뿐이어서 효력면에서 중요한 의미가 없다고 지적하고 외국자본에 대한 대책을 헌법에 규정할 필요가 있다는 의견을 밝혔다. 한편 민주국민당의 노기용, 최원호 의원은 자유경제체제의 확립에 찬성한다며 헌법개정안에 대한 찬성의견을 밝혔고 다만 민간기업의 자금부족으로 인한 국가에 대한 의존성 심화와 극심한 인플레이션, 그리고 외국자본의 기업에 대한 직접 투자시 식민지화할 가능성 등에 대한 우려를 나타내며 이에 대한 대책이 필요하다고 지적하였다.

이러한 의원들의 질의에 대한 국무총리 백두진의 답변은 정부가 이번 헌법개정안을 제출한 진정한 의도를 잘 보여준다. 그는 경제부흥을 위하여 외국자본의 도입이 불가피하다고 역설하며 그 투자비율이나 문제점에 대한 대책을 법률로 정하여 대처할 수 있다고 답변하고 헌법을 개정안과 같이 개정하는 것이 외국자본을 유도하는 데에 대단히 편리하다고 거듭 주장하였다. 특히 개헌안은 모든 것을 법률로 이양하여 뚜렷이 무엇을 어떻게 한다고 하는 것을 내건 것이 없으며 다만 정부의 의도는 '사적 자본의 활동을 활발히 하자' 또는 '외국 사적 자본을 될 수 있으면 국내에 도입하자'는 것이라고 하여 헌법개정의 의도를 확실히 밝혔다. 이에 따라 이후 국회본회의 심의에서 반대론자들은 외국 자본의 위험성을 중심으로 논의를 전개하게 된다.

같은 해 3. 2. 열린 제28차 회의부터는 찬반론이 극명하게 갈렸다. 정남국 의원은 1월 개정안을 민족균등사회제도로 확립되어 있는 헌법을 개정하는 혁명적인 개정안으로 평가하고 경제·재정정책의 실패가 헌법 때문은 아니며 전시에 계획경제를 운영하다 자본주의 개헌을 추진하는 것은 위기시인 이 시기에 적당하지 못하다고 반대를 표명하였다. 전진한 의원 역시 반대의견을 피력하면서 당시 헌법은 경제면에서 철저한 자유경제 체제를 보호하기 위하여 중요한 자원, 중요한 산업에 국가가 관여하도록 되어 있는데 이를 개정하는 것은 자본의 독점경제를 하자는 것이라며 특히 미국도 독점 자본을 부인하여 개인의 경제활동을 보장하는 사회주의 경제체제를 취하고 있는 점에서 이번 개정안은 세계경제사상에 역행하는 것이라고 주장하였다. 이어서 생산부진은 잘못된 경제정책과 산업정책 때문인데 그러한 상황에서 외자가 도입되면 전 경제권을 외국 자본에 맡길 위험이 있다고 하였다.

같은 맥락에서 다음 날 제29차 회의에서 장홍염 의원은 이번 개헌안에 '일부 독점가에게 독점시키기 위하여 국영기업체의 분배를 합법화하자는 불순성이 내포'되어 있음을 지적하고 과거 중국이 산업개발을 명목으로 철도권, 우정권, 광산을 팔고 결국 외국자본의 노예가 되었던 점에 비추어 우리도 외국자본의 노예가 될 우려가 있다고 하였다. 그는 마지막으로 '건국경제이념인 균등경제를 폐기하고 자본주의 체제로 나가는 것'은 '무혈의 경제혁명'이라며 강력히 반발하였다. 같은 날 최국현 의원도 1월 개정안으로 18세기 자본독점이 되풀이될 우려가 있고 근본적으로 정부에서 하는 일을 신용할 수 없다는 이유로 반대의사를 밝혔다. 또한 정남국, 이용설 의원도 원칙에는 찬성하나 민족자본의 발달과 외국자본에 대한 대책이 없음을 근거로 시기상조론을 들어 반대의견을 밝혔다.

찬성론은 경제발전을 위한 방향설정의 적절성과 외국자본도입의 불가피성에 집중되었다. 3. 2. 제28차 회의에서 곽상훈 의원은 우선 산업의 부흥을 위하여는 외자도입이 절실하다며 현 헌법하에서도 운영을 잘 하면 정부가 의도한 바를 달성할 수 있다는 점에 동감을 표하였다. 그러나 "외자를 도입하는 데 있어서 헌법을 고치는 정신이 외자를 가지고 들어오는 사람에게 안도감을 주는 이러한 필요성이 당연히 있을 것을, 나는 정부가 말 못하는 이런 커다란 이유가 하나 있으리라고 생각을 합니다."라고 하여 헌법개정의 진정한 이유가 외자

도입에 있음을 밝혔고, 이어서 정부의 민족자본 보호조치가 필요함을 지적하였다. 다음 날 서범석 의원은 건국 이래의 관리와 통제 경제체제 아래 민족자본을 육성하지 못했고 발전이 저지되었던 사실에 비추어 개헌안에 찬성하지 않을 수 없다며 현실적인 이유에 의한 개헌을 주장하였다. 조주영 의원도 국내자본과 기술이 부족한 상황에서 외국자본의 도움이 절대적으로 필요하며 국유규정들을 국영원칙 및 사유불인정으로 이해하면 투자를 받을 수 없으므로 제85조의 국유라는 문자를 삭제하는 것에 찬성하였고 제87조 등과 관련하여서도 개정안이 개정전 헌법과 별로 차이가 없으므로 반대할 것은 아니라고 반대론을 비판하였다. 다만 그는 개정안 제85조의 '처분' 부분에 대한 문제점과 절차적으로 졸속으로 만들어진 면을 지적하기도 하였다. 김봉재 의원도 경제재건과 민생문제 해결을 위해서는 외국자본의 도입이 불가피하다며 우려되는 부분은 입법과 후속 정책으로 해결하면 된다고 찬성의견을 밝혔다. 김종순 의원은 개헌안에 따른다 하더라도 제84조가 있어 경제적 민주주의는 유지되며 그러한 점에서 개헌안은 세계의 사조에 어그러지지 않으면서도 개인의 이익과 국가의 건설을 조합한 합리적 경제주의로 평가하고 찬성의견을 밝혔다. 그는 또한 법률로 외자도입의 문제를 해결할 수 있다고 보았다.

이어서 같은 해 3. 4. 개최된 제30차 국회본회의 심의를 보면 정부의 1월 개정안 제출이 미국의 원조와 관련하여 외국자본의 도입을 위한 것임을 의원들이 모두 숙지하고 있었음을 알 수 있다. 따라서 토론은 외국자본의 도입 불가피성 및 경제개발의 필요성을 인정하는 찬성론(박영출, 여운홍, 조광섭 의원)과, 외국자본의 위험성을 근거로 한 반대론(임기봉, 박철웅 의원)으로 이루어졌다. 토론 중 찬성입장의 여운홍 의원이 사전예고 없는 졸속개정안의 제출을 지적한 점과 반대론의 박영출 의원이 제85조 개정안과 관련하여 '처분'을 근거로 국가의 재원을 팔아먹는 매국적인 개헌으로 비난하는 것은 우려스럽다고 한 것을 보면 이와 관련하여 내외에서 이미 많은 논쟁이 있었음을 알 수 있다.

조문별로 보면 헌법 제88조와 제89조의 개정은 제85조와 제87조 개정에 따른 부수적인 것으로 보고 주요 논의는 제85조와 제87조와 관련하여 이루어졌다. 그러나 전반적으로 국회본회의 심의에서 의원들은 개정된 조문에 대하여 구체적인 이견을 보이고 있지는 않았다. 우선 개정안 제87조는 종전 '공공성을 가진 기업'의 예를 열거하고 있던 것이 삭제된 것에 불과하여 개별적으로 많은 찬반논의가 있을 여지가 없었다. 나아가 헌법 제85조의 경우에도 국회와 정부는 일관되게 개정 후에도 여전히 국유는 유지된다고 보았다. 헌법개정안 제안이유서에서 '천연자원의 국유화'의 명시적인 문구 삭제가 국유의 부정을 의미하는 것은 아님을 밝혔던 정부는 엄상섭 의원의 질의에 대한 국무총리 백두진의 답변에서 "천연자원, 경제상에 이용할 수 있는 자연력의 소유 관계를 명시하지 않았다고 해서 그 소유권이 국유라는 것에서 떨어져 나간다고는 해석하지 않는다."고 하여 개정안 제안이유서의 내용을 확인하였다. 헌법개정 반대론자인 전진한 의원은 광물 기타 자연자원들은 "다른 나라에 입법례를 볼 때에도 대개는 국유로 되어 있고 이론상으로 보드라도 이것은 국유로 하지 않으면 안 될 것"이라고 주장하였고 개정 찬성론자인 조주영 의원도 명문의 규정이 없어도 당연히 천연자원은 국유로 인정되는 것으로 밝혔다.[54] 이를

54) 제85조 천연자원 국유와 관련하여 조의원은 국가의 소유에는 두 가지가 있다고 설명하였다. 그에 의하면 그중 하나는 '개인이 모든 재산에 대하여 소유권을 가지는 것과 동등한 권한으로 국가도 재산을 가지는 것'으로 국가에게 등록된 관유재산, 토지 건물이 이에 해당한다. 이와는 별도로 훨씬 광범한 국가의 소유라는 것이 존재하며 이를 다음과 같이 설명하였다.

"우리나라 영토에 있어서 공기, 창공이라든지 지하나 이 전체가 우리나라 소유이에요. 우리나라가 주권국가로 이것을 지배할 수 있는 이런 방대한 권한을 가지는 것이에요. 이런 국유를 의미하는 것이에요. 그런 의미의 국유라 하면 하필 헌법에다가 국유로 이렇게 논의할 필요가 어디에 있는가? 이러한 국유라는 이 문자를 헌법에 규정하지 않는

보면 당시 정부를 포함 헌법개정 찬성론과 반대론 모두가 공통적으로 비록 헌법 제85조에서 천연자원 '국유'의 문구가 삭제된다 하더라도 그 원칙은 여전히 유효하다는 점에 동의하고 있었음을 알 수 있다. 다만 종래 규정에서 '일정한 기간'이 삭제되어 무한정한 특허가 가능하게 된 점과 '처분'이 삽입되어 귀속 자체가 달라질 수 있는 점이 문제로서 지적되었다.

이상에서 살펴본 바와 같이 1월 개정안에 대한 국회본회의 심의는 구체적인 조문의 축조심의보다는 큰 틀에서 경제질서 방향의 설정, 이번 개정안의 진정한 의도 및 외국자본의 투자에 대한 대책 등에 집중되어 나타났다.

4. 헌법개정안의 철회

사전예고 없이 갑자기 제출된 1월 개정안은 국가주도의 경제와 자유시장경제 체제의 장단점을 분석하고 이를 토대로 향후 경제발전을 위한 헌법상 경제질서의 변경을 심사숙고한 끝에 제안된 것이 아니었다. 이는 미국의 공적 원조를 대신할 미국기업의 사적인 투자를 촉진하기 위한 목적으로 급박하게 작성된 것이었다. 이와 같이 1월 개정안은 미국의 압력과 외자도입이라는 실용적 입장에 의하여 만들어졌으므로 내용적으로 자유시장경제로의 방향전환은 가시적인 최소한으로 제한되어 있었다.[55] 헌법상 경제질서의 변경이라는 면에서 보면 개정안은 제6장 경제 부분 중에서도 제85조 등 4개의 규정만을 포함하고 있을 뿐, 경제의 원칙규정인 제84조나 제2장 국민의 권리의무

다 하드라도 모든 천연자원이라든지 또 우리 영토 내에 공기까지도 주권국가의 소유이다 이것은 헌법에 규정하지 않어도 국가관념에 있어서 또 법리론으로 모든 (…) 어떤 국가라도 자기네 영토 내의 모든 것을 지배할 수 있는 이런 소유권을 가지는 것은 당연한 이야기입니다." 국회속기록 1954. 3. 3. 제2대 국회 18회 제29차 본회의, 7면.

55) 신용옥, 앞의 논문, 280면.

에 있는 근로자 이익균점권 규정 등은 포함하고 있지 않은 불충분한 것이었다. 국회 내외에서의 찬반논의들을 보아도 당시 학자 등 전문가들과 국회의원들도 이와 같은 1월 개정안의 제안 배경을 잘 파악하고 있었던 것으로 보인다. 헌법개정 없이 당시 헌법의 효과적 운용만으로 충분하다는 반대론자들 뿐 아니라 찬성론자들조차도 수정안을 제출하거나 이번 개정안을 철회하고 새로운 개정안을 제출해야 한다는 의견을 제시하고 있는 점을 보면 이를 짐작할 수 있다.

정치적으로 보면 국회토론에서 헌법개정안에 대한 찬성입장에는 대체로 자유당 및 민주국민당 의원들이 많이 있었고 반대입장에는 무소속의원들이 많았다. 그러나 공청회 등을 통해 여론의 반대의견이 전달되면서 임기말 차기 총선을 준비해야 할 의원들로서는 이를 무시할 수 없었다. 헌법 운용의 묘를 강조하며 개헌무용론으로 퍼져 나간 일반 여론이 애당초 개헌안의 취지에 동조했던 야당인 민주국민당을 견인하였고[56] 국회 내에서 개헌안 통과를 적극 추진해야 할 여당인 자유당 자체에서도 의견이 대립되었다.[57] 자유당 안에서 이번 개헌안을 내걸고 다음 총선의 공천문제와 교환조건을 붙이려고 시도하는 의원[58]이 과반수에 이를 정도로 의견통일이 되지 않았고[59] 점차 자유당 자체에서 승산이 설 때까지 무기한 표결을 연기하자는 의견이 나

56) 신용옥, 앞의 논문, 291면.

57) 《동아일보》 1954. 2. 28. "경제개혁안 귀추예측난"

58) 국회토론에서 자유당의원으로서 반대의견을 밝힌 박철웅 의원은 헌법개정에 대한 반대가 "비애국적, 공산주의적, 쇄국주의적, 정부에 반대하는 것인가"하고 반문하면서 "선거문제와 결부시킵니다마는 여기에 앉아 있는 여러 의원들은 실지 문제가 나옵니다마는 탄압을 받을까 해서 말하지 못하는 줄 아는 것이에요. 나 자신은 이러한 각오를 했습니다. 나 자신은 앞으로 탄압을 받어서 국회의원이 낙선되어도 좋고 어떤 오해와 살해를 당하여도 좋다고 하는 것입니다."라고 밝혔다. 국회속기록 1954. 3. 4. 제2대 국회 18회 제30차 본회의, 10면. 이로써 자유당 내에서 5월 총선과 관련하여 상당한 압력이 있었음을 알 수 있다.

59) 《동아일보》 1954. 3. 4. "경제개헌안난관봉착 표결 수일 지연시"

오기까지 하였다.[60] 이러한 상황에서 이승만 대통령이 자유당에 개헌안 통과를 강력히 요청하는 등 처리를 독려하기도 하였으나[61] 별 효과가 없었다.

만약 1월 개정안이 국회에서 부결된다면 이는 대내외적으로 경제정책의 기본방향이 전환되기 어렵다는 명백한 신호였다. 특히 미국의 정부와 민간기업을 상대로 경제운용의 방향전환을 토대로 공적 원조 및 직접 투자를 적극 유치해야 할 정부로서는 이러한 상황은 절대로 피해야 하는 것이었다. 결국 정부는 3. 9. 개헌안 철회를 요청하였다.[62] 국무총리 백두진은 국회에 출석하여 갑작스러운 개헌안 제출과 천연자원의 '처분' 등의 문구 등에 대한 문제제기에 동의하면서 이번에 이러한 논의를 바탕으로 헌법개정안을 수정하기에 시간적으로 어려운 까닭에 새로운 국회에 새로운 개헌안을 내어 토의하기 위하여 철회한다며 그 이유를 밝혔다. 특히 그는 "만약 부결이 되면 국제적으로도 좀 좋지 못하다."는 의견에 공감을 표시하여 진정한 철회의 이유가 대외적인 관계의 고려에 있었음을 밝혔다. 같은 달 15. 개헌안 철회 동의안이 재석의원 116명 중 찬성 88표로 가결되었다.[63]

IV. 11월 헌법개정과 경제규정

1. 1월 개정안의 평가와 미국의 대응

1월 개정안의 제출이 해외자본의 유치를 위한 것이었으므로 한국정부는 그 내용과 의미를 적극적으로 알리기 위해 노력하였다. 예를 들면 정부는 미국에서 간행되는 "Korean Survey" 3월호에 1월 개

60) 《경향신문》 1954. 3. 4. "개헌안 위요한 동태미묘"

61) 《경향신문》 1954. 3. 4. "이대통령 강력태도"

62) 국회속기록 1954. 3. 9. 제2대 국회 18회 제32차 본회의, 3면.

63) 국회속기록 1954. 3. 15. 제2대 국회 18회 제35차 본회의, 4-7면.

정안의 주요한 내용을 소개하고 이를 민간사업에게 더 많은 참여기회를 부여하고 외국자본의 투자를 권장하기 위한 것이라고 의미를 설명하였다. 그리고 이번 개정안은 기존 사회화 규정들을 수정하고 경제정책의 방향을 전환하기 위한 것이며 이로써 한국은 자유사업국가(free enterprise country)이면서 사회정의의 원칙(the principles of social justice)을 가진 국가가 될 것이라고 취지를 소개하였다.[64]

미국 역시 1월 개정안과 관련하여 한국 정부의 의도와 의미를 확실히 파악하고 있었던 것으로 보인다. 주한 미 대사관의 1등 서기관 멜린(Sydney L.W. Mellen)이 작성하여 국무부에 제출한 1월 개정안에 대한 보고서[65]는 이를 헌법상 기본적 경제원칙이 국가소유 및 통제였던 것을 사적 소유와 자유 기업 원칙으로 대체하는 효과를 가지는 것으로 평가하였다. 또한 이 개정안의 제안은 한국정부의 자유사업체제(free enterprise system)에 대한 선호를 강조하고 이후 있을 입법의 방향을 명확히 하려는 것으로서 이러한 결정은 명백히 미국 정부와 민간인들의 제안을 반영한 것이라고 하면서 쿼니의 방한과 이승만 대통령과의 만남 등을 자세히 소개하였다. 그러나 보고서는 개정전 헌법에 의해서도 정부가 적산기업의 처분으로 민간 기업들의 성장을 촉진하기 위한 중요한 조치들을 취할 수 있는 점을 들어 실제 정부의 경제정책의 방향이 전환될지 여부는 후속 입법이 이루어져야 명확해질 것이라고 보았다. 이러한 판단은 개별 헌법 조항들에 대한 소극적 평가에 근거한 것이었다. 보고서는 헌법 제85조에 대하여 데이 앤 짐머만의 보고서가 광산과 전력회사 등의 민간운영이 개정전 헌법에서

64) "Korean survey, Volume 3 Number 3, March 1954", Korea 1953-54, 50-124, RG 469 Records of U.S. Foreign Assistance Agencies, 1942-1963, Office of the Dir: Geographic Files of the Director, 1948-55.

65) From Am Embassy to The Department of State, Washington, "Amendment of economic articles of the ROK constitution(1954. 3. 5.)", 360.1 Constitutional Amendments Bill, 1954-55, 14-55.

도 금지된 것은 아니므로 특허를 위한 명확한 정책들이 만들어진다면 사적 행위들을 위한 다른 넓은 영역들이 열릴 수 있다고 보았던 점을 참고하고, 헌법 제87조에 대하여 중요 공공성을 가진 기업들을 나열하던 것을 '공적 성격을 가진 기업'으로 변경한 것에 불과하며 사영특허에 관하여 '공공필요에 의하여'를 삭제한 것만으로 개정안이 현행 규정보다 향상된 것으로 볼 수 없다고 평가하는 한편, 제89조의 개정안도 특허 취소만 삭제되어 실질적인 변화가 있다고 보기 어려우며 오직 제88조만이 국유화를 제한하여 민간 투자자의 투자를 고취하고 있다고 평가하였다. 또한 보고서는 1월 개정안을 다른 미국 관리들과 민간인들이 한국경제의 발전과 관련하여 유사한 제안들을 해 왔던 것의 연장선에서 이해하였고, 계획보다 이른 제안에 대하여는 산업은행법을 제정하여 국가의 경제관여를 강화한 것과 관련된 것으로 보았다. 결론적으로 보고서는 1월 개정안이 경제체제에 대한 근본적인 재검토에 의한 것이 아니며 해외로부터의 공감과 관계개선을 위한 것이라고 평가하였다.

철회된 이후이기는 하나 코넬리 박사가 UN의 한국경제조정관 우드(Tyler Wood)에게 제출한 한국 헌법의 경제조항들에 대한 보고서[66] 역시 1월 개정안을 같은 맥락에서 보고 있다. 코넬리는 보고서에서 당시 우리 헌법을 일종의 국가 사회주의를 규정하고 있는 것으로 보면서도 그것이 자유기업의 궁극적 발전에 대한 극복 불가능한

66) From John W. Connelly, Jr. to Morris Wolf, General Counsel, "Report on economic provisions of the constitution of the Republic of Korea(1954. 3. 24.)", Korea, Reports: Constitution of ROK - Economic Provisions of, 1-1, RG 319 Records of the U.S. Army Staff, Records of the Office of the Chief of Civil Affairs, Security-Classified Correspondence of the Economics Division Relating to Korea, Japan, and the Ryukyu Islands, 1949-59. 이 보고서는 한국헌법의 경제조항들과 관련 입법 그리고 소유권 및 경제발전을 위해 필요한 조치 등을 심도있게 검토한 것으로서 분량이 100면에 이른다. 이 중 1월 개정안과 관련된 내용을 간략히 살펴본다.

장애물에는 해당하지 않는다고 하였고 민간기업이 개정 전 헌법 및 법제하에서도 미국과 유엔의 원조 프로그램의 실현을 위해 충분히 설립될 수 있다고 하였다. 보고서는 기본적으로 헌법 제85조 및 제87조와 관련하여 공익사업들은 모든 나라에서 공통적으로 공동체의 이익을 위한 통제를 받는 점에서 그와 같은 규정이 있다 하여 제조업 분야의 자유기업에 대한 장애물이 되는 것으로 볼 수 없다고 하였다. 제85조는 천연자원의 개발이 법에 따라 이루어질 것을 표현한 것에 불과하다고 보고 개정안이 천연자원의 국유를 명시하지 않았다고 하여 그러한 원칙을 부인하고 있는 것으로 볼 수 없다고 하였다. 따라서 특허부여에 대한 문구를 조정한 점은 개선된 것으로 볼 수 있으나 개정안이 새로운 정책이나 원칙을 제시하고 있지 않다고 보았다. 보고서는 나아가 개정 전 제85조에 투자자와 개발자들의 의욕을 저하시키는 요소가 있기는 하나 이러한 문제들은 입법을 통해 해결할 수 있다고 하여 개정에 큰 의미를 부여하고 있지 않았다. 마찬가지로 개정안 제87조는 국영 또는 공영 대상 기업에 대하여 대단히 광범위하고 불명확한 규정을 두고 있고 이러한 불확정개념을 이후 입법에서 이용할 수 있는 점에서 아무런 개선된 점이 없다고 평가하였다. 개정안 제88조 역시 개정 전후 공통적으로 모든 것이 입법에 따라 결정되는 것으로 규정된 점에서 실질적인 내용을 더한 것이 없으며 다만 문구를 부정문으로 만들어 심리적으로 국유화를 제어하는 가치가 있을 뿐이라고 평가하고 이 규정의 개정은 정치적인 의미를 가지는 것으로 보았다. 개정안 제89조 역시 개선된 것으로 볼 수 없다고 간략히 평가하였다. 보고서는 개정안의 개별조항들에 대한 이와 같은 평가를 종합하여 결론적으로 개정안이 새로운 자유기업의 장려라는 정부의 목적에 도달한 것으로 보이지 않는다고 하였고, 현행 헌법하에서도 자유기업들은 일정한 입법과 행정부의 조치가 이루어진다면 살아남을 수 있다고 하였다. 그러면서 재건프로그램에서 일반제조업과 필수

공익사업을 구별하여 후자에 대한 국유 또는 독립된 공공기업에 의한 운용원칙을 헌법에 규정하는 한편 일반제조업에 대하여는 자유기업 원칙을 명확히 한다면 서구와 같이 자유기업이 발전할 수 있는 길이 열릴 수 있다고 하면서 향후 헌법개정 및 입법시의 유의사항을 제시하였다.

1월 개정안이 경제체제 및 정책의 자유사업원칙으로의 전환면에서 큰 의미를 가지지 못한다는 이러한 평가들에 의하면 1월 개정안의 철회를 경제정책의 방향면에서 크게 후퇴한 것으로 볼 필요는 없었다. 멜린은 국무부에 보내는 1월 개정안의 철회에 대한 보고서[67]에서 이승만 대통령이 국회의원들의 개정안에 대한 행동들이 재선을 위한 이기적인 이익에 의해 좌우되었다고 비난한 점에 주목하여 개정안의 철회는 관련된 경제적인 문제들에 대한 요구나 원인이 아닌 정당정치적인 의미를 가진 것으로 보아 큰 의미를 부여하지 않았다.

이와 같이 미국은 헌법상의 경제조항에 대하여 개정전 조항들에 의하여도 충분히 민간기업과 산업이 발전할 수 있다고 보았으므로, 공적 원조와 민간투자에서 중요한 의미를 가지는 것은 한국정부의 실질적인 경제정책방향의 변경, 즉 민간기업의 자유로운 사업의 활성화와 이를 뒷받침하는 입법이 실제로 이루어지는 것이었다. 따라서 1월 개정안의 철회 이후 미국은 헌법개정의 실패에 대하여 유감을 표명하거나 적극적으로 경제규정의 개정을 요구하지 않았다. 다만 미국은 이후 일관되게 한국 내의 민간기업 및 사업의 활성화가 중요하며 이를 위한 정부의 조치가 필요함을 강조하였다.

---

67) From Am Embassy to The Department of State, Washington, " Withdrawal of proposed amendments of economic articles of the ROK Constitution (1954. 3. 25.)", 360.1 Constitutional Amendments Bill, 1954-55, 12-52, RG 84 Records of the Foreign Service Posts of the Department of State, 1788-1964, Korea, Seoul Embassy, Classified General Records, 1952-63.

이러한 미국의 입장은 1954년 한미간 원조의 규모와 방법을 둘러싸고 갈등이 점차 심화되는 과정에서 확인할 수 있다. 이승만 대통령은 7월 방미를 전후하여 한국군의 증강과 경제부흥을 위한 원조규모의 확대를 끊임없이 요구하였고, 반면 미국은 한국군을 적정한 규모로 유지해야 하며 재정균형을 위해 공적 원조를 감축해야 한다는 입장을 고수하였으므로 갈등은 계속되었다.[68] 이러한 과정에서 미국정부는 민간자본의 투자를 활용하기 위하여 한국정부에게 민간사업의 활성화를 일관되게 요구하였다.

우선 원조의 예산 규모를 확정할 권한이 있는 의회는 한국재건을 위한 새로운 방법으로 민간기업의 참여와 이를 위한 한국 내 민간사업의 활성화가 필요하다고 강조하였다. 예를 들면 1954. 3. 5. 폴 샤퍼(Paul Shafer) 의원은 "민간사업계획: 미외교정책의 새로운 출발(the Private Enterprise Plan as a New Departure in American Foreign Policy)" 보고서를 하원에 소개하면서 재건을 위한 새로운 접근방식으로 이를 한국에 적용할 것을 이승만 대통령에게 전달하여 동의를 받았다고 하였다. 이 보고서는 같은 해 7. 20. 하원에 정식으로 제출되어 결의안(No.219)으로 채택되었다. 보고서는 민간자금으로 재건금융회사(Reconstruction Finance Corporation)를 설립하고 이를 통해 우수한 민간기업들이 재건사업에 참여할 수 있도록 해야 한다는 내용을 담고 있었다. 이러한 보고서는 같은 해 8. 16. 상원의원 칼 문트(Karl E. Mundt)에 의해 상원에 제출되었다.[69]

또한 하원은 하원 정부 활동 위원회(The House Government Operations

---

68) 이현진, 앞의 책, 194-195면.

69) Congressional Record, "Korean Rehabilitation(1954. 8. 16.)", Korea Program, 1953-54, 11-46, RG 469 Records of U.S. Foreign Assistance Agencies, 1942-1963, The Deputy Director for Program and Planning: Program Office, Subject Files, 1952-57.

Committee) 산하 국제 활동 소위원회(Subcommittee on International Operations)의 '한국의 구호 및 재건에 관한 보고서(Report on Relief and Rehabilitation in Korea)'[70]에서 한국경제 생산의 문제요인을 기술자의 부족과 국영사업의 지배 그리고 대통령에 대한 경제정책결정권의 집중으로 보고, 그 처방으로 민간사업이 존재하고 발전할 수 있도록 하는 경제기조에 대한 최고의 강조가 필요하며 이를 위하여 미국과 유엔, 한국정부 모두가 실질적 조치를 취해야 한다고 밝혔다.

이와 같은 의회의 태도에 미국 정부도 같은 입장을 취하지 않을 수 없었다. 같은 해 7. 28. 이승만 대통령의 방미시 있었던 실무자 회담에서 미국 정부는 한국이 요청하는 원조금액을 제공할 수 없으며 투자프로그램도 신속하게 이루어질 수 없음을 밝히고 한국측이 요청한 원조를 민간투자로 대체하겠다는 의사를 피력하였다.[71] 이에 따라 미국은 실무협의 합의문의 초안[72]에서부터 "한국 정부는 투자프로젝트의 민간소유를 활성화하기 위한 조치를 계속"해야 한다는 문구를 제시하여 한국에 미국의 입장을 전달하였다. 실무회담이 군사, 경제,

70) Foreign Operations Administration Executive secretariat, "Brownson Report on Korea(1954. 7. 27.)", Korea, Programs, 4-12, RG 469 Records of U.S. Foreign Assistance Agencies, 1942-1963, Office of the Dir: Geographic Files of the Director, 1948-55.

71) Mary Joan Fox, "Meeting with the Korean Delegation(1954. 8. 3.)", Korea Miscellaneaus 1955, 22-6, RG 469 Records of U.S. Foreign Assistance Agencies, 1942-1963, The Deputy Director for Program and Planning: Program Office, Subject Files, 1952-57.

72) "Draft Agreed Minute between the Governments of the United States and the Republic of Korea Based on the Conferences Held between President Eisenhower and President Rhee and Their Advisers in Washington, July 27-30, 1954 and Subsequent Discussions in Washington between Representatives of the Two Governments(일자불상)", Korea Program, 1953-54, 3-13, RG 469 Records of U.S. Foreign Assistance Agencies, 1942-1963, The Deputy Director for Program and Planning: Program Office, Subject Files, 1952-57.

외교 등 각 방면에서 이견을 보임으로써 끝내 최종합의에 이르지 못하고 계속 회담을 진행하기로 하였지만[73] 이러한 미국의 입장은 한국정부의 향후 정책결정방향에 큰 영향을 미치지 않을 수 없었다. 이는 결국 새로운 헌법 개정안에 경제규정의 개정이 포함되는 것으로 나타난다.

2. 11월 헌법 개정안의 제출과 통과

새로운 개헌시도는 1954. 3. 15. 1월 개정안이 철회된 직후 바로 나타났다. 초대 대통령의 종신집권, 국민투표제, 국민소환제, 국민발안제, 정부의 민의원 해산권 등 5개 항목을 주요내용으로 한 헌법개정추진이 자유당 일부 의원들에서부터 시작된 것이다.[74] 이승만 대통령은 특별담화에서 다가오는 5. 20. 국회의원선거에 입후보할 자들은 먼저 개헌에 대한 확약을 해야 할 것이라고 선언하여 개헌운동이 대통령의 뜻에 의한 것임을 밝혔고,[75] 이에 따라 자유당은 다음 선거 공천의 전제조건으로 후보자들에게 개헌찬동의 서약을 요구하였다. 이어서 자유당은 사회단체들과 결합하여 개헌추진위원회를 구성하고 본격적인 개헌운동에 들어갔다.[76] 이즈음 개헌추진위원회는 헌법개정안에 앞서 추진되었던 경제규정의 개정을 포함시켰다.[77] 같은 해 5. 20. 실시된 제3대 민의회 의원 선거에서 여당인 자유당은 과반수를 넘는 의석을 차지하였고, 국회 개원을 전후하여 개헌을 목표로 포섭공작을 계속하여 개원당일 127석을 확보하였으며, 같은 해 7. 8. 국무

73) 《동아일보》 1954. 9. 26. "한미 화부 서울 군사경협 회담 경과 전망"

74) 《동아일보》 1954. 3. 20. "또 하나의 개헌안", 4. 4. "자유당내 방위군계가 진원지". 3. 20. 위 동아일보 기사에 의하면 1월 개정안에 이러한 내용을 포함시킬 것을 자유당에서 요구하였으나 정부에서 거절하였고 이에 따라 바로 의회를 중심으로 헌법개정을 추진하게 되었다.

75) 《경향신문》 1954. 4. 8. "개헌을 공약하라"

76) 《경향신문》 1954. 4. 10. "개헌찬동의 서약", 4. 21. "개헌운동구체화"

77) 《동아일보》 1954. 4. 25. "개헌책동 적극화"

원에 대한 국회의 신임투표에서 개헌에 필요한 3분의 2(136석) 이상인 138표를 얻어 개헌안 의결정족수를 확보하였다.[78] 이러한 세력분포에 따라 자유당과 정부는 개헌안 초안을 검토하는 등 본격적인 개헌추진에 들어갔다.[79]

같은 해 7. 19. 앞선 5개 항목을 주요내용으로 한 자유당의 개헌안 초안이 언론에 공개되었다.[80] 이때 보도된 초안 중 경제조항의 내용을 보면 우선 제85조는 "광물 기타 중요한 지하자원 수산자원 수력과 경제상 이용할 수 있는 자연력은 법률의 정하는 바에 의하여 일정한 기간 그 채취, 개발 또는 이용을 특허할 수 있다."라고 되어 있어 1월 개정안과 비교하여 특허에 '일정한 기간'이 더해졌고 '처분'이 제외되었다. 제87조에는 많은 변화가 있었다. "공공성을 가진 중요기업은 법률의 정하는 바에 의하여 국영 또는 공영으로 할 수 있다. 대외무역은 법률의 정하는 바에 의하여 국가의 통제하에 둔다."라고 하여 제2항에는 변화가 없었으나 제1항은 1월 개정안에서 공공성을 가진 기업은 '국영 또는 공영'을 원칙으로 하고 '사영'을 특허할 수 있도록 되어 있던 것을 뒤집어 공공성을 가진 '중요'기업을 법률에 따라 예외적으로 '국영 또는 공영'으로 할 수 있도록 하여 원칙과 예외를 서로 변경하였다. 제88조와 제89조에는 변화가 없었다. 자유당 개헌안 초안의 이와 같은 내용은 1월 개정안에 대한 비판과 찬반토론 과정에서 나온 의견들을 반영한 것이었다.

이후 확정된 자유당의 개헌안을 보면 경제규정은 대부분 초안과 다를 바 없었다. 다만 제87조 제1항을 삭제하여 공공성을 가진 중요기업의 국공유에 대한 내용이 헌법에서 완전히 사라졌다.[81] 제87조

78) 정상우, 앞의 논문, 2002, 49-51면.

79) 《경향신문》 1954. 7. 11. "개헌초안검토"

80) 《경향신문》 1954. 7. 19. "자유당의 개헌초안 전모 판명"

81) 《동아일보》 1954. 8. 25. "자유당개헌안내용"

제1항이 없다 하더라도 법률을 제정하여 공공성을 가진 중요기업을 국유 또는 공유로 설립하여 운영할 수 있으므로 실제 내용 자체로는 큰 변화가 아니었다. 그러나 미국 민간의 투자와 관련하여 문제가 되고 있는 비료, 전기 등 공익사업들의 국공유에 대한 헌법규정을 삭제하였다는 점에서 이번 개정안은 대외적으로 보면 기업의 자유화와 사적 기업의 활성화를 위하여 상징적으로 큰 의미가 있는 조치에 해당하였다. 시기적으로 보면 이와 같은 개헌안의 변화가 이승만 대통령의 미국방문(1954. 7. 27. – 8. 7.) 및 실무회담이 계속되던 상황에서 이루어진 점에서 민간기업 및 자본의 투자 활성화를 위한 적극적인 조치를 요구하는 미국 입장의 영향을 받은 것으로 볼 수 있다. 자유당은 이와 같이 확정된 개헌안을 같은 해 9. 6. 136명의 서명을 받아 국회에 제의하였다.[82]

이번 개헌안에는 경제조항의 개정과 함께 국민투표제의 채택, 대법관 및 기타 고급공무원의 임명에 대한 참의원의 인준권 부여, 국무총리제 및 국무원 연대책임제의 폐지, 국무위원에 대한 개별적 불신임권 부여, 군법회의의 헌법적 근거 명시, 국민의 헌법개정 제의권 부여 등이 포함되어 있었고 특히 부칙에 현 대통령에 한하여 중임제한을 철폐하는 내용이 포함되어 있었다. 따라서 개정안 제의 후 논의의 중심은 국민투표제 및 중임제한 철폐 등 국회와 대통령의 권한과 관련된 정치제도에 관한 것이었다. 게다가 경제조항의 개정안은 1월 개정안을 일부 변경한 것에 불과하여 이에 대한 토론은 이전 논의와 크게 다를 바 없었고 개정안에 대한 전반적인 찬반토론에서 부수적으로 이루어질 수밖에 없었다.

따라서 경제규정 개정안에 대한 언론의 비판도 경제문제의 원인은 정부의 시책에 있으므로 헌법개정은 불필요하다거나,[83] 개별 조문

82) 《경향신문》 1954. 9. 7. "개헌안정식제의"

들의 개정내용을 보면 방법상의 차이나 정도의 차이가 있을 뿐 실질적인 차이가 없다는 내용[84]으로서 이전에 나왔던 내용과 큰 차이가 없었다. 국회본회의 심의에서도 이와 유사한 내용이 반복되었다. 이번 헌법개정안에 대한 심의는 같은 해 11. 18. 제82차 본회의에서 시작하여 같은 달 27. 제90차 본회의까지 총 9회에 걸친 질의·응답과 대체토론으로 이루어졌다. 같은 달 25. 열린 제88차 본회의까지 이루어진 헌법개정안에 대한 질의·응답에서 질의를 한 의원 13명 중 경제규정의 개정에 대한 문제제기와 질의를 한 의원은 조영규, 조재천, 백남식, 정재완, 정성태, 이철승으로 6명에 불과하였고, 이후 대체토론에서 찬성의견을 피력한 자유당 의원 6명 중 경제규정에 대하여 언급한 의원은 박만원, 정명섭, 박세경, 한희석 4명이었으나, 반대의견을 피력한 6명 중 경제규정 개정에 반대를 주장한 의원은 윤제술, 전진한 두 명에 불과하였다. 심의에서 자유당 의원들은 생산증대와 경제활성화 그리고 외국자본의 유치를 위해 경제의 방향을 사유사영원칙으로 변경해야 한다고 일치해서 주장하였고, 개헌에 반대하는 의원들은 원칙과 예외가 변경된 것일 뿐 현행 헌법과 큰 차이가 없으므로 적절한 운용으로 문제를 해결할 수 있다는 점이나 외국자본의 위험성, 기본적인 헌법정신의 변경 등을 반대의 근거로 들었다. 이와 같은 찬반의견을 보면 1월 개정안 심의 때와 큰 차이 없는 토론이 이루어졌음을 알 수 있다.

결국 같은 달 27. 표결 끝에 재적의원 203명 중 찬성 135명으로 부결이 선포되었던 헌법개정안은 같은 달 29. 제91차 본회의에서 부의장 최순주가 정족수 계산상의 착오라는 이유로 부결선포를 취소하고 가결을 선포하여 형식적으로 통과되었다. 이를 두고 소위 '사사오

83) 《경향신문》 1954. 9. 12. "유진오, 헌법개정안의 총비판", 1954. 10. 2. "한근조, 개헌안의 제의점"

84) 《동아일보》 1954. 11. 16-18. "신도성, 경제조항 개헌안에 대하여(상, 중, 하)"

입 개헌'이라 한다. 따라서 당시 헌법개정의 정당성에 대한 문제제기는 피할 수 없는 것이었다. 경제규정의 개정 역시 마찬가지이나 헌법개정의 중심적인 부분이 아니었던 점에서 이후 그 문제점이 크게 논의되지는 않았다.

V. 결

한국전쟁 후 미국은 재정균형을 위하여 대한 원조를 감축하는 과정에서 미국의 원조를 절실히 필요로 하던 한국정부와 갈등을 피할 수 없었고, 한국의 전략적 중요성을 부인할 수 없었던 미국은 감축된 원조금액을 민간자본의 투자를 통해 보충하려 하였다. 이에 따라 미국정부는 한국에게 미국 민간자본의 한국투자를 활성화할 수 있는 방향으로 각종 법제도를 정비할 것을 요구하였다. 종래 한국경제의 발전을 위해 국가의 경제통제 및 간섭을 없애야 하며 민간기업의 자유로운 활동과 투자가 활성화되어야 한다고 일관되게 주장하였던 미국정부는 전후 민간자본의 요구에 따라 관련된 헌법규정의 개정을 요구하였다. 특히 1952년 헌법 제85조 천연자원 국유화와 제87조 중요 공공기업들의 국영 또는 공영 원칙에 의하여 광산, 철도, 비료, 발전소, 철강 등의 분야에서 민간기업에 의한 공장 또는 기업의 설립이 금지되어 있고, 설사 미국의 민간자본이 투자를 한다 하더라도 헌법 제88조에 의하여 사후 당해 기업들이 국유화될 수 있다는 우려가 제기되면서 이들 규정의 개정이 추진되었다. 1954. 1. 23. 경제규정에 대한 헌법개정안이 국회에 제출되었으나 사전 예고나 충분한 검토 없는 개헌안의 제의, 경제문제의 근원적 원인에 대한 이견, 그리고 외국자본에 의한 경제지배의 우려 등을 근거로 한 반대론이 힘을 얻었고, 결국 정부는 1월 개헌안을 철회하였다. 그러나 기본적인 미국정부의 요구와 한국의 외국자본에 대한 필요성은 변하지 않았으므로 집권당이었던 자유당은 이후 정치제도에 대한 개헌을 추진하며 1월 개헌안을 일부 수정한 형태로 경제규정들의 개정을 추진하였고 결국 사사오입 개헌을 통해 1954년 경제규정에 대한 개정이 이루어졌다.

이와 같은 헌법개정과정에서 알 수 있는 바와 같이 1954년 경제규정의 개정은 당시 산업 등 경제사정을 바탕으로 국가주도의 통제경제와 자유시장경제체제의 장단점을 비교·분석하여 경제발전을 위해 헌법상 어떠한 경제질서의 채택이 바람직한 것인지에 대한 국가공동체의 합의가 이루어진 상황에서 추진된 것이 아니었다. 이는 미국의 공적 원조를 대신할 미국기업의 사적인 투자를 촉진하기 위한 목적으로 시작된 것이었다. 이에 따라 경제질서의 근본적인 변경을 위해서는 반드시 포함되어야 할 제84조 경제의 원칙 규정이나 제18조의 근로자 이익균점권 규정은 개정되지 않았고, 제6장 경제 부분에서도 제85조 등 민간자본의 공익사업 투자와 관련된 4개 규정만이 개정되었다. 1954년 개정으로 헌법 제87조 중요공공기업 국공영원칙의 삭제와 제88조 사영기업의 국유화 금지로 말미암아 자유시장경제체제가 강화된 측면을 부인할 수는 없다. 그럼에도 불구하고 공공성을 가진 기업에 대하여 사유, 사영이 원칙으로 선언되어 있을 뿐 법률을 통하여 이들을 여전히 국가가 운영할 수 있었고, 법률에 근거가 있으면 사영기업의 국유화도 가능한 점에서 이것이 실질적으로 큰 의미를 가지는 것인지 의문이 아닐 수 없다. 특히 이러한 점은 개정된 제85조의 해석을 보면 더욱 분명해진다. 1954년 개정으로 제85조에서 '천연자원 국유화'와 채취, 개발, 또는 이용의 특허에 '공공필요' 부분이 삭제되었다. 문구만으로 본다면 1954년 개정에 의하여 천연자원은 더 이상 국유가 아니라고 보아야 한다. 그러나 앞서 살펴본 바와 같이 이 규정의 개정시 제안자와 찬반론자 모두 공통적으로 이 문구의 존재와 부존재에 상관없이 당연히 천연자원은 국유가 원칙임을 인정하였고, 개정 후 헌법 제85조에 대한 해석도 예외 없이 여전히 천연자원이 국유임을 인정하고 있었다.[85] 또한 특허의 사유에 대하여도 개정된 규정에 의하면 공공필요에 의하지 않더라도 생산의 능률화와 경영의 합리화를 위해서 가능하게 되었다고 설명되기도 하나,[86] 이러한 사유가 넓은 의미의 공공필요에 해당하지 않는다고 볼 수도 없어 이 문구의 삭제 역시 큰 의미를 부여할 수 없다. 따라서 1954년 개정으로 "국유, 특허의 취소 등 통제경제적 색채가 농후한 자구를 삭제하였을 뿐 법리상으로는 구(舊)조문과 별차이가 없다."는 설명[87]이 타당성을 가진다. 결국 1954년 천연자원 및 중요산업 국유화 등 경제규정의 개정은 외국 민간자본의 투자를 적극적으로 유치하기 위하여 개정 전 1952년 헌법규정하에서도 법률을 통하여 충분히 가능하였던 민간자본의 투자와 자유기업의 활성화를 헌법개정을 통해 확실하게 대외적으로 나타내려 한 것으로 평가하는 것이 적절하다.

1954년 헌법 개정 이후 경제에 대한 규정들은 1962년 크게 변경되었다. 경제의 원칙에 관한 제84조와 근로자 이익균점권을 규정한 제18조, 농지분배에 관한 제86조, 대외무역의 통제에 관한 제87조 등이 모두 1962년에 삭제되거나 개정되어 현행 헌법과 같은 모습을 가지게 되었다. 따라서 국가의 경제에 대한 많은 관여와 통제를 규정하고 있던 것에서 개인과 기업의 자유와 창의를 기본으로 하는 시장경제원리로의 헌법상 경제질서의 방향전환은 이때에야 비로소 이루어진 것으로 보아야 한다. 그럼에도 불구하고 1954년 헌법 제85조의 천연자원 규정은 이때 개정되지 않았고, 위치만 변경되어 현재에도 헌법 제120조 제1항에 그대로 존재하고 있다. 헌법 제120조 제1항의 해

---

85) 박일경, 『新稿 憲法』, 덕수출판사, 1956, 355면; 한웅길, 『新稿 憲法原論』, 남산당, 1965, 475-477면; 이경호, 『憲法講義』, 일한도서출판사, 1959, 446-447면; 한태연, 『新憲法』, 법문사, 1960, 526-527면; 윤세창, 『新稿 憲法』, 일조각, 1963, 380면.

86) 한웅길, 앞의 책; 이경호 앞의 책.

87) 박일경, 앞의 책.

석도 경제와 관련된 다른 헌법규정들과 조화를 이루어야 하는 점에서 현재 헌법상 경제질서를 기반으로 하여 그 정확한 의미를 찾아내야 한다. 또한 천연자원의 귀속과 이용과 관련된 일반적인 법리들과도 조화를 이루어야 하는 것은 당연하다. 그러나 이 규정이 1948년 헌법에서부터 1954년 개정을 거쳐 여전히 존재하는 점에서 1954년 개정 이전에 가지고 있었던 의미와 내용, 그리고 개정의 의의 등은 이 규정의 정확한 해석을 위하여 반드시 살펴보아야 하는 것이다. 그러한 점에서 1954년 경제규정들의 개정과 의의를 살펴보는 것은 현행 헌법의 해석을 위해서도 의미를 가지는 것이라 할 수 있다.

부 록

1954년 헌법 경제규정 개정안·개정내용 및 현행헌법

1948. 7. 17. 헌법	1954. 1. 23. 개정안	1954. 11. 29. 개정 헌법	1987. 10. 29. 헌법
제85조 광물 기타 중요한 지하자원, 수산자원, 수력과 경제상 이용할 수 있는 자연력은 국유로 한다. 공공필요에 의하여 일정한 기간 그 개발 또는 이용을 특허하거나 또는 특허를 취소함은 법률의 정하는 바에 의하여 행한다.	제85조 광물 기타 중요한 지하자원, 수산자원, 수력과 경제상 이용할 수 있는 자연력의 처분, 채취, 개발 또는 이용은 법률의 정하는 바에 의한다.	제85조 광물 기타 중요한 지하자원, 수산자원, 수력과 경제상 이용할 수 있는 자연력은 법률이 정하는 바에 의하여 일정한 기간 그 채취, 개발 또는 이용을 특허할 수 있다.	제120조 ① 광물 기타 중요한 지하자원, 수산자원, 수력과 경제상 이용할 수 있는 자연력은 법률이 정하는 바에 의하여 일정한 기간 그 채취, 개발 또는 이용을 특허할 수 있다.
제87조 중요한 운수, 통신, 금융, 보험, 전기, 수리, 수도, 까스 및 공공성을 가진 기업은 국영 또는 공영으로 한다. 공공필요에 의하여 사영을 특허하거나 또는 그 특허를 취소함은 법률의 정하는 바에 의하여 행한다. 대외무역은 국가의 통제하에 둔다.	제87조 공공성을 가진 기업은 국영 또는 공영을 원칙으로 하되 법률의 정하는 바에 의하여 사영을 특허할 수 있다. 대외무역은 법률의 정하는 바에 의하여 국가의 통제하에 둔다.	제87조 대외무역은 법률의 정하는 바에 의하여 국가의 통제하에 둔다.	제125조 국가는 대외무역을 육성하며, 이를 규제·조정할 수 있다. * 1962. 12. 26. 개정된 것.
제88조 국방상 또는 국민생활상 긴절한 필요에 의하	제88조 국방상 또는 국민생활상 긴절한 필요로 인하	제88조 국방상 또는 국민생활상 긴절한 필요로 인하여 법률로	제126조 국방상 또는 국민경제상 긴절한 필요로 인하

여 사영기업을 국유 또는 공유로 이전하거나 또는 그 경영을 통제, 관리함은 법률이 정하는 바에 의하여 행한다.	여 법률로써 특히 규정한 경우를 제외하고는 사영기업을 국유 또는 공유로 이전하거나 그 경영을 통제 또는 관리할 수 없다.	써 특히 규정한 경우를 제외하고는 사영기업을 국유 또는 공유로 이전하거나 그 경영을 통제 또는 관리할 수 없다.	여 법률이 정하는 경우를 제외하고는, 사영기업을 국유 또는 공유로 이전하거나 그 경영을 통제 또는 관리할 수 없다. * 1962. 12. 26. 및 1987. 10. 29. 일부 문구 개정.
제89조 제85조 내지 제88조에 의하여 특허를 취소하거나 권리를 수용 사용 또는 제한하는 때에는 제15조제3항의 규정을 준용한다.	제89조 제86조의 규정에 의하여 농지를 수용하거나 전조의 규정에 의하여 사영기업을 국유 또는 공유로 이전할 때에는 제15조 제3항의 규정을 준용한다.	제89조 제86조의 규정에 의하여 농지를 수용하거나 전조의 규정에 의하여 사영기업을 국유 또는 공유로 이전할 때에는 제15조 제3항의 규정을 준용한다.	* 1962. 12. 26. 폐지.

제5장

헌법 제120조 제1항 천연자원 규정의 해석

I. 서

1948년 헌법 제85조는 제1항에서 "광물 기타 중요한 지하자원, 수산자원, 수력과 경제상 이용할 수 있는 자연력은 국유로 한다."라고 하고 제2항에서 "공공필요에 의하여 일정한 기간 그 개발 또는 이용을 특허하거나 또는 특허를 취소함은 법률의 정하는 바에 의하여 행한다."라고 하여 광물을 포함한 지하자원 및 에너지 자원 등 천연자원이 국유임을 선언하고 그 개발과 이용에 대한 기본원칙을 규정하였다. 위 조항은 오오헌초(五五憲草) 등 중국헌법초안들의 영향을 받아 규정된 것으로서, 중국헌정사를 보면 천연자원의 국유화 정책은 중국국민당이 공산당과 국공합작을 추진하는 과정에서 도입되었고 이후 국민정부건국대강(國民政府建國大綱)에 포함되어 중화민국헌법으로 이어졌음을 확인할 수 있다. 이와 같은 연원에 의하면 중국헌정사에서 천연자원의 국유화는 이념적으로 사회주의의 영향에 의한 것이었다. 일제강점기 우리의 독립운동단체들이 독립 이후 건설될 새로운 국가의 주요 경제정책으로 천연자원 및 주요 산업의 국유 또는 국영의 원칙을 채택했던 것도 마찬가지로 사회주의의 영향에 의한 것임을 부정할 수 없다. 그러나 당시 좌우를 불문하고 이와 같은 국유원칙에 동의하였던 것은 그들이 일제의 경제적 지배와 수탈 그리고 조선인에 대한 차별의 경험을 바탕으로 모두가 평등하게 잘 살 수 있는 국가에 대한 희망을 공통적으로 가지고 있었기 때문이다. 또한 그 배경에는 광물이나 임야, 수면 등 천연자원들이 개인의 자유로운 소유와 개발의 대상이 아니었던 중국과 조선의 법전통 역시 존재하고 있었다. 이러한 이유로 해방 후 1948년 헌법이 남한단독정부의 설립에 참여한 우익들을 중심으로 제정되었음에도 불구하고 천연자원의 국유화는 별다른 이견 없이 헌법에 규정되었다.

1948년 헌법 제85조는 1954년 개정되어 제1항 '천연자원 국유화' 규정 전체가 삭제되었고 제2항에서 채취, 개발 또는 이용의 특허를 위한 요건으로 규정되어 있던 '공공필요' 부분이 삭제되었다. 개정된 1954년 헌법 제87조는 이후 문구에 변동 없이 위치만 변경되어 현행 헌법 제120조 제1항으로 존속하고 있다. 문구의 수정으로 보면 1954년 우리 헌법은 '천연자원이 국유임'을 포기한 것으로 보아야 한다. 그러나 당시 천연자원 규정을 포함한 경제규정들의 개정이 외국 민간자본의 유치를 위해 정부의 기업자유 활성화 정책 채택을 대외적으로 보여주기 위한 것이었고, 개정안의 제안자 및 찬반론자들이 문구의 삭제에도 불구하고 여전히 천연자원이 국유라는 점에 이견이 없었으며, 개정 후 학자들의 해석 역시 이와 같았던 점에 비추어 보면, 당시 헌법개정권자들의 의도가 천연자원의 국유원칙을 폐기하려는 것이 아니었음은 명확하다.[1] 이와 같이 천연자원에 대한 중국과 우리의 전통 및 위 조항의 역사적 형성과정에 대한 연구를 통해 헌법제정 및 개정권자들의 천연자원 국유원칙에 대한 의사는 어느 정도 규명된 것으로 볼 수 있다.

---

1) 이상 두 문단의 내용은 다음의 연구들을 요약 · 정리한 것이다. 전종익, 「중국근대헌법과 천연자원 규정의 도입」, 『법사학연구』 제44호, 2011, 53-82면; 「독립운동시기 천연자원과 주요산업 국유화 원칙의 도입」, 『공법연구』 제41집 제1호, 2012, 197-225면; 「1948년 헌법 천연자원 및 주요산업 국유화 규정의 형성」, 『서울대학교 법학』 제54권 제2호, 2013, 1-51면; 「1954년 헌법 천연자원 및 중요기업 국유화 규정의 개정의 의미」, 『헌법학연구』 제24권 제3호, 2018, 117-162면(본서 제1-4장).

헌법 제120조 제1항은 광물을 포함한 천연자원의 이용과 개발에 대한 기본규정으로서, '천연자원', '특허', '일정한 기간' 등의 의미와 천연자원의 귀속관계 등 위 규정의 해석에 따라 광업 및 수산업 법제는 물론 대기, 바람, 바닷물의 이용 및 각종 신에너지와 재생에너지의 이용과 개발과 관련된 법제의 내용이 결정될 수 있는 점에서 중요한 의미를 가진다. 그럼에도 불구하고 최근까지 헌법학계의 연구성과들은 자연자원의 국가소유,[2] 천연자원에 대한 규제 근거,[3] 국·공유화 규정의 상대적 약화와 개발촉진 및 독점의 폐해를 막기 위한 특허제도,[4] 자연자원에 대한 사회화의 실현[5] 등을 규정한 것으로 간략하게 언급하고 있을 뿐, 이 규정에 대한 구체적인 해석을 이루어 내지 못하고 있다. 이에 따라 자원법과 관련하여 헌법적으로 천연자원의 소유권 귀속에 대하여 정리가 이루어지지 않고 있다는 평가[6]도 존재한다.

헌법은 제9장에서 경제에 관한 기본적인 질서를 명시하고 있는 제119조와 함께 경제의 각종 사항에 대한 헌법원칙들을 여러 조항에 걸쳐 규정하고 있다. 천연자원 규정은 경제에 관한 제9장의 다른 규정들과 조화를 이루어 해석되어야 하며, 직업 및 영업의 자유(제15조), 재산권(제23조), 환경권(제35조) 등 기본권 규정들과의 관련 역시 고려하여 그 의미가 규명되어야 한다. 이 글에서는 천연자원 규정에 대하여 앞서 살펴본 연원을 바탕으로 이론적인 검토를 통하여 구체적인 해석을 시도해 보려 한다. 이를 위해서 우선 서구법에서 이루어진 천연자원의 귀속과 관련된 법리의 형성과 전개상황을 살펴본다. 이어

---

2) 양건, 『헌법강의』, 법문사, 2018, 224면.

3) 정종섭, 『헌법학원론』, 박영사, 2018, 235면.

4) 성낙인, 『헌법학』, 법문사, 2020, 293면.

5) 한수웅, 『헌법학』, 법문사, 2019, 237면.

6) 류권홍, 「자원 소유권의 귀속 - 석유과 가스를 중심으로」, 『원광법학』 제25권 제2호, 2009, 55면.

서 공동체의 자원배분과 관련하여 천연자원 규정이 가지는 헌법적 의미 등 기본적인 법리를 확립한 후 이를 토대로 위 규정에 대한 구체적인 해석을 시도한다. 이와 같은 해석을 바탕으로 광업법과 수산업법 등 관련 법제들과 이론들을 분석하고 그 정확한 이해방향을 모색해본다.

II. 로마법상 만인공리물의 법리와 발전

1. 로마법상 물건의 분류와 만인공리물

일반적으로 공동체 내에 구성원들의 필요와 욕구를 충족시켜 줄 수 있는 물질적 자원들은 그 수요에 비하여 한정되어 있다. 이러한 자원의 희소성으로 말미암아 개인이 원하는 자원을 사용하는 것은 곧 다른 사람들의 생존과 직결될 수밖에 없고, 누가 어떠한 목적을 가지고 언제 어떠한 자원에 접근할 수 있는지 규칙을 정하여 자원의 이용을 평화롭고 합리적이며 예측 가능하도록 하지 않으면 공동체는 심각한 갈등에 직면하게 된다.[7] 따라서 공동체 내에서 구성원들 사이에 한정된 자원과 부(富)를 관리하고 배분하기 위한 규칙을 정하는 것은 국가와 사회의 주된 관심사일 수밖에 없다.[8]

개인의 재산권과 사유재산제도의 보장은 원칙적으로 개별 자원들이 몇몇 개인들에게 귀속된다는 것을 의미한다.[9] 물론 사유재산제도를 보장한다는 것과 특정 개인에게 어떠한 자원을 배분하는 것이 정당한지 여부를 정하는 것은 별개의 문제이다. 특정한 자원배분 방식에 대한 규범적 정당화는 이론적 입장에 따라 달라질 수 있고[10] 이

---

7) Jeremy Waldron, *The Right to Private Property*, Oxford University Press, 1988, p.32.

8) 김하열, 『헌법강의』, 박영사, 2018, 568면.

9) Jeremy Waldron, *supra* note 7, p.38.

에 따라 구체적인 재산권 제도의 모습 역시 서로 달라진다. 그럼에도 불구하고 서구법 전통을 살펴보면 성질상 일정한 자원들이 개인에게 배분될 수 없는 것으로 인정되어 사유재산의 대상에서 제외되어야 한다는 생각들은 일찍부터 공통적으로 존재해 왔다.

로마법대전의 학설휘찬(Digest)을 보면 가이우스는 물건을 신법물(神法物, res divini iuris)과 인법물(人法物, res humani iuris)로 나누고 인법물은 다시 공물(公物, res publicae)과 사물(私物, res privatae)로 구분하여 오직 사물(私物)만이 사적인 소유권의 대상이 된다고 보았다. 그에 의하면 신전과 분묘, 성벽과 성문 등이 신법물에 해당하고 공공단체의 물건으로서 공공도로와 공공하천 그리고 공공건물과 광장 등이 공물에 해당한다.[11] 공물에 대하여 가이우스는 전체 공동체인 단체에 속하는 것으로서 어느 누구의 소유에도 해당하지 않는다고 설명하였다. 특히 공물과 관련하여 공공의 낚시, 배의 운행 등을 위하여 강과 강둑, 바다를 자유롭게 사용할 권리는 만민법에 의하여 보장된다고 하였다.[12] 또한 폼포니우스는 개인의 취득이 금지된 것 중 공물인 토지를 언급하며 이는 국고(國庫, public purse)에 속하는 것이 아니며 달리 공적인 목적에 사용되어야 한다고 설명하여,[13] 공물도 그 기능에 따라 서로 구분이 될 수 있음을 나타내었다.

이와는 별도로 마르키아누스는 만인공리물(萬人公利物, res commune omnium)[14]의 범주를 사용하여 일정한 것들은 자연법에 의하여 어느

---

10) Gregory S. Alexander & Eduardo M. Peñalver, *An Introduction to Property Theory* , Cambridge University Press, 2012, p.6.

11) 최병조, 『로마법강의』, 박영사, 2007, 413면.

12) D.1.8.1; 1.8.5. 이하 학설휘찬의 인용은 Alan Watson, trans.&eds., *The Digest of Justinian*, University of Pennsylvania Press, 1985에 의하였다.

13) D.18.1.6.

14) 최병조, 위의 책, 413면. 'res commune omnium'의 번역어로 최병조는 이 책에서 '만인공통물(萬人共通物)'을 사용하고 있고, 다른 책에서는 '만인공리지(萬人共利地)'를

누구에게도 속하지 않고 공동체 전체에 속하며 여기에는 대기, 흐르는 물, 바다, 해변 등이 포함된다고 설명하였다.[15] 울피아누스는 이와 관련하여 바다와 해안은 만인공리물이므로 타인의 토지여서 들어가는 것이 금지될 수 있는 경우를 제외하고, 바다에서 물고기를 잡거나 그물을 치는 것이 금지된 자는 금지한 자를 제소할 수 있다고 하였다.[16]

나아가 법학제요(Institutes of Justinian)에서는 사유재산에서 제외되는 물건들을 공물(res publica), 공공단체물(res universitatis), 만인공리물(res communes), 그리고 신법물로서 하늘에 속하며 어느 누구의 소유도 될 수 없는 물건(res nullius)으로 분류하였다. 이에 의하면 만인공리물은 자연법에 의하여 모든 사람에게 공통적으로 속하는 것으로서 대기와 흐르는 물, 바다와 해변이 이에 해당한다. 따라서 별장, 기념물, 건물들을 건드리지 않는 한 누구도 해변에 접근하는 것이 금지되지 않는다. 한편 강과 항구들은 공물에 해당하며 항구와 강에서 낚시할 권리 역시 모두에게 보장된다. 공공단체물은 개인이 아닌 공공단체(예를 들면 도시 등)에 속하는 것으로서 극장이나 광장 등이 이에 해당한다.[17]

이상과 같이 로마법상 일정한 물건들은 공물 또는 만인공리물에

사용하고 있다. 최병조, 『로마법의 향연』, 도서출판 길, 2019, 71면. 한편 김영희는 'res communes'를 'res publica'와 구별하면서 '공유물(共有物)' 또는 '공유재(共有財)'로 번역하였다. 김영희, 「커먼즈적 공유에 관한 고찰」, 『법과 사회』 제57호, 2018, 178면. 이 글에서는 로마법상 res commune omnium을 나타낼 때는 만인공리물을 사용하고, 이후 이러한 법리가 발전하여 나타난 공동체 전체에 귀속되는 물건을 나타낼 때는 민사법상의 공유물(共有物)과 구별하기 위하여 공동물(共同物) 또는 공동재(共同財)를 사용한다.

15) D.1.8.2.

16) D.47.10.13.7.

17) Inst.2.1. 이상 법학제요의 인용은 J. A. C. Thomas, *The Institutes of Justinian – Text, Translation and Commentary –*, North-Holland publishing Company, 1975에 의하였다.

해당하며 개인에게 귀속될 수 없고 모든 사람들이 이를 사용할 수 있도록 보장되어야 한다는 법리는 일찍부터 발전하였고 이에 따라 그에 대한 이론적인 설명이 꾸준히 시도되었다. 예를 들면 키케로는 흐르는 물이나 공기, 바다 등은 성질상 희소성이 없어 다른 사람의 희생 없이 나누어질 수 있는 것에 해당하므로 그 사용은 모두에게 보장되어야 하며 이를 금지할 수 없는 것이라고 하였고,[18] 마찬가지로 세네카는 위와 같은 것들은 물리적 성질상 개인에게 독점될 수 없는 것으로서 그에 대한 사적 소유권을 보장하는 것은 적절하지 않다고 설명하였다.[19] 한편 오비디우스는 애초 모든 물건들이 공유되어 있었고 사유재산제도가 도입된 이후에도 사유재산에 해당하지 않는 것은 여전히 공유로 남아 있게 되었다는 역사적 설명을 시도하기도 하였다.[20]

중세에 들어와 주석학파나 주해학파의 학자들 역시 위와 같은 로마법상의 분류를 받아들이고 이를 이론적으로 설명하기 위하여 노력하였다. 특히 법학제요에서 만인공리물인 대기, 흐르는 물, 바다 및 해변과 공물인 강과 항구를 구별하고 있는 것에 대한 이유는 반드시 해명이 필요한 부분이었다. 법적으로 양자는 사유재산의 대상이 될 수 없으며 개인들에게 그 사용권이 보장된다는 면에서 차이가 없었기 때문이다. 예를 들면 중세 이탈리아 학자들은 만인공리물은 모든 살아있는 것들에게 속하여 동물과 인간 모두가 접근 가능한 반면 공물은 오직 인간에게 속하여 그의 사용대상이 될 뿐이라고 보았다. 이들은 어떠한 물건이 만인공리물에 해당하는지 여부는 자연법에 의하여 정해지는데 자연법은 동물과 인간 모두에게 적용되므로 만인공리물

18) Richard Perruso, "The Development of the Doctrine of Res Communes in Medieval and Early Modern Europe", *Tijdschrift voor Rechtsgeschidenis*, Vol.70, 2002, p.72.

19) *Ibid.*, pp.72-73.

20) *Ibid.*, p.73.

은 동물과 인간 모두에게 귀속되며, 반면 공물은 자연법의 적용 대상이 아니므로 인간에게만 관련이 있다고 설명하였다.[21] 이러한 견해에 의하더라도 공물은 모든 인간의 사용대상에 해당하므로 어느 누구도 배타적으로 이를 통제할 수 없다는 결론은 여전히 유효하며 법적 관계에서 만인공리물과 실질적인 차이를 발견할 수 없다. 이에 따라 공물과 만인공리물은 아무런 차이가 없다는 견해도 등장하였다.[22] 또 다른 견해로서 만인공리물은 동물을 포함한 모든 생물의 사용대상이 되지만 선점(先占, occupatio)으로 인하여 점유자에게 귀속될 수 있는 반면, 공물은 선점의 대상이 될 수 없다는 의견도 제시되었다. 이에 의하면 만인공리물은 사적 소유로 될 수 있으나 공물은 불가능하게 된다. 이는 자연법에 의하여 자갈과 보석 그 밖에 해변에 존재하는 것들은 발견한 자의 소유가 된다는 학설휘찬의 플로센티누스의 견해[23]에 근거한 것이었다.[24] 한편 교회법학자 및 신학자들에게서는 오비디우스의 견해와 같은 설명을 찾아볼 수 있다. 인간이 원죄를 짓고 타락하기 이전의 황금시대에는 모든 물건이 공유였고, 사유재산은 오직 인간의 법에 의하여 만들어진 것으로서, 자연법 혹은 신법에 의하면 여전히 모든 것들은 공유로 남아 있어야 한다는 것이다. 이들은 기독교 문헌들을 이러한 설명의 근거로 제시하였다.[25]

이와 같이 로마법에서부터 존재하였던 만인공리물의 법리는 중세에 널리 받아들여졌고 유럽 대부분 국가들의 관습 등 법제도에 많은 영향을 주었다.[26] 이는 근대 이후 만인공리물의 법리가 민사법을

21) *Ibid.*, p.76.

22) *Ibid.*, p.77.

23) D.1.8.3.

24) Richard Perruso, *supra* note 18, p.78.

25) *Ibid.*, p.79.

26) Richard J. Lazarus, "Changing Conceptions of Property and Sovereignty in Natural Resources: Questioning the Public Trust Doctrine", *Iowa Law*

넘어 여러 법 분야에서 독자적인 법리로 발전해 나가는 바탕이 되었다.

2. 만인공리물 법리의 발전

(1) 행정법상 공물이론

일정한 자원들은 본래적으로 개인에게 배분될 수 없는 성질을 가지므로 사유재산의 대상에서 제외되어야 한다는 로마법상의 법리는 민사법에서 쉽게 찾을 수 있다. 우리 민법도 물건을 융통물과 불융통물로 구분하고 불융통물을 다시 국가나 공공단체의 소유에 속하며 직접 공적 목적을 위하여 국가 또는 공공단체의 사용에 제공되는 물건인 공용물(公用物)과 일반 공중의 공동사용에 제공되는 물건인 공공용물(公共用物) 및 법령에 의하여 거래가 금지된 물건인 금제물(禁制物)로 구분하여 설명하고 있다.[27] 특히 공용물과 공공용물을 묶어서 공물(公物)로서 그 법적 특성을 설명하는 것[28]은 로마법상 공물을 사적 거래에서 배제하던 전통을 이어받은 것으로 볼 수 있다.

사유재산의 대상에서 제외되는 일정한 물건들을 '공물'로서 관념하던 로마법의 전통은 이후 프랑스와 독일 행정법상의 공물(domaine public; öffentlich Sache)이론으로 이어졌다. 프랑스법상 공물의 특별한 취급은 연혁적으로 보면 혁명 전 구체제(ancien régime)로 거슬러 올라간다. 당시 법제는 국왕의 개인재산과 왕실재산(le domaine de la Couronne)을 구별하여 후자에 대하여 양도불가능성(inaliénabilité)과 시효부적용성(imprescriptiblité)의 특별한 법적 성질을 부여하고 있었다. 왕실재산은 혁명 후에 국유재산(le domaine de la Nation)이 되었고 국민의 대표인 의회가 동의하지 않는 한 양도가 불가능한 것으로

Review, Vol. 71, 1986, p.634.

27) 집필대표 곽윤직, 『민법주해』 제2권, 박영사, 1992, 7면; 곽윤직 · 김재형, 『민법총칙』, 박영사, 2013, 225-226면.

28) 집필대표 곽윤직, 위의 책, 8-12면.

정하여졌다.[29] 국유재산과 공물의 구별은 1804년 나폴레옹 민법전[30]에서 이루어졌다. 나폴레옹 민법 제538조는 국가 관할의 도로와 거리, 항해가 가능한 강과 시내, 해안, 해역, 항구, 그리고 일반적으로 국유재산으로서 사유재산의 대상이 되지 않는 토지는 공물(domaine public)에 해당하는 것으로 규정하였고, 제540조는 성문과 성벽, 배수로, 전쟁지의 유적들 및 포대 등도 공물의 일부를 구성하는 것으로 규정하였다. 한편 제539조와 제541조는 모든 황무지와 무주물, 상속자 없이 남은 재산 그리고 전쟁이 종식된 이후의 전쟁터와 그곳에 남은 물건들은 모두 국가에 속하는 것(biens appartenant à la Nation)으로 규정하여 공물과 구분하였다.

이와 같이 법전에서 공물을 국유재산과 개념적으로 구분하면서 이에 대한 이론적 설명이 이루어졌다. 19세기 초반부터 공물에 해당하는 도로, 강, 시내, 바다의 해안, 정박지 등은 사물의 성질상 모든 사람들이 사용해야 할 대상으로서 사유재산의 대상이 될 수 없는 로마법상의 불융통물(res extra commercium)에 해당하는 것으로 설명되었다. 이후 20세기에 들어와 사물의 본래 성질 그 자체로 직접적으로 공공의 사용에 이용되는 것은 아니나 공공의 이익에 영향을 줄 수 있는 철로, 항만시설, 비행장 등도 공공서비스를 목적으로 하는 재산으로서 공물에 해당하는 것으로 보게 되었다.[31]

이러한 과정을 거쳐 프랑스법상 공물은 국가와 지방자치단체를 포함한 공법인에 속하면서 공중(公衆)의 직접적인 사용의 대상이 되거나 공공서비스에 사용되는 것으로서 입법부의 특별한 규율대상이

29) Jacqueline MORAND-DEVILLER, *Droit Administratif des Biens*, Montchrestien, 2010, pp.13-14.

30) Napoléon Bonaparte, *Code civil des français, Édition originale et seule officielle*, 1804(https://oll.libertyfund.org/titles/bonaparte-code-civil-des-francais-edition-originale-et-seule-officielle, 최종검색 2020. 2. 7.)

31) Jacqueline MORAND-DEVILLER, *supra* note 29, pp.16-17.

되는 것으로 개념정리가 이루어졌다.[32] 공물은 여러 가지로 분류될 수 있으나 흔히 자연적으로 이와 같은 성질을 가지는 자연공물(le domaine public naturel)과 인공이 가해져야 하는 인공공물(le domaine public artificiel)로 나뉘며, 전자에는 바다와 해안과 갯벌 등 그 인접지역, 강, 시내 등 하천, 공중과 지하가 포함되고 후자에는 도로, 항구, 비행장 등 각종 시설물이 포함된다.[33]

독일은 이러한 프랑스법상 공물의 법리를 받아들여 행정법상 공물법으로 발전시켰다. 독일 공물법 이론의 본격적인 논의는 19세기 말 오토마이어의 저서에서 찾아볼 수 있다. 오토마이어는 자연적 성질상 공동체와 공공의 이익에 사용되어야 하는 일정한 사물들이 존재한다고 하면서 이들은 일반 사법이 아닌 행정법의 규율대상에 해당한다고 하였다.[34] 그는 소규모 공동체의 광장과 시장, 연못, 성벽 등에서부터 국가 성립 이후의 각종 강과 호수, 연못 등 수로를 공물의 예로 들었다. 그는 공물의 핵심적인 공적 성격은 그것이 공중 전체에 속하면서 공동체를 구성하는 개인들의 직접적인 사용권의 대상이 되는 것이라고 하였고, 공중의 그에 대한 이용권은 영토권자가 지배권에 근거하여 이들을 관리하며 의무를 부과하는 규제권과는 구별되는 것으로 보았다.[35] 그는 이러한 주장에 대하여 로마법상 공적 목적에 바쳐져 있는 공물(res publicae) 개념과 그것을 불융통물로 분류하던 것에서 법이론적 근거를 찾을 수 있다고 하였다. 또한 그는 종래의 공동체재산(genossenschaftlichen Eigentum)의 개념이 없어지면서 공물의 자연적 근거에 대한 논의는 더 이상 이루어지지 않았으나, 국가

32) *Ibid.*, p.23; Gérard Cornu, *Vocabulaire Juridique*, puf, 2008, p.326.

33) Jacqueline MORAND-DEVILLER, *supra* note 29, pp.47-70.

34) Otto Mayer, *Deutsches Verwaltungsrescht* Bd.2, 1 Aufl., Duncker&Humbolt, 1896, p.60. (http://www.deutschestextarchiv.de/book/show/mayer_verwaltungsrecht02_1896, 최종검색 2020. 1. 8.)

35) *Ibid.*, pp.61-62.

성립 이후 이러한 것들이 국가의 소유가 되었고, 국가의 공동재산(gemeines Eigentum)으로서 양도불가능성과 시효부적용성을 특징으로 하는 특별한 재산으로 인정된다고 설명하였다.[36]

이러한 오토마이어의 공물에 대한 설명은 프랑스의 공물법 논의들에 근거한 것으로서[37] 이후 발전한 독일의 공물법이론은 현재 우리 행정법으로 그대로 이어졌다. 행정법상 공물은 목적에 따라 물건 자체를 보존하기 위한 공적 보존물과 행정주체에 의하여 직접 공적 목적에 제공된 물건인 공용물 및 일반 공중의 이용에 제공되는 공공용물로 구분되고 있고, 성립과정에 따라 자연상태 그대로 공공목적에 제공될 수 있는 실체를 갖추고 있는 자연공물과 인공공물로 구분되고 있다.[38]

프랑스와 독일의 공물이론에서 공통적으로 인정하는 일반공중의 사용에 이용되는 자연공물의 경우 그 자체로 성질상 공중의 이용에 제공되어야 하는 것들로서 로마법상 만인공리물에 해당한다. 따라서 로마법상 만인공리물에 해당하는 성질을 가지는 것들의 존재는 현재 행정법상 공물의 일부로서 인정되고 있다고 보아야 한다. 다만 이를 만인공리물과 연결하여 별도로 개념을 설정하고 이를 바탕으로 논의를 전개하는 것은 찾아보기 어렵다.

(2) 영미의 공동물과 공공신탁이론

영국은 로마법상 만인공리물의 법리를 그대로 받아들였고, 이러

---

36) *Ibid.*, pp.63-65.

37) Hans-Jürgen Papier, “Recht der öffentlich Sachen”, in Hans-Uwe Erichsen and Dirk Ehlers(eds), *Allgemeines Verwaltungsrecht*, 12 Aufl., De Gruyter Recht, 2002, p.594. 오토마이어는 공동재산인 국유재산을 설명하면서 이를 ‘domaine public’이라고 하여 프랑스 공물이론과의 연결성을 분명히 하였다. Otto Mayer, *supra* note 34, p.65.

38) 김동희, 『행정법 II』, 박영사, 2018, 264-265면; 홍정선, 『행정법원론(하)』, 박영사, 2019, 529면; 박균성, 『행정법론(하)』, 박영사, 2017, 354-356면.

한 법리는 미국으로 건너가 전통적인 신탁법과 결합하여 공공(公共) 신탁이론(public trust doctrine)으로 발전하였다. 우선 13세기 영국법을 모아 정리한 브랙톤(Henry of Bracton)의 물건에 대한 분류를 보면, 그는 만인공리물(res communes)에 대하여 "자연법상 흐르는 물과 공기, 바다와 해변 및 바다의 부속물들은 모든 사람에게 공동으로 속하는 것으로서, 누구도 해변에 접근하는 것이 금지될 수 없다."라고 설명하였다. 그는 이와는 별도로 공물(res publicae)에 대하여 "강들과 항구는 공물로서 그곳에서 낚시를 할 권리는 모든 사람에게 공동으로 속한다."라고 설명하였고 만민법에 따라 강둑 역시 강과 같이 공물에 해당하므로 모두는 자유롭게 강을 항행하거나 배를 정박할 수 있다고 하였다. 그는 이어서 공물은 사람에게 속하는 것으로 인간의 사용에 이용되는 것이나 만인공리물은 모든 살아 있는 것들에게 속하는 것으로서 공물과 구분된다고 하였다.[39] 이로써 그가 로마법상의 물건 구분과 함께 중세 법학자들의 설명을 그대로 사용하고 있음을 확인할 수 있다.[40]

18세기 블랙스톤 역시 물건과 소유권을 설명하면서, 불가피하게 모두의 공유로 남아 있어야 하는 것이 존재한다고 하였고 그 예로서 빛, 공기 그리고 물과 야생동물을 언급하였다. 그는 이들에 대해서 각 개인은 그 일부를 점유하는 동안 소유권이 아닌 이용권(usufructuary right)을 가지므로 방해 없이 이를 향유할 수 있지만, 점유를 상실하게 되면 이 물건들은 다시 공유인 상태로 돌아간다고 하였다.[41] 특히 토

---

39) Henry of Bracton, *On the Laws and Customs of England*, Vol.2, electronic version, 1968-1977, 39-40, Harvard Law School Library, Bracton Online (http://amesfoundation.law.harvard.edu/Bracton/Framed/mframe.htm, 최종검색 2020. 1. 10.)

40) Jan S. Stevens, "The Public Trust: A Sovereign's Ancient Prerogative Becomes the People's Environmental Right", *U.C. Davis Law Review*, Vol.14, 1980, p.197.

지와 대비하여 물은 유동적인 것으로서 자연법상 반드시 계속하여 공유로 인정되는 것이며, 개인은 오직 물에 대한 일시적인 이용권만을 가질 수 있을 뿐 물이 다른 사람에게 흘러가면 그에 대한 권리를 주장할 수 없다고 설명하였다.[42)]

이와 같이 로마법상 만인공리물의 법리는 영국법에서 공동물에 대한 개인의 이용권의 인정과 법적인 보호를 중심으로 발전하였고, 다른 한편 이를 토대로 국왕의 소유물이라도 공동물로서 공공의 복리와 관련되어 있는 경우 양도가 불가능하다는 법리가 발전하였다.[43)] 그러나 이러한 법리의 발전은 종획(enclosure)운동의 성공에 따라 소유권이 정착되면서 더 이상 진행되지 않았다.[44)] 오히려 식민시대 이러한 법리를 받아들인 미국에서 이를 공공신탁이론으로 발전시켰다.

미국에서 공공신탁이론은 환경과 자연자원의 보호를 위한 환경법 특유의 법원리로 널리 인정받고 있으며,[45)] 이와 관련하여 수많은 판례와 입법례들이 존재한다. 이 중 초기 공공신탁이론의 정립에 기여한 대표적인 연방대법원 판결 몇 가지를 살펴본다. 우선 가장 자주 언급되는 것으로 연방대법원의 Illinois Central Railroad v. Illinois 판결[46)]이 있다. 이 사건에서 일리노이 주정부는 미시간 호수의 하상(河床) 등 토지를 사기업에 양도한 후 이를 취소하였고, 토지를 양수받은 철도회사는 당해 토지에 대하여 자신의 소유권을 주장하고 있었다.

---

41) William Blackstone, *Commentaries on the Law of England*, Vol.2, University of Chicago Press, 1979, p.14.

42) *Ibid.*, p.19.

43) Jan S. Stevens, *supra* note 40, p.198; Henry of Bracton, *supra* note 39, p.58.

44) Daniel R. Coquillette, "Mosses from an Old Manse: Another Look at Some Historic Property Cases about the Environment", *Cornell Law Review*, Vol.64, 1979, p.807.

45) 조홍식, 「공공신탁이론과 한국에서의 적용가능성」, 『환경법연구』 제19호, 1997, 193면.

46) 146 U.S. 387 (1892)

연방대법원은 애당초 주정부의 소유였던 해당토지에 대하여, 선점자가 취득하여 매매할 수 있는 연방정부의 일반적인 토지와는 구별되는 것으로서 그에 대한 소유권은 "주의 주민들이 항행과 교역을 하고 낚시를 자유롭게 할 수 있도록 그들을 위해 신탁받은 것(a title held in trust for the people of the state)"이며 그와 같은 주민들의 자유에 대한 "사적인 개인들의 차단과 방해는 허용될 수 없는 것"이라고 판시하였다.[47] 이에 따라 연방대법원은 주의 입법권도 이와 같은 공공신탁의 성질에 맞게 행사되어야 하며 항행이 가능한 물과 그 밑의 땅에 대한 소유권의 완전한 이전은 신탁관계의 행사와 양립할 수 없는 것이므로 취소될 수 있다고 결론을 내렸다.[48] 나아가 연방대법원은 일반적으로 "그와 같은 재산들은 주정부가 주권자에 의하여 주민을 위해 신탁받아 소유하는 것(such property is held by the state, by virtue of its sovereignty, in trust for the people)"으로서, 주 전체주민의 공적 이해관계와 관련되어 있으므로 그러한 공적 이익의 증진을 위해서나 혹은 그러한 공적 이익에 아무런 해가 되지 않을 때 양도가 가능한 것이라고 덧붙였다.[49]

한편 비슷한 시기 연방대법원은 Geer v. State of Connecticut 판결[50]에서 공공신탁관계의 역사적 연원이 로마법상의 만인공리물(res communes)임을 밝히면서 야생동물에 대한 전체 주민의 공동소유권으로부터 국가의 일반적 규제권한을 도출해 내었다. 이 사건에서 Geer는 사냥의 시기를 제한하고 사냥한 동물들을 주 경계를 넘어 이동시키는 것을 금지하는 코네티컷 주의 사냥 관련 법률 위반으로 기소되었고, 그 소송과정에서 위 근거법률이 헌법에 위반됨을 주장하였다.

---

47) *Ibid.*, p.452.

48) *Ibid.*, p.453.

49) *Ibid.*, p.455.

50) 161 U.S. 519 (1896)

연방대법원은 로마법상 공물(public)과 공동물(common)의 구별을 인용하고 야생동물들(animals ferae naturae)은 후자에 속한다며, 로마 당시에는 이를 선점을 통해 취득하는 것에 아무런 제한이 없었으나 중세를 거치면서 점차 이러한 취득은 정부의 규제대상이 되었다고 설명하였다.[51] 연방대법원은 규제의 근거에 대하여 신이 애당초 인류에게 부여한 모든 것들은 공유인데 여전히 그러한 상태로 남아 있는 것들이 있다는 점을 언급하였고, 이를 마르키아누스의 만인공리물로 설명하면서 여기에는 대기, 흐르는 물, 바다, 해변과 함께 야생동물들이 포함되어 있다고 판시하였다. 이어서 중세 살리카법과 나폴레옹 민법전의 공동물 관련 규정 및 블랙스톤의 문헌을 인용하였고, 결론적으로 "공동소유권(common property)으로부터 도출되는 주의 규제권은 주민의 이익을 위한 신탁(a trust for the benefit of the people)의 성격에 따라 행사되어야 한다."라고 하고, "주는 그 주민들의 대표자로서 그의 소유권은 결합된 주권자로서의 주민들의 소유권(the ownership is that of the people in their united sovereignty)"이라고 밝혔다.[52] 연방대법원은 공동소유권을 근거로 하는 야생동물의 보전을 위한 주의 규제권(police power)과 함께 식량의 안정적 공급을 위한 주의 의무를 또 다른 근거로 들어 대상법률의 합헌성을 인정하였다.[53]

이와 같이 연방대법원은 판결을 통하여 일정한 자원들이 일반국민의 이익을 위하여 그 소유자인 국가에게 신탁되어 있다는 공동물에 대한 법적 이론구성을 확립하였고, 이는 이후 삭스(Sax)를 중심으로 한 학자들에 의하여 공공신탁이론으로 발전하였다.[54] 이에 의하면 공

51) *Ibid.*, pp.522-523.

52) *Ibid.*, pp.525-529.

53) *Ibid.*, pp.534-535.

54) Joseph L. Sax, "The Public Trust Doctrine in Natural Resource Law: Effective Judicial Intervention", *Michigan Law Review*, Vol.68, 1969-1970, p.473.

공신탁에 해당하는 재산의 처분은 제한될 수 있으며, 대기오염이나 살충제 살포, 노천채굴과 습지매립, 공공서비스를 위한 통행 등의 문제와 관련된 자원들은 공공을 위해 신탁된 것으로서 공공이익의 방어를 위해 그에 대한 광범위한 국가규제가 가능해진다.[55] 이러한 공공신탁이론은 이후 각 주에서 항행이 가능한 물과 그 밑의 땅, 야생동물 및 공원과 역사적 장소들의 보전을 위해 입법과 판례를 통해 널리 채택되어 사용되었고,[56] 이후 자원으로서의 국·공유림의 보전과 관리의 근거로도 활용되고 있다.[57]

(3) 국제법상 공해자유의 원칙

로마법상 만인공리물 법리는 국제법에서도 받아들여졌다. 이는 중세를 거쳐 17세기 그로티우스의 재산권이론으로 연결되었고, 국제법상의 공해(high seas)자유의 원칙으로 발전하였다. 그로티우스는 기독교 전통에 따라 신이 인류에게 자연의 모든 피조물들에 대한 지배권을 부여하였고 인류는 세계를 공유하고 있으며 각자는 자신의 삶을 지탱하는 데 유용한 것들을 이로부터 취득하여 사유재산으로 만들 수 있는 권리를 가진다고 보았다.[58] 그에 의하면 사유재산취득은 개인이 동일한 대상에 대한 다른 사람의 요구를 제거하는 과정이므로, 사유재산은 사람들 사이의 명시적 또는 묵시적 동의에 의하여만 성립될

---

55) *Ibid.*, pp.556-567.

56) Ved P. Nanda & William K. Ris, Jr., "The Public Trust Doctrine: A Viable Approach to international Environmental Protection", *Ecology Law Quarterly*, Vol.5, 1975-1976, pp.297-301.

57) Paul A. Barresi, "Mobilizing the Public Trust Doctrine in Support of Publicly Owned Forests as Carbon Dioxide Sinks in India and the United States", *Colorado Journal of International Environmental Law and Policy*, Vol.23, 2012, pp.64-68.

58) Grotius, translated by A. C. Campbell, *The Rights of War and Peace*, M. Walter Dunne Publisher, 1901, p.86.

수 있다.[59)]

재산권이론과 관련하여 그로티우스는 일정한 것은 사유재산의 대상에서 제외되어야 함을 주장하였다. 그가 그러한 대표적인 예로 들고 있는 것이 '바다'이다. 그에 의하면 바다는 그 크기와 무한정성에 따라 모든 국가들이 어업, 항해 등을 위해 유용하게 이용하는 경우에도 서로에게 전혀 불편함과 해악을 주지 않는다. 어느 누가 바다를 이용한다 하더라도 다른 이들이 배제되는 일이 없으므로 이들의 동의나 허락을 받을 필요가 없다. 그는 대기와 해변도 바다와 같이 경합성(rivalry)이 없다는 이유로 사유재산의 대상에서 제외되어 여전히 인류의 공유물로 남아 있다고 보았다. 그는 바다가 사유재산의 대상에서 제외되는 이유로 비경합성 외에도 유동성(fluidity)과 획정불가능성을 제시하였다. 그는 물리적으로 유동적인 것들은 일정한 것에 담겨 획정되지 않으면 소유의 대상이 될 수 없으며, 예를 들면 연못, 호수나 강은 제방 등에 의하여 일정부분으로 획정될 수 있는 경우에만 사적 소유의 대상이 될 수 있다고 하였다. 반면 바다는 그 자체가 지구와 같이 거대하여 어떤 방법으로도 전체를 실효적으로 점유하는 것이 불가능하다고 설명하였다.[60)] 다만 그는 바다 자체와 어류 등 수산자원을 구분하였다. 어류는 그 자체로는 누구의 소유물도 아닌 무주물이지만 물리적으로 바다 자체와 같은 성질을 가지고 있지 않으므로 사적 소유의 대상이 될 수 있다고 보았다.[61)] 그의 이론에 의하면 낚시 등 수산자원을 채취하는 행위와 항해와 같이 그 자체로 바다의 유용성이 감소되지 않는 행위는 구별될 수 있다.[62)]

---

59) *Ibid.*, p.89.

60) *Ibid.*, pp.89-90. 그는 육지로 둘러싸인 해협 등에 대한 실효적 점유는 인정하였다.

61) *Ibid.*, pp.90-91.

62) Richard Barnes, *Property Rights and Natural Resources*, Hart Publishing, 2009, p.172.

개인의 사유재산과 국가의 주권 내지 관할은 현대에는 엄격히 구분된다. 그러나 중세부터 18세기에 이르기까지 서구봉건제도에서 토지에 대한 권리와 그에 딸린 인적 지배는 구분되지 않았고 국가는 오랫동안 국왕의 재산으로 인정되었다. 마찬가지로 영주의 재판권은 토지 소유권에 부속되어 있는 것이었다.[63] 그로티우스 당시에도 국왕의 주권, 즉 지배권은 토지소유권과 서로 구별되기 어려운 것이었고, 바다에 대한 관할권을 소유권과 같은 맥락에서 파악하는 것은 자연스러운 것이었다. 이에 따라 바다는 만인공리물로서 모든 사람에게 공개되어야 한다는 그로티우스의 재산권 이론에서부터 자연스럽게 어느 국가도 대양을 자국의 지배하에 둘 수 없다는 결론이 도출될 수 있었다. 이러한 그로티우스의 주장은 이후 연안국이 관할권을 행사할 수 있는 수역을 제외한 나머지 수역인 공해에서 각국은 항해의 자유, 상공비행의 자유, 해저전선과 관선부설의 자유, 국제법상 허용되는 인공섬과 기타 시설 건설의 자유, 어로의 자유 등이 보장된다는 공해자유의 원칙으로 발전하였다.[64]

또한 국제법에서는 만인공리물 법리를 더욱 확대하여 '인류공동의 유산(res communis humanitatis; the common heritage of mankind)'의 법리를 발전시켰다.[65] 이에 의하면 일정한 지역 또는 자원들은 세대를 넘어 과거, 현재, 미래의 전체 인류에게 사용권이 있는 것으로서, 각 세대는 자신들을 위하여 이를 모두 사용해 버릴 수 없고 공동이익을 위하여 다음 세대에게 넘겨줄 의무가 있으므로 '재산권'이 의미하는 자유로운 사용권과 처분권을 가지고 있지 않다. 이와 같이 각 세

63) Morris R. Cohen, "Property and Sovereignty", *Cornell Law Quarterly*, Vol. 13, 1927-1928, p.9.

64) 정인섭, 『신국제법강의』, 박영사, 2018, 713면.

65) Kemal Baslar, *The Concept of the Common Heritage of Mankind in International Law*, Maritinus Nijhoff Publishers, 1998, pp.42-43.

대는 이러한 자원을 신탁받은 것(entrustment)으로서 그에 대하여 '선량한 관리자(good stewardship)'의 의무를 가지므로, 이들 자원들을 '공동재' 또는 '공동물'로 보기보다는 상속과 세대 간 연속성에 주목하여 '공동유산'으로 보는 것이 보다 적절하다.[66] 이러한 인류공동의 유산에 대한 논의는 실제 여러 조약에서 구현되고 있다. 예를 들면 조약으로 국제법상 심해저 지역과 그 광물자원, 달과 그 자원 등이 인류공동의 유산에 해당되는 것으로 인정되고 있다. 이러한 조약들에 의하면, 누구나 자유롭게 접근과 자원의 이용·개발이 가능한 공해와 같은 공역과는 달리, 인류공동의 유산의 경우 개별국가의 독점적 이용이나 소유는 인정되지 않으며 국제적 통제하에 개발하여 그 산출물을 형평에 맞게 분배하여야 한다.[67]

이상에서 알 수 있는 바와 같이 일정한 물건들은 성질상 공적인 성격을 가지고 있어 사유재산의 대상에서 제외되며 공동체 구성원들은 모두 그에 대한 이용권을 가질 수 있다는 로마법상의 만인공리물 법리는 중세를 거쳐 민사법뿐 아니라 공법과 국제법에 이르기까지 근대 서구법의 여러 분야에서 공통적으로 발견되고 있다. 게다가 선행연구에서 알 수 있는 바와 같이 중국과 조선의 법전통에서도 이와 유사한 모습들이 발견되고 있으므로 이러한 법리는 거의 모든 공동체에서 공통적으로 나타나는 것으로 볼 수 있다. 따라서 헌법이 일정한 천연자원들을 사유재산의 대상에서 제외하여 국가에게 귀속시키고 있다 하더라도 그것이 만인공리물의 법리에 의한 것이라면 공동체들이 공통적으로 가지는 일정한 법원칙에 의하여 그와 같이 정한 것이지 반드시 사회주의 이념에 기반을 둔 것이라 할 수는 없다. 그러한 점에서 헌법상의 천연자원 국유화 조항이 규정의 역사적 기원에서 사

66) *Ibid.*, pp.61-65.

67) 정인섭, 앞의 책, 563면.

회주의의 영향을 발견할 수 있다 하더라도 반드시 그에 기반하여 설명해야 하는 것은 아니며, 동서양 법질서에서 공통적으로 나타나는 법리를 바탕으로 해석하는 것이 보다 보편적인 의미를 찾아가는 길이 될 것이다.

Ⅲ. 천연자원의 국가귀속과 헌법상 천연자원 규정

1. 공동체의 자원배분과 국가

인민이 공동체를 형성하고 헌법을 제정하여 국가를 수립할 때 정부를 구성하고 국민의 법적 지위를 정하는 것은 물론 각 영역별로 공동체를 운영해 나갈 기본적인 원칙들을 정하여야 한다. 그러한 영역별 기본원칙 중 하나가 바로 공동체 내에서의 '자원배분원칙'이다. 국가공동체의 지배하에 있는 각 자원들을 어떠한 원칙에 따라 배분할지 여부는 각 개인에게는 생존과 관련되는 것이고, 전체 공동체에게는 존속과 번영의 물적 기반과 관련되는 것이므로 그에 대한 합의는 반드시 필요하다.

자원배분원칙에는 일정한 자원을 특정개인에게 배분하는 방식이 포함되며, 최초로 배분된 자원의 사용과 이후의 재배분을 위한 규범들 역시 포함된다. 논리적으로 보면 특정자원을 개인에게 사유재산으로 귀속시키기 위한 원칙을 정하기에 앞서 공동체의 전체 자원 중 개인에게 귀속될 것들과 개인에게 귀속될 수 없는 것을 나누는 것이 필요하다.[68] 사유재산의 대상에서 제외되는 물건들을 정할 때 고려해야

68) 일반적으로 재산권의 기초 또는 그에 대한 이론은 특정권리 배분방식의 규범적 정당화 혹은 법적 재산보유에 대한 도덕적 정당화를 제공하는 것을 의미한다. Gregory S. Alexander & Eduardo M. Peñalver, *supra* note 10, p.6; Alan Carter, *The Philosophical Foundations of Property Rights*, Harvester Wheatsheaf, 1989, pp.2-3. 따라서 개인에게 귀속될 수 있는 자원을 획정하는 작업은 재산권 이론의 논의와는 구별되며 논리적으로 그 이전에 이루어져야 하는 것이다.

할 점으로, 우선 배제가능성 또는 배타적 지배가능성(excludability)이 있다.[69] 어떠한 자원들을 개인에게 배분하여 귀속시킨다는 것은 개인에게 특정한 자원에 대한 배타적 지배권을 부여하는 것을 의미한다. 자원의 성질상 그것에서 발생하는 편익의 향유로부터 다른 사람을 배제할 수 없거나 불가능하지는 않으나 배제에 지나치게 많은 비용이 든다면 개인이 당해 자원에 대한 배타적, 독점적 지배권을 가진다고 할 수 없다. 어떠한 자원으로부터 얻는 혜택이 특정인에게 제한되지 않고 그것을 생산하는 데 도움을 주었든 아니든, 돈을 지불했든 아니든 모두에게 돌아갈 수밖에 없다면 개인이 배타적으로 이를 지배한다고 할 수 없고, 그러한 자원이 개인에게 귀속되도록 할 이유도 없다.

다음으로 고려해야 할 것이 편익감소성(subtractability) 또는 경합성(rivalry)이다.[70] 공동체 구성원 간의 자원배분과 관련된 다툼은 누군가가 어떠한 자원을 사용하면 그 공급이 줄어들거나 다른 사람의 편익이 감소하는 경우에 발생하며, 이를 해결하기 위해서는 각자에게 일정한 규칙에 따라 정당한 몫이 배분되도록 해야 한다. 따라서 누군가의 사용으로 다른 사람의 편익이 감소하지 않는 성질의 자원이라면 그에 대한 다툼이 생길 여지가 없고 사유재산의 대상으로 정할 필요도 없다. 경제적으로 희소성이 존재하지 않는 소위 자유재(free goods)에 해당하는 자원의 경우 재산권제도가 처음부터 문제되지 않는다는 설명[71] 역시 이와 같이 경합성이 없는 자원에 대한 것으로 볼 수 있다.

로마시대 이래 전통적으로 대기, 흐르는 물 등을 사유재산의 대상에서 제외한 것이나 그로티우스가 바다, 특히 대양을 제외한 것은 배타적 지배가 불가능함을 근거로 한 것이었다. 다만 전체에 대한 지

---

69) 마가렛 A. 맥킨, 「공동자원과 집합재 그리고 자본주의」, 최현 외 편, 『공동자원의 영역들』, 진인진, 2019, 27면.

70) 위의 논문, 28면.

71) 박세일 외, 『박세일 법경제학』, 박영사, 2019, 127면.

배가 불가능하다는 것과 그중 일부를 획정하거나 용기에 담아 배타적으로 지배 내지 관리할 수 있도록 하는 경우는 구별되어야 한다. 후자의 경우에는 당연히 사유재산의 대상이 될 수 있다. 과학기술의 발전에 따라 배타적 지배의 범위는 점차 확대되어 왔고, 종래 사유재산의 대상에서 제외되어 있던 바다도 현재에는 일정한 범위가 구획되어 각종 권리의 객체가 될 수 있게 되었다.[72] 종래 물과 대기를 사유재산의 대상에서 제외하였던 것은 경합성으로도 설명이 가능하다. 수질오염이나 대기오염이 문제되지 않았던 시기에는 물이나 대기는 고갈되지 않는 자원으로 자유재로 볼 수 있었다. 그러나 이제는 맑은 공기와 깨끗하고 안전한 물은 쉽게 고갈되는 것으로서 편익감소성이 없는 것으로 볼 수 없다.[73] 이와 같이 어떠한 물건에 배제가능성과 경합성이 인정되는지 여부는 시대에 따라 변경될 수 있으므로 전통적인 분류가 지금까지 유효할 수는 없으며, 법적 취급은 자원의 종류와 성질에 따라 개별적으로 검토되어야 한다.

다른 한편 공동체는 이와 같이 배제가능성 또는 경합성이 없어 사물 자체의 속성상 개인귀속의 대상에서 제외되는 자원들 이외에 다른 고려에 의하여 일부 자원을 사유재산의 대상에서 제외할 수 있다. 무엇보다 공동체는 어떠한 자원을 개인에게 귀속시키지 않는 것이 공동체 전체의 공공복리의 증진에 큰 기여를 하는 것이 명백하다면 정책적으로 일부 자원들을 사유재산의 대상에서 제외하는 결정을 할 수 있다. 일정한 자원을 개인에게 귀속시켜 자기 책임하에 이를 사용하거나 다른 사람들과 교환할 수 있도록 사유재산제도를 수립하여 사유

---

72) 편집대표 김용담, 『주석민법 총칙(2)』, 한국사법행정학회, 2010, 257면.

73) 마가렛 A. 맥킨, 앞의 논문, 31면. 이와 같이 배제가능성과 경합성이 없는 재화를 경제학에서는 공공재(public goods)라 하여 일반적인 사적인 재화(private goods)와 구별한다. 앞선 로마법상의 분류에 의하면 이러한 공공재에는 공물과 만인공리물이 모두 포함될 수 있다.

재산권을 보장하는 것은 그것이 개인의 자율과 책임을 보장할 뿐 아니라 궁극적으로 공동체 전체의 복리를 증진시키는 길에 해당하기 때문이다. 그러나 재산권의 대상에 해당할 수 있는 물건 중에는 그 이용과 처분이 재산권 주체의 개인적 영역에 영향을 주는 것에 그치지 않고 타인의 자유행사에 영향을 미치거나 타인이 자신의 자유를 행사하기 위하여 문제되는 객체에 의존하는 등 성질상 사회적 연관성 내지 사회적 기능을 가지는 것들이 존재한다.[74] 이에 따라 사유재산권 보장의 구체적인 범위는 그 대상이 가지는 개인적 의미와 사회적 연관성 내지 기능에 따라 달라지며, 후자의 크기가 크면 클수록 그 제한의 정도는 커지게 된다.[75] 만약 어떠한 자원의 이용과 처분이 가지는 개인적 의미는 극히 작고 상대적으로 사회적 연관성 내지 기능이 지극히 커서 사유재산보장의 필요성이 0에 수렴한다면 그러한 자원은 개인에게 귀속시키기에 적합하지 않은 것으로서 처음부터 사유재산의 대상으로부터 제외될 수 있다.[76]

---

74) 한수웅, 앞의 책, 865-866면.

75) 이를 판시한 대표적인 헌법재판소 결정으로 소위 '그린벨트 사건'이 있다. 헌재 1998. 12. 24. 89헌마214 등, 판례집 10-2, 927, 945. "현실적으로 재산권은 기본권의 주체로서의 국민이 각자의 인간다운 생활을 자기 책임하에 자주적으로 형성하는데 필요한 경제적 조건을 보장해 주는 기능을 한다. 그러므로 재산권의 보장은 곧 국민 개개인의 자유실현의 물질적 바탕을 의미한다고 할 수 있고, 따라서 자유와 재산권은 상호보완관계이자 불가분의 관계에 있다고 하겠다. 재산권의 이러한 자유보장적 기능은 재산권을 어느 정도로 제한할 수 있는가 하는 사회적 의무성의 정도를 결정하는 중요한 기준이 된다. 재산권에 대한 제한의 허용정도는 재산권행사의 대상이 되는 객체가 기본권의 주체인 국민 개개인에 대하여 가지는 의미와 다른 한편으로는 그것이 사회전반에 대하여 가지는 의미가 어떠한가에 달려 있다. 즉, 재산권 행사의 대상이 되는 객체가 지닌 사회적인 연관성과 사회적 기능이 크면 클수록 입법자에 의한 보다 광범위한 제한이 정당화된다. 다시 말하면, 특정 재산권의 이용이나 처분이 그 소유자 개인의 생활영역에 머무르지 아니하고 일반국민 다수의 일상생활에 큰 영향을 미치는 경우에는 입법자가 공동체의 이익을 위하여 개인의 재산권을 규제하는 권한을 더욱 폭넓게 가진다고 하겠다."

76) Hanno Kube, "Private Property in Natural Resources and the Public Weal in German Law-Latent Similarities to the Public Trust Doctrine", *Natural*

헌법상의 공용수용은 같은 맥락에서 설명이 가능하다.[77] 공용수용은 공공필요가 있을 때 국가나 지방자치단체가 정당한 보상을 전제로 개인의 재산권을 강제로 박탈하는 것을 의미한다. 그 자체로는 사유재산권의 대상에 해당하여 일단 개인에게 배분된 자원이라 하여도 일정한 사회경제적 환경에서 사후적으로 재산권에 대한 일반적인 제한으로는 해결할 수 없는 사회적 문제가 발생하여 사유재산보장의 필요성이 0에 수렴할 수 있고, 이 경우 개인의 재산권은 공용수용에 의하여 박탈될 수 있다. 예를 들면 널리 교역에 사용되는 철도, 도로, 또는 수로의 기반이 되는 토지 및 그 주변의 토지는 그 자체의 성질상 당연히 사유재산의 대상이 된다. 그러나 이와 같은 공교역로상의 토지의 일부를 소유하고 있는 사람이 자신의 소유권을 주장하며 교역을 차단하거나 또는 차단할 것을 위협하며 지나치게 많은 비용을 요구하는 버티기(hold-out) 전략을 선택하는 경우 전체 공동체의 공공복리에 심대한 위협이 될 수 있다. 특히 어떠한 자원이 넓은 범위에서 사용될 때 비로소 큰 상승효과(synergistic effect)가 발생한다면 공공이 이를 아무런 장벽 없이 사용할 수 있도록 하는 것은 공공의 이익을 위해 중요한 의미를 가질 수밖에 없으므로 버티기 전략에 대한 대비는 반드시 필요하다.[78] 이에 따라 공동체는 애당초 이와 같은 교역로를 사유재산에서 제외하여 사전에 그러한 문제가 발생하지 않도록 대비할 수 있고, 새로운 도로 등을 건설하는 경우에는 공용수용을 통해 사후에 그러한 문제를 해결할 수 있다.[79] 서양에서 전통적으로

Resources Journal, Vol.37, 1997, p.877.

77) Richard A. Epstein, “The Public Property Doctrine”, *Cato Journal*, Vol.7, 1987, pp.418-419.

78) Carol M. Rose, “Romans, Roads, and Romantic Creators: Traditions of Public Property in the Information Age”, *Law and Contemporary Problems*, Vol.66, 2003, p.97.

79) Richard A. Epstein, *supra* note 77, pp.415-416.

성벽이나 성문, 광장, 항구, 비행장 등을 사유재산의 대상에서 제외하여 공물로 분류하였던 것은 이와 같이 공공의 이익을 위한 것으로 설명할 수 있다.

이와 같이 사유재산의 대상에서 제외되는 자원들은 다양한 성질을 가지고 있으며, 어느 한 가지로 설명하기 매우 어렵다. 로마법에서 사물(私物)과 구별되는 것으로서 공물뿐 아니라 만인공리물을 이야기 한 것도 그와 같은 점을 반영한 것이라 할 수 있다. 다만 이러한 자원들과 사유재산의 대상으로서 사법상의 규율을 받으면서도 정부 등 공권력주체가 공적인 임무수행을 위해 소유하거나 사용하는 것들은 구분되어야 한다. 비록 이들이 공적으로 사용되고 있다 하더라도 기본적으로 사유재산과 다를 바 없고 정부 또는 지방자치단체는 당해 자원의 사용에 관한 한 일반 사인인 소유자와 동일한 지위를 가지기 때문이다. 또한 공동체는 그 자체로는 사유재산의 대상에 해당하나 미래의 배분 등 목적을 위해 일부 자원을 사적인 배분의 대상에서 제외하여 유보시켜 놓기 위하여 이를 국유 또는 공유로 할 수 있다. 이와 같은 유보물은 아직 배분되어 개인에게 귀속되어 있지 않을 뿐 본질적으로 사유재산의 대상과 다를 바 없다.

이와 같이 일정한 자원들이 사유재산의 대상에서 제외되면 국가공동체는 이들을 위해 별도로 구체적인 자원배분과 이용의 원칙을 수립하여야 한다. 이때 반드시 고려하여야 하는 것은 개별 자원들에 대한 개인들의 법적 지위이다. 예를 들면 로마시대부터 만인공리물로서 설명되었던 공기와 물과 같이 삶에 필수적인 자원이나 강, 수로 등 교역로의 경우 모든 사람들이 자유롭게 사용하는 것이 성질상 예정되어 있다. 따라서 이에 대한 개인들의 권리를 인정하는 것과 더불어 사용자들 간에 이를 둘러싼 갈등이 발생하는 경우 이를 해결하기 위한 규율 역시 필요하다. 특히 교역에 이용되는 강이나 호수 등 수로와 같이 일부라도 배타적 지배가능성이 있는 자원의 경우에는 이러한 규칙은 반드시 정해져야 한다. 한편 일정한 자원들 중 고갈의 위험이 있음에도 불구하고 배타적 지배가능성이 없어 많은 사람들의 무분별한 소비의 대상이 될 수 있는 경우 그 사용을 조정하는 규칙이 필요하다. 특히 과거 무궁무진하여 희소성이 없는 것으로 생각되었던 자원들 중 오염 등 사정의 변화로 고갈의 위험이 발생한 것들의 경우 개인들의 사용에 대한 새로운 규율이 없으면 남용의 위험은 더욱 커지게 된다. 이러한 자원의 경우 특별히 공중의 직접적인 사용과 관련이 없다 하더라도 이를 이용하여 공적인 목적을 달성하기 위해서는 그 보전과 이용을 위한 규칙이 마련되어야 한다.

국가공동체는 사유재산의 대상에서 제외되는 자원들에 대한 배분과 이용을 위한 규칙을 공권력인 일반적인 규제권을 근거로 하여 법제화할 수 있다. 이러한 경우 대상 자원에 대한 형식적 소유권이 누구에게 부여되어 있는지는 규칙을 정할 때에 본질적인 영향을 미치지 않는다. 이와는 달리 국가는 사유재산에서 제외되는 것을 모두 국유 또는 공유로 하고 이를 근거로 이용을 위한 규칙을 마련할 수도 있다. 다만 형식적으로 어떠한 자원들이 중앙정부와 지방자치단체 등 넓은 의미의 정부의 소유로 귀속되어 있다 하더라도 그들의 법적 지위는 서로 다르다. 앞서 언급한 바와 같이 국가는 일부 국유재산에 대하여 사법상의 소유자와 같이 그에 대한 전면적이고 항구적인 사용·수익·처분권을 가진다. 한편 일부 국유재산은 그 사용과 수익권이 공동체의 전체구성원에게 귀속되어 있고 모든 사람들이 이를 사용할 것이 예정되어 있는 점에서 로마법상의 만인공리물과 같으며, 국가는 조직되지 않은 공중의 권리행사와 이익을 위하여 이들 재산들을 보존하고 관리할 의무를 지게 된다. 그러한 점에서 이들 재산에 대한 국가의 권리는 법적으로 소유권이기는 하나 공중의 사용과 이익을 위한 의무에 의하여 내재적으로 제한되어 있는 것으로 보아야 한다. 이러한 재산들은 '본질적으로 공적인 성격을 가진 재산(inherently public property)'에 해당하는 것으로서 이와 관련한 국가와 수익자인 공중의 관계는 사법상의 신탁관계와 유사[80]한 공공신탁으로 설명된다.[81]

이와 같이 일정한 재산에 대한 국가와 수익자인 공중의 관계를 신탁과 유사한 관계로 보는 입장은 헌법적으로 인민공동체와 국가의 관계를 신탁 또는 법인설립으로 보는 것과 부합한다. 넓은 의미의 국가인 공동체로서의 국가는 영토의 바탕 위에 법적으로 인민 또는 국민의 공동체와 공권력주체로서 법인인 국가, 즉 공권력주체인 정부(지방자치단체 등 포함)로 구성되며, 정부는 공동체 자체와 구별된다. 국가수립 이전 개인들은 서로 모여 국가수립의 목표를 공유하고 의사소통체계와 의사결정방법에 대한 합의에 도달함으로써 인민공동체를 구성하게 된다. 이러한 공동체는 내부에 어떠한 권력자도 없고 대등한 자들의 결합이므로 구성원들 사이의 평등이 보장된다.[82] 따라서 정부를 수립하고 사유재산체계를 확립하기 전 상태인 공동체의 구성원은 원칙적으로 공동체의 지배하에 있는 모든 자원을 공동으로 지배하면서 평등하게 이용하는 지위에 있게 된다. 이러한 공동체의 공유는 논리적으로 사유재산제도의 성립 이전 상황이라는 점에서 민사법상 사유재산체계가 확립된 이후 공동체의 일부인 다수의 사람이 공동으로 물건을 소유하는 공유와는 구별된다. 또한 이는 역사적으로 사적 소유권 체계가 발전하기 전의 공유 또는 사회공동체적 성격의 공유를 나타내는 커먼즈(commons) 내지 커먼즈적 공유와도 구별된다.

---

80) 사법상의 신탁에서 수탁자는 신탁재산을 배타적으로 관리하기 위하여 소유권을 가지지만, 이러한 소유권은 수익자의 수익권과 신탁관계에서 발생하는 신인의무에 의하여 내재적으로 제한을 받는다. 이계정, 『신탁의 기본 법리에 관한 연구 - 본질과 독립재산성 -』, 경인문화사, 2017, 343면.

81) Carol M. Rose, "The Comedy of the Commons: Custom, Commerce, and Inherently Public Property", *The University of Chicago Law Review*, Vol.53, 1986, pp.720-721.

82) 전종익, 「공동체로서의 국가와 정부」, 『서울대학교 법학』 제55권 제4호, 2014, 292면.

중세 영국에서 지역구성원들인 마을 소작인들은 생존에 필요한 범위에서 마을의 공유지 등에 접근하여 이용하고 그 산출물들을 수취할 수 있는 권리를 가지고 있었고, 그러한 권리 또는 그 재산 자체를 커먼즈라고 한다.[83] 여기서 커먼즈적 공유를 하는 공동체는 국가 하부의 각종 지역 또는 혈연적, 문화적 집단들을 나타내는 것[84]으로서 공동체의 외부인들이 배제된다는 점에서는 사유재산과 유사한 성격을 가지기도 한다.[85] 국가성립 이전의 공동체는 역사적 사실이 아닌 국가성립의 논리적 순서에 의하여 이론적으로 상정된 것이다. 그러한 공동체에 의한 공유는 서구에서 인간이 타락하기 이전 황금시대의 공유를 나타내는 것으로 적극적 소유와 대비하여 '소극적 공동체(negative community)'의 공유로 표현하는 것과 유사하다.[86] 홉스 등 국가이론에서 인간이 자연법에 의하여 지배를 받는 원초적인 소위 '자연상태(state of nature)'에서 자원에 대한 인간의 공유를 설명하는 것[87]과 유사하다고 볼 수도 있으나, 자연상태는 이론적으로 공동체 성립 이전 단순한 개인들의 집합인 '다중'의 만인에 대한 만인의 전쟁상태를 나타낸 것이므로 이때 개인의 자원에 대한 관계는 공유가 아닌 '비재산(non-property)' 또는 '반재산(anti-property)' 등으로 표현하는 것이 적절하다.[88]

---

83) 김영희, 앞의 논문, 163-166면.

84) 전종익, 앞의 논문, 2014, 290면.

85) Jonnette Watson Hamilton & Nigel Bankes, "Different Views of the Cathedral: The Literature on Property Law Theory", in Aileen McHarg et al.(eds), *Property and the Law in Energy and Natural Resources*, Oxford University Press, 2010, p.36.

86) Samuel C. Wiel, "Natural Communism: Air, Water, Oil, Sea And Seashore", *Harvard Law Review*, Vol.47, 1934, p.426.

87) Jeremy Waldron, *supra* note 7, p.41.

88) Jonnette Watson Hamilton & Nigel Bankes, *supra* note 85, pp.35-36. 이 글의 주99를 보면 필자들은 그 밖에 'outside of property' 또는 'opposite of property'

국가수립 이전 자원을 공유하고 있는 인민공동체는 국가수립시 그중 일부를 개인들의 사유재산으로 배분하고, 일부를 정부와 하부의 여러 공동체에게 배분하여 그 공적 역할을 위해 당해 자원을 사용하도록 할 수 있다. 이렇게 배분된 자원들은 이를 관리하고 사용할 때 외부인을 배제할 수 있는 점에서 '소유권'으로서 공통점을 가진다. 인민공동체는 또한 일부 자원들을 공동체 전체를 위하여 사용하도록 유보해 놓을 수 있으며, 이 경우 원칙적으로 모든 인민구성원들은 원래의 상태대로 당해 자원으로부터 평등하게 이익을 향유하는 지위로 남게 된다. 이러한 공동체의 자원들은 구성원 전체에게 귀속되어 공유되어 있는 것으로서 국가수립 이후 그것이 형식적으로 국가, 즉 정부의 소유로 되어 있다 하더라도 정부가 사법상의 소유권을 가지는 것은 아니다. 인민으로서의 공동체와 정부의 관계를 신탁관계로 보아 정부는 자신의 이익이 아닌 수익자인 공동체, 즉 인민의 이익을 위하여 성실하게 자신에게 주어진 권한을 행사할 신인의무(信認義務, fiduciary duty)를 부담하는 것으로 보는 입장[89]에 의하면, 위와 같은 정부 소유 재산의 법적 관계를 인민공동체와의 신탁관계로 설명하는 것은 자연스럽다. 공화제 헌법하에서 공동체와 정부의 관계를 신탁관계가 아닌 법인으로서의 국가인 정부를 설립하여 공동체의 존속과 유지 및 구성원의 행복 실현이라는 목표달성을 위한 권한을 부여하는 것으로 보더라도,[90] 인민공동체가 당해 재산을 법인인 정부에게 신탁한 것으로 보거나 또는 법인 설립시 그에게 귀속시키되 법인설립의 근거인 헌법에 당해 재산에 대한 공동체 구성원의 권리와 정부의 관리의무 등을 밝혀 놓은 것으로 보면 신인의무 부담 등에 대한 설명은 마찬가지로 가능하다. 이에 의하면 공동체의 공동재에 대한 국가의

등의 용어를 소개하고 있다.

89) 전종익, 앞의 논문, 2014, 298면.

90) 위의 논문, 303면.

규제권은 질서유지 등을 위한 일반적인 입법 및 규제를 위한 권한과는 다른 성격을 가지게 된다. 이는 정부가 수탁자로서 당해 재산들을 관리하고 수익자인 공동체에 대한 의무를 실행하기 위한 것으로서 헌법상 별도의 수권이 이루어진 것으로 보아야 한다.

2. 천연자원의 국가귀속과 헌법 제120조 제1항의 의미

현행 헌법 제120조 제1항은 산업생산의 기반이 되는 주요한 자원들의 국유와 경제적으로 중요한 기업들의 국·공영을 선언하였던 1948년 헌법에서 후자 부분이 삭제되어 형성되었다. 1948년 헌법 제87조의 '운수, 통신, 금융, 보험, 전기, 수리, 수도, 가스 및 공공성을 가진 기업'이 산업생산을 위한 시설과 조직 등 인공적인 생산기관을 의미하는 것과 대비하여, 위 헌법 제85조의 '광물 기타 중요한 지하자원, 수산자원, 수력과 경제상 이용할 수 있는 자연력'은 자연으로부터 취득하여 경제적으로 사용할 수 있는 천연자원들을 의미한다.

자연에 존재하는 모든 물질들이 천연자원에 해당하는 것은 아니다. 사전적으로 천연자원은 잠재적으로 경제적 가치를 가지거나 인간생활의 유지를 위해 필요한 것들에 한정된다. 여기에는 공동체의 복지와 휴식 등을 위한 환경적 요소들까지 포함되기도 한다.[91] 전통적으로 천연자원은 적어도 한 세대 내에 새로운 단위의 공급이 가능한 재생가능자원과 형성에 수많은 기간이 필요하여 인간의 관점에서 그 수량이 제한되어 있는 재생불가능자원으로 구분되며, 전자는 유량(flow)으로, 후자는 저량(stock)으로 파악된다.[92] 재생이 불가능한 자원에는 광물과 석탄 및 석유 등 화석에너지 자원 등이 포함되고, 재생이 가능한 자원에는 동물, 식물, 물, 토양 등이 포함된다. 이러한

---

91) *Black's Law Dictionary*, Thomson, 2005, p.867.

92) Nico Schrijver, *Sovereignty over Natural Resources*, Cambridge University Press, 1997, p.13.

전통적인 자원들과 함께 물의 순환, 탄소의 순환, 홍수 및 기후조절, 오염물질의 정화, 자외선 차단 등 전체적인 생태계의 존재와 기능이 부여하는 생태계서비스(ecosystem services) 역시 인간의 생존과 복지에 필수적인 점이 인정되면서 중요한 천연자원으로 인식되고 있다.[93] 다만 이러한 구분도 상대적인 것이어서 예를 들면 토양이나 멸종위기의 동식물들, 열대우림 등은 종래 재생 가능한 자원으로 생각하였으나 현재는 재생 가능하지 않은 것으로 인식되고 있다.[94]

천연자원은 경제적 가치 또는 인간생활에 도움이 되는 가치가 있음을 전제로 하므로 기본적으로 희소성이 인정되는 것들이다. 그러나 대양의 수산자원이나 지하의 광물 등에서 알 수 있는 바와 같이 천연자원은 그 자체를 전체로서 범위를 특정하여 개인이 배타적으로 지배하는 것이 어려운 물리적 특성을 가지고 있다. 게다가 생태계서비스와 같이 일정한 천연자원은 그것이 가지는 가치가 매우 크지만 혜택이 모두에게 돌아가게 되어 무임승차의 문제를 피할 수 없는 성질 역시 가지고 있다. 한편 천연자원은 모든 사람에게 반드시 제공되어야 하는 삶의 필수적인 요소의 성격을 가지므로 누군가 이를 독점하여 다른 사람들이 사용하지 못하도록 하여서는 공동체가 유지될 수 없다. 이러한 점들은 로마법상의 만인공리물 또는 공물의 특성과 유사한 것으로 볼 수 있으며, 이에 따라 천연자원은 공동물 또는 공동재로서 사유재산의 대상으로 적절하지 않은 것으로 평가된다.[95]

천연자원을 사유재산의 대상에서 제외할 때 저량으로서의 자원과 유량으로서의 자원 및 단위자원(resource unit)을 구분하는 것에 유의하여야 한다. 재생가능자원의 경우 저량으로서의 자원체계는 그 재

93) James Rasband et al., *Natural Resources Law and Policy*, Foundation Press, 2009, p.37.

94) Nico Schrijver, *supra* note 92, p.14.

95) James Rasband et al., *supra* note 93, pp.39-40.

고량에 훼손을 가하지 않고 개인들이 활용하거나 사용할 수 있는 일정한 크기의 유량으로서의 단위자원을 산출해 낸다. 단위자원은 예를 들면 어장에서 수확되는 물고기의 톤수, 강물이나 기타 수로에 의해 처리되는 폐기물의 양으로 나타난다. 자원의 체계로부터 단위자원 유량을 인출하는 평균인출률이 평균복원률을 초과하지 않을 때 재생가능자원은 지속적으로 보존된다.[96] 재생가능자원이 유량으로서의 단위자원으로 인출되어 개인들이 사용하게 되면 배타적으로 지배 내지 관리할 수 있으므로 그것이 형태를 가지지 않는 자연력에 해당한다 하더라도 사유재산의 대상이 될 수 있다.[97] 재생불가능자원인 석유, 천연가스 및 각종 광물 역시 같은 맥락에서 설명할 수 있다. 지하에 매장되어 있는 이들 자원의 저량 그 자체로는 물리적 특성상 사유재산의 대상이 될 수 없으나 그것이 일단 인출된 이후에는 유체물로서 지배가 가능하고 사유재산으로서 거래의 대상이 될 수 있다.

재생가능자원들을 지속 가능한 수준 이상으로 인출하여 소비하면 천연자원의 저량 자체가 소모되어 결국 공동체는 더 이상 당해 자원을 사용할 수 없게 된다. 재생불가능자원의 사용은 그 자체로 저량을 소모하는 것으로서 공동체 전체가 이후에 사용할 수 있는 자원의 총량이 회복 불가능하게 되는 것을 의미한다. 재생불가능자원을 남용하여 고갈시키는 것은 물론이고 재생가능자원의 경우에도 안정적인 자원공급이 가능한 생태적 수용력의 한계를 넘어 자원을 사용하는 것은 결국 미래세대의 삶과 부를 지탱할 자연의 역량을 감소시키는 것을 의미한다.[98] 공동체 전체의 지속적인 발전과 세대별 형평의 관점

---

96) 엘리너 오스트롬, 윤홍근 · 안도경 옮김, 『공유의 비극을 넘어』, 랜덤하우스, 2010, 71-72면.

97) 민법 제98조의 '관리할 수 있는 자연력'은 관리 가능한 자원단위를 나타내는 것으로 볼 수 있다. 또한 관리 가능한 자원단위라면 형법상 재물죄의 객체인 '재물'에 해당한다. 편집대표 김대휘 · 김신, 『주석형법 각칙(5)』, 한국사법행정학회, 2017, 337면.

98) 허먼 데일리, 박형준 옮김, 『성장을 넘어서 - 지속가능한 발전의 경제학 -』, 열린책들,

에서 보면 현세대는 자연의 부와 자원들을 소유하여 마음먹은 대로 사용할 수 있는 것이 아니다. 그들은 이를 잠시 보관하여 사용할 권리만을 가지며 동시에 현세대와 미래의 거주자들에게 환경적 질을 보장해 줄 의무를 부담한다.[99] 따라서 이와 같은 세대별 관계를 각 세대가 인접한 세대들뿐 아니라 모든 미래세대의 이익을 위해서 선량한 관리자로서 천연자원들을 보전하고 이용할 신인의무를 부담하는 것으로 보아 신탁관계로 설명하기도 한다.[100]

국가공동체가 자원배분의 원칙으로 천연자원을 사유재산의 대상에서 제외하고 공동체 전체의 존속과 번영을 위해 사용할 수 있도록 공동체 전체에 귀속시킴으로써 이후 그 채취·개발 또는 이용을 위해 별도의 원칙을 정할 수 있도록 하는 것은 이상과 같은 천연자원의 특성과 그간의 인식의 변화 등에 부합하는 것이다. 1948년 헌법 제85조의 규정 취지 역시 이와 같은 법리에서 크게 벗어난 것이 아니었다. 물론 당시에는 천연자원과 관련하여 공동체 전체의 신탁이라거나 세대 간 형평 등에 대한 인식이 존재하지 않았다. 그럼에도 불구하고 천연자원을 사유재산으로 하는 경우 발생할 수 있는 문제와 이를 공동체 전체를 위하여 사용해야 한다는 필요성에 대한 인식이 위 규정의 바탕이 되었던 점은 명확하다. 이는 유진오가 위 규정의 취지를 "이상과 같은 자원은 국민경제의 기초라 할 수 있으며 만일 일개인이 그와 같은 자원을 독점한다면 그의 전횡과 경제적 농단을 초래하여 국민의 균등한 생활과 균형 있는 국민경제의 발전을 기하는 데 장해가 될 우려가 있음으로 (…) 어디까지나 우리 국민경제의 건전한 발전을

2016, 18면.

99) David J. Will, "Ecophilosophy and Natural Law", *Journal of Energy, Natural Resources and Environmental Law*, Vol.12, 1992, pp.445-446.

100) Edith Brown Weiss, "The Planetary Trust: Conservation and Intergenerational Equity", *Ecology Law Quarterly*, Vol.4, 1984, p.505.

도모하기 위한 것"이라고 밝힌 점[101]을 보면 알 수 있다. 또한 이와 같은 천연자원 규정의 기본 취지가 이후에도 당연한 것으로 널리 받아들여졌음은 1954년 위 규정의 개정시 개정안의 제안자 및 찬반론자들이 '국유' 문구의 삭제에도 불구하고 여전히 천연자원이 국유라는 점에 이견이 없었고, 개정 후 학자들의 해석 역시 마찬가지였던 점에서 확인할 수 있다. 특히 1954년 헌법개정안에 대한 찬반토론에서 있었던 조주영 의원의 발언은 눈여겨볼 만하다. 그는 천연자원의 '국유'에 대하여 "보통 재산권에 대해서 보통 국민이 가질 수 있는 법률상의 국가의 소유권"과는 전혀 다른 것으로서 "우리나라 영토에 있어서 공기, 창공이라든지 지하나 이 전체"가 국가의 소유이고 이에 대하여 "우리나라가 주권국가로 이것을 지배할 수 있는 이런 방대한 권한을 가지는 것"이라고 설명하였다.[102] 이를 보면 당시 천연자원에 대한 '국유'가 일반적인 개인의 소유권과 다른 의미임이 명확하게 인식되고 있었음을 알 수 있다. 나아가 '국유'가 공기, 창공, 지하, 천연자원 등을 '주권국가로 지배할 수 있는 방대한 권한'을 나타내는 것이라 설명한 부분을 보면, 천연자원의 국유가 서구법에서 발전한 만인공리물 법리의 연장선에서 이해되고 있으며 국가의 그에 대한 입법 및 규제권의 근거를 여기에서 찾고 있음을 알 수 있다.

천연자원의 국유화가 가지는 공동체 전체의 귀속 의미는 1948년 헌법 제85조 특허의 요건인 '공공필요' 부분을 보면 더욱 명확해진다. 1948년 헌법 제15조 제3항과 제85조는 재산권의 수용 등의 요건과 천연자원의 개발 또는 이용의 특허 및 특허 취소의 요건으로 공통적으로 '공공필요'를 규정하고 있다. 또한 같은 헌법 제89조는 특허의 취소시 제15조 제3항을 준용하도록 하고 있다. 제15조 제3항은 사유

101) 유진오, 『헌법해의』, 명세당, 1949, 180면.

102) 국회속기록 1954. 3. 3. 제2대 국회 18회 제29차 본회의, 7면.

재산을 국유로 이전하기 위한 규정이고, 제89조의 특허의 취소는 사영이었던 것을 국·공영으로 귀속시키기 위한 규정인 점에서 '공공필요'는 사유재산권의 박탈시 공통적으로 필요한 요건으로 규정되었음을 알 수 있다.[103] 제85조에서 천연자원의 개발 또는 이용을 위한 특허의 요건으로 같은 '공공필요'를 규정한 것은 당시 '특허'가 단순히 국유인 천연자원을 이용하는 사업의 허용 이상의 의미를 가지는 것으로 인식되었음을 나타낸다. 천연자원은 명목상 국유이지만 실제로는 공동체 전체에 귀속되어 있고 공동체 구성원 각자는 이에 대한 권리를 가지고 있다. 이를 일부라도 개인에게 이전하면 그 부분에 관한 실질적인 소유자인 공동체 구성원의 재산권이 박탈되는 효과가 발생한다. 공동체 전체에 귀속되어 있는 천연자원에 대하여 공동체 구성원 각자가 자신의 몫으로 지분을 소유하고 있다고 보면 특허를 통한 천연자원의 일부 개인에 대한 귀속이 가지는 재산권 박탈의 효과를 명확히 알 수 있고, 천연자원의 개발 또는 이용의 '특허' 요건으로 재산권의 수용과 같은 '공공필요'를 규정한 것이 충분히 이해될 수 있다. 이와 달리 국가에게 귀속되어 있는 단순한 재산권을 사유재산으로 이전하기 위해서라면 특별히 '공공필요'를 요건으로 할 필요가 없으며 일반적인 거래의 성립 요건만 충족하면 충분하다. 설사 국가행위가 가지는 공적 성격으로 인하여 국유재산의 개인귀속 행위가 사적인 거래와 완전히 같을 수 없다 하더라도 일반적인 공공성을 나타내는 '공공복리' 정도를 요구하면 족하다. 그럼에도 불구하고 헌법이 특허를 위해 특별히 '공공필요'를 요건으로 규정한 것은 이로써 사유재산권의 수용과 유사한 법적인 결과가 발생함을 의미한다.

---

103) 유진오는 이에 대하여 "특허의 취소는 공공의 필요에 인한 것이고 무단히 사인의 재산권을 침해함을 목적으로 하는 것이 아니므로 그 경우에는 제89조에 의하여 국가는 상당한 보상을 지불하여야 한다."라고 설명하여 이것이 재산권의 수용과 같은 경우에 해당함을 분명히 하였다. 유진오, 앞의 책, 180면.

천연자원이 공동체 전체에 귀속되어 있다면 그 개발 또는 이용을 통한 사업은 국영 또는 공영으로 하는 것이 규정의 취지에 가장 잘 부합하는 것이다. 그럼에도 불구하고 천연자원을 이용한 사업의 사영(私營)을 인정한다면 이를 위한 별도의 사유가 존재해야 하며, 그러한 사유는 애초에 천연자원을 공동체 전체에 귀속시켰던 기본취지에 부합하는 것이어야 한다. 그러한 점에서 공동체 전체의 자원을 개발 또는 이용하는 개인 기업이 개인의 영리추구만을 목적으로 하는 것은 천연자원 규정의 취지상 허용될 수 없고, 보다 바람직한 결과, 즉 공동체의 더 많은 사람들에게 혜택이 돌아가서 일반적 복지가 향상되는 경우에야 비로소 원래 국가 또는 공공기관이 운영할 것이 예정되어 있는 천연자원 개발 및 이용 사업이 개인에게 허용될 수 있다고 보아야 한다.[104] 1948년 헌법 제85조에서 천연자원의 개발 또는 이용의 특허 사유로 '공공필요'를 규정하고 있는 것은 그러한 의미를 명문으로 나타낸 것에 해당한다. 1948년 헌법에서부터 현행 헌법에 이르기까지 재산권의 수용 등은 일관되게 일반적인 기본권 제한의 사유인 '공공복리'와 구별하여 '공공필요'를 요건으로 하고 있고, 이러한 공공필요는 '국민의 재산권을 그 의사에 반하여 강제적으로라도 취득해야 할 공익적 필요성'으로서 '공익성'과 '필요성'이라는 요소로 구성되어 있는 것으로 해석되고 있다.[105] 따라서 공공필요는 공공복리와는 다른 의미를 가지며 요건의 엄격성을 나타내는 것이다. 같은 맥락에서 특허 사유로서의 '공공필요' 역시 단순한 공공복리보다 가중된 공익적 필요성을 규정한 것으로 보아야 하며, 1948년 헌법 제85조에서 개인에 대한 천연자원의 개발 또는 이용의 특허는 공공수용 등의 경우와 같은 정도의 공공의 이익을 위한 필요성이 있을 때 비로소 인정될 수

---

104) Richard A. Epstein, *supra* note 77, p.419.

105) 헌재 2014. 10. 30. 2011헌바172 등, 판례집 26-2상, 639, 647; 헌재 2019. 11. 28. 2017헌바241, 공보 제278호, 1230, 1234.

있는 것으로 해석하여야 한다.

1954년 위 헌법규정이 개정되면서 개발과 이용에 '채취'가 추가되고 '국유'와 '공공필요'가 삭제되었으며, 이렇게 개정된 규정이 그대로 현행 헌법 제120조 제1항으로 이어지고 있다. 따라서 규정의 문언에 의하면 개정 당시의 의사에도 불구하고 더 이상 천연자원을 국유로 볼 수 없다는 해석도 가능하다. 그러나 이러한 해석은 개정된 천연자원 규정에 여전히 '일정한 기간'의 '특허'가 남아 있는 것을 보면 설득력을 잃게 된다. 법적으로 특허는 허가와는 명확히 구별되는 개념이다. 허가는 법령에 의해 개인의 자연적 자유가 일반적으로 금지되어 있을 때 그 제한을 해제하여 당해 자유를 적법하게 행사할 수 있도록 하여 주는 행정행위로서 헌법상의 자유를 회복하여 주는 것에 해당하며 국민에게 새로운 권리를 부여하거나 그 권리를 확대하여 주는 것이 아니다. 반면 특허는 특정 상대방에게 새로이 권리, 능력, 법적 지위를 설정하여 주는 행위로서 상대방이 본래 가지고 있지 않았던 권리 등을 부여하는 행위이다.[106] 이와 같은 특허와 허가의 구별은 1948년 헌법제정 이전부터 학계에서 널리 받아들여졌었고 1954년 헌법 개정의 전후에도 일관되게 유지되고 있었다.[107] 따라서 1948년 헌법 및 1954년 헌법 제85조에서 특허의 의미는 이와 같은 학계의 일반적인 논의가 반영되어 있는 것으로 보아야 한다.

1948년 헌법은 '특허'를 제85조 개인에게 국유인 천연자원의 개발 또는 이용을 허용하거나 제87조에서 주요산업에 대하여 사영(私營)을 허용하는 경우를 나타내는 용어로 한정하여 사용하고 있다. 만

106) 김동희, 『행정법Ⅰ』, 박영사, 2018, 288-294면; 박균성, 『행정법론(상)』, 박영사, 2017, 342-349면; 홍정선, 『행정법원론(상)』, 박영사, 2018, 371-387면.

107) 윤세창, 「행정법」, 『신조선법학전집 제1권』, 서울통신대학, 1948, 62-63면; 황동준, 『한국행정법(상)』, 일한도서출판사, 1953, 83-86면; 이종극, 『행정법정의』, 숭문사, 1953, 108-110면; 강명옥, 『최신 행정법총론』, 고시학회, 1954, 65-67면.

약 광물 등 천연자원들이 무주물이라면 개인이 이를 개발하고 이용하는 것은 자유롭게 인정되어야 한다. 다만 질서유지, 기타 공공복리를 위해 필요한 경우 이를 제한하거나 허가사항으로 정하는 것이 가능할 뿐이다. 헌법상 천연자원의 개발 또는 이용이 기본권으로 인정된다면 그러한 행위가 가능하다고 하여 별도의 권리가 새롭게 설정되는 것이라 할 수 없다. 반면 천연자원이 국유인 상황에서 그에 대한 개인의 개발 또는 이용이 자유권적 기본권으로 인정될 수는 없다. 물론 일상생활이나 영업활동을 위해 필수적인 자원의 사용은 개별 행위를 보장하는 기본권의 구체적인 행사에 부수되는 범위에서 보장된다. 예를 들면 생존을 위해 필수적인 연료나 물의 사용은 그 자체로 기본권에 의하여 보장되지 않으면 안 된다. 따라서 여기에서 '특허'의 대상이 되는 천연자원의 개발 또는 이용은 다른 기본권에 부수되는 천연자원의 사용 범위를 넘는 경우에 한정되는 것으로 보아야 한다. 예를 들면 대규모 개발 등을 통해 그 자체를 영업의 대상으로 하여 이용하는 경우 또는 양적으로 지속 가능한 수준과 관련하여 저량 자체에 위험이 있을 수 있는 경우 등이 이에 해당한다. 이러한 천연자원의 개발 등의 행위는 국유인 천연자원을 기본권으로 보장되는 범위를 넘어 개인적으로 이용하는 것으로서 국가로부터 특별한 이용권을 획득하지 않으면 안 된다. 그러한 점에서 1948년 헌법 제85조의 '특허'는 '국유'에 필연적으로 연관되어 있는 것에 해당한다. 1954년 '국유' 부분이 삭제되었고 채취가 포함되었음에도 불구하고 개정된 조항에서 여전히 '특허'를 유지하고 있는 것은 개정 당시 모두가 '국유'를 유지하려고 하였다는 의사와 정확히 일치한다.

또한 '일정한 기간' 부분도 천연자원의 국유와 밀접하게 관련되어 있다. 유진오는 이에 대하여 "일정한 기간이라는 것을 특히 명시한 것은 만일 그러한 제한이 없이 무기한으로 특허를 계속한다면 이러한 천연자원의 국유라는 것은 공문화(空文化)하고 사실상 그것이 사유로

화(化)할 우려가 있기 때문이다."라고 설명하면서 특허는 법에 따라 갱신하는 식으로 운영하는 것이 바람직하다고 밝혔다.108) 1954. 1. 23. 발의된 헌법개정안에서 '일정한 기간' 부분이 삭제되자 국유가 유지되는 것을 전제로 무한정한 특허가 가능하게 된 점에 대한 문제제기가 있었고109) 결국 최종 개정시 '일정한 기간' 부분이 다시 포함되었다. 따라서 '국유' 부분의 삭제에도 불구하고 '일정한 기간'이 유지되고 있는 것은 천연자원이 국유임을 모두가 인정하는 전제하에 규정이 개정되었음을 의미한다.

이와 같이 '특허'와 '일정한 기간'의 의미에 비중을 두는 것은 1954년 당시 헌법 제85조의 개정으로 '국유'와 '공공필요'가 삭제된 것이 외국, 특히 미국기업의 사적인 투자를 촉진하기 위한 형식적인 것으로서 이전 규정의 기본법리를 변경하려는 것이 아니었다는 개정권자들의 의사110)에 부합하는 것이며, 나아가 앞서 살펴본 공동체의 자원배분에서 천연자원의 귀속관계에 대한 일반적인 법리와 일치하는 해석이기도 하다. 따라서 1954년 개정된 이후 변경 없이 이어진 현행 헌법 제120조 제1항 역시 공동체가 천연자원을 사유재산의 대상에서 제외하고 공동체 전체의 존속과 번영을 위해 사용할 수 있도록 공동체 전체에 귀속되어 있음을 규정한 것으로 보아야 하며, 그 논리적 귀결로서 국가는 천연자원의 명목상 귀속주체로서 그에 대한 보전과 이용을 위한 책임을 지고 있다고 보아야 한다. 헌법은 제120조 제2항에서 자원에 대한 국가의 보호 및 개발과 이용을 위한 계획수립 의무를 규정하여 이러한 책임을 명확히 하고 있다.

한편 헌법 제120조 제1항의 이와 같은 해석이 천연자원에 대하여 사유재산권의 보장이 아니면 국유를 통한 중앙집권적인 보존과 이

108) 유진오, 앞의 책, 180면.

109) 전종익, 앞의 논문, 2018, 143면.

110) 위의 논문, 155면.

용을 위한 관리만이 인정될 수 있음을 의미하는 것이 아닌 점에 유의해야 한다. 엘리너 오스트롬의 연구[111]에서 나타난 바와 같이 천연자원의 바람직한 보존과 관리 및 이용은 개인 소유권의 보장을 통한 공유의 비극(tragedy of commons) 문제 해결과 국가의 중앙집권적인 규제뿐 아니라 국가 하부의 지역 또는 혈연적, 문화적 집단인 공동체의 자율적·자치적 관리를 통해서도 가능함이 인정되고 있다. 같은 맥락에서 천연자원에 대한 공유연구를 통하여 공유적 자원관리, 즉 커먼즈의 형태가 다양한 모습으로 나타나고 있음 역시 확인되고 있다.[112] 만약 일정한 천연자원에 대하여 국가의 규제 이외에 다른 형태의 관리가 더욱 바람직하다는 결론에 도달한다면 국가는 예를 들면 지방자치단체 또는 더 하부의 촌락공동체 등에게 천연자원에 대한 관리권을 부여하는 것과 같이 다양한 형태의 관리제도를 도입할 수 있어야 한다. 이는 헌법 제120조 제1항의 특허의 하나로서 인정될 수 있으며 구체적인 모습은 입법을 통하여 해결될 수 있을 것이다.

나아가 헌법상 천연자원이 국유라고 하여 그에 대한 개인들의 개별적 권리가 인정되지 않는 것은 아니다. 예를 들면 헌법상 수산자원이 국유라고 하여도 연안지역인들의 어업권이나 일반인들이 낚시 등을 즐길 자유가 인정되지 않는 것이 아니며, 강이나 바다가 국유라고 하여 그에 대한 일반인들의 통행권이 인정될 수 없는 것은 아니다. 천연자원을 공동체 전체에 귀속시키면서 국유로 하는 것은 오히려 이와 같은 개인들의 천연자원에 대한 권리들을 보다 효과적으로 보호하고 실현시키기 위한 것임을 명심하여야 하며, 이러한 개인들의 권리는 당연히 인정되어야 한다. 개별자원에 대한 구체적인 개인의 권리

111) 엘리너 오스트롬, 앞의 책.

112) 정연신, 「엘리너 오스트롬의 공동자원론을 넘어서: 자원관리 패러다임에서 커먼즈에 대한 정치생태학적 접근으로」, 최현 외, 『공동자원의 섬 제주 1 - 땅 물 바람』, 진인진, 2016, 106-108면.

를 어떻게 인정할지는 사안마다 헌법상의 개별 기본권 규정의 해석, 법률의 규정 또는 관습의 존재여부 등에 따라 결정될 것이다.

특히 천연자원 중 생태계서비스는 헌법 제35조의 환경권 및 환경보전을 위해 노력할 의무와 밀접하게 관련되어 있다. 국민은 환경권으로서 국가로부터 건강하고 쾌적한 환경을 향유할 수 있는 자유를 침해당하지 않을 권리를 가지며, 일정한 경우 국가에 대하여 건강하고 쾌적한 환경에서 생활할 수 있도록 요구할 수 있는 권리 역시 가진다. 환경권의 보호대상이 되는 환경에는 자연 환경과 인공적 환경 같은 생활환경이 포함된다.[113] 따라서 안정적인 생태계서비스의 공급은 환경권의 한 내용을 구성하며, 이를 위한 보장하기 위한 정부의 노력은 환경보전의 의무에 포함된다.

3. 천연자원의 종류와 헌법 제120조 제1항의 적용

지하에 매장되어 있는 광물은 채굴하여 분리되기 전에는 그 자체로 존재를 확정하고 범위를 획정하기 어려워 배타적으로 지배하기에 적절하지 않다. 천연가스나 석유 등 유동하는 물질의 경우 이러한 점은 더욱 명확하다. 이러한 이유로 서구와 동양 모두에서 매장되어 있는 광물은 전통적으로 사유재산에서 제외되어 왔다. 서구에서 중세 이래 주요 광물에 대한 지배는 영주와 국왕, 황제 등의 주요 관심사였고 지역에 따라 차이가 있기는 하나 근대에 들어와 광물과 광업은 점차 국왕의 지배권(mining regale)하에 놓이게 되었다.[114] 서구의 이러한 전통은 현대 유럽의 법제로 이어져서 독일과 같이 광물의 소유권을 토지소유자에게 부여하거나 무주물로 취급하는 경우[115]는 소수

113) 헌재 2008. 7. 31. 2006헌마711, 판례집 20-2상, 345, 357-358.

114) John U. Nef, "Mining and Metallurgy in Medieval Civilisation", in M.Postan & E. E. Rich(eds), *The Cambridge Economic History of Europe*, Cambridge University Press, 1952, pp.441-451.

에 불과하고 대부분의 경우 석유, 천연가스, 석탄 등의 주요광물 또는 광물 전체를 법률로써 국유로 선언하고 있다.[116] 기본적으로 조선은 광물 등 지하자원의 국유 및 광업의 국영을 원칙으로 하였고,[117] 명치 시대 전후의 일본에서도 광산이나 광물은 국왕과 막부의 소유와 지배하에 있었다.[118] 이에 따라 통감부 설치 이후 일본 광물법의 영향을 받아[119] 제정된 대한제국의 광업법(1906. 6. 29. 법률 제3호)[120]이 제2조에서 미채굴의 광물을 국유로 선언한 것은 당연한 것이었다. 일제강점기 일본인들의 한국광산에 대한 독점적인 위치를 확고하게 하기 위하여 새롭게 제정[121]된 조선광업령(1916. 4. 1. 제령 제8호) 역시 제2조에서 같은 규정을 두고 있었고, 이는 해방시까지 개정되지 않았다. 따라서 1948년 헌법제정시 광물을 국유로 규정하는 것에 이견이 있을 수 없었다.

조선광업령을 보면 1916년 제정시부터 일관되게 령의 적용을 받는 광물의 종류를 한정적으로 열거하는 입장을 취하고 있었다. 이는 자연과학상의 광물 중 국내에 부존하며 국민경제상 중요한 가치가 있는 것으로서 토지소유권으로부터 분리하여 채굴을 국가의 보호와 감독하에 두는 것이 적절한 것만을 광업법의 적용대상으로 한다는 일본 광업법의 태도[122]를 그대로 따른 것이었다. 이에 의하면 령 또는 법

115) Martha M. Roggenkamp et al.(eds), *Energy Law in Europe*, Oxford University Press, 2016, pp.572-573.

116) 앞의 책에 수록하고 있는 10개국 중 독일을 제외한 9개국(덴마크, 프랑스, 이탈리아, 네덜란드, 노르웨이, 폴란드, 스페인, 영국, 러시아)이 이에 해당한다.

117) 전종익, 앞의 논문, 2012, 200면.

118) 김연승, 『광물법 비교연구』, 한국동력자원연구소, 1985, 68면.

119) 1905년 제정된 일본 광업법은 토지소유권과 광물소유권을 분리하여 지하광물을 국가소유로 하는 '광물 국유의 원칙'을 규정하였다. 長沢一惠, 「近代鉱業と植民地朝鮮社會」, 『한림일본학』 제29집, 2016, 186면.

120) 송병기 외 편, 『한말근대법령자료집 IV』, 대한민국국회도서관, 1971, 590면.

121) 이배용, 「일제초기 광업법 개정과 광업침탈 실태」, 『동아연구』 제17집, 1989, 680면.

률에서 열거하고 있는 중요한 가치가 있는 광물만이 국가의 소유가 되고 나머지 광물들은 모두 토지소유자의 소유권의 범위에 포함된다. 1948년 헌법 제85조가 국유의 대상으로 '광물 기타 중요한 지하자원'이라 규정한 것은 이러한 조선광업령과 일본 광업법의 규정들 및 해석론을 받아들인 것으로 볼 수 있다. 이에 의하면 모든 지하자원이 국유로 되는 것은 아니며 금, 은, 철광, 석탄, 석유 등 국민경제적으로 중요한 의미를 가지는 것들만이 여기에 포함된다. 이렇게 보면 '광물 기타 중요한 지하자원'에서 '중요한 지하자원' 부분이 중심적인 의미를 가지며 '광물'은 중요한 지하자원을 예를 들어 설명하는 것으로 볼 수 있다.

중요한 지하자원을 국유로 보면 광업법상 광업권을 물권으로 규정(제10조)하여 민법상 부동산에 관한 규정을 적용하여 온 것은 납득하기 어렵다.[123] 광업권은 광물을 채굴하고 취득하는 권리를 기본으로 하는 권리[124]로서 광업권자는 국유인 매장되어 있는 광물을 그 자체로 지배할 수 있는 권리를 가질 수 없고, 광물을 채굴하여 분리하였을 때 비로소 그에 대한 권리를 취득하게 된다. 따라서 광업권이 매장되어 있는 광물과 관련하여 특정의 물건을 직접 지배하여 이익을 얻는 배타적인 권리[125]인 물권의 특성을 가지는 것으로 볼 수는 없다. 광업권을 물권과 연결시키기 위하여 이를 광물이 아닌 토지의 일부인 '광구(鑛區)에 대한 지배권'으로 이해하는 입장도 있다. 그러나

---

122) 平田慶吉, "鑛業法", 『現代法學全集』 第18卷, 日本評論社, 1929, p.14; 我妻榮 · 豊島陞, 『鉱業法』, 有斐閣, 1958, p.58.

123) 광업권을 물권으로 하여 민법상 부동산에 관한 규정을 적용하여 온 것은 1926년 조선광업령 제17조 제1항 이래 현재까지 계속되고 있다.

124) 1916년 조선광업령 제정 이래 해방 후 광업법의 제정 이후에도 광업권은 '광물을 채굴하고 취득하는 권리'로 정의되어 왔다. 2010. 1. 27. 광업법이 개정(법률 제9982호)되면서 광업권에 광물을 탐사하는 권리인 탐사권이 추가되었다.

125) 곽윤직 · 김재형, 『물권법』, 박영사, 2015, 6면.

토지가 유체물로서 물권의 대상이 된 것은 연혁상 지표의 통상적 이용을 전제로 한 것으로서 광물채취라는 특수한 이용에 제공되는 토지는 유체물의 관념에 포섭될 수 없는 점에서 광업권을 본질상 이와 같은 물권으로 볼 수 없다는 반박이 설득력 있게 제시되고 있다.[126] 또한 광업권의 이중설정을 금지하는 광업법 규정을 근거로 광업권의 내용에 배타성이 있으므로 광업권을 지하와 광물에 대한 직접적인 지배의 권리로 보아 물권으로 보아야 한다는 주장도 있다.[127] 그러나 광업권의 이중설정 금지가 광업권을 물권으로 보아야만 설명될 수 있는 것은 아니다. 이는 작업상 방해 방지 등 질서유지나 광업권자의 이익보장과 같이 일반적인 규제법에서 인정되는 이유로도 충분히 설명될 수 있다. 광업권은 기본적으로 광물을 채취하고 취득하여 판매함으로써 이득을 얻는 사업인 광업에 종사할 수 있는 권리이다. 광업의 종사가 일반적인 직업의 자유로 보장되지 않고 특별한 권리의 취득이 있어야 가능한 것은 그 대상이 되는 지하자원이 국유로서 공동체 전체에 귀속되어 있어 어느 개인이 자유롭게 사용하거나 지배할 수 없기 때문이다. 따라서 광업권은 본질적으로 영업권과 유사한 것으로 보아야 하며, 이에 따라 그 자체로 광물이나 광구를 지배하는 권리가 발생하는 것으로 볼 수 없다. 광업이라는 사업을 영위한 결과 광물을 채취하여 취득할 수 있고 그때에야 비로소 물건에 대한 지배가 성립된다.

이와 같은 설명은 수산업법상 물권으로 규정(제16조)되어 있는 어업권에 대하여도 마찬가지로 적용될 수 있다. 수산자원은 포획하기 이전에는 유동성 등으로 말미암아 그 자체로 배타적으로 지배하기 어려우므로 전통적으로 사유재산에서 배제되어 왔다. 헌법 제120조 제1

---

126) 집필대표 곽윤직, 『민법주해』 제4권, 박영사, 1992, 11면.

127) 강대우, 『광업법 및 광산보안법 해설』, 세종출판사, 2011, 44-45면.

항이 수산자원을 포함하고 있는 것은 이와 같은 수산자원의 특성과 전통이 반영된 것으로 볼 수 있다. 어업권을 물권으로 보는 입장은 어업권을 특정한 어장에서 일정한 방식으로 특정 수산물을 포획, 채취, 양식하고 경제적 이익을 향유할 수 있는 권리로 보고, 특정 어장에 대한 지배를 근거로 하여 어장과 어업권의 관계를 토지와 토지소유권 간의 관계와 유사한 것으로 설명한다.[128] 그러나 기본적으로 어업권은 광업권과 마찬가지로 면허를 받아 어업을 경영할 수 있는 권리이다(수산업법 제2조 제9호). 특별히 수산업법상 규제를 받고 면허가 필요한 것은 헌법상 수산자원이 국유로 되어 있어 이를 이용한 영업이 직업의 자유로 보장될 수 없기 때문이다. 어업권을 가지고 있다고 하여 그 자체로 수산자원에 대한 지배권을 행사할 수 있는 것이 아니며 수산물에 대한 권리의 취득은 어업에 종사한 결과 포획한 이후 발생한다. 어업권자가 어장에 대한 배타적 지배권을 가진다고 주장하기도 하나, 해당 어장에서 특정 수산물을 획득할 수 있는 권리를 배타적 지배권으로 볼 수는 없다. 어업권을 배타적 지배권으로 보면 국가의 어업권 부여는 국가가 바다 등을 구획하여 당해 지역 자체는 물론 그 내부의 모든 수산자원에 대한 권리를 개인 또는 일부 공동체에 이전하는 것에 해당한다. 헌법 제120조 제1항의 취지에 비추어 특정 어업권의 설정을 그와 같은 것으로 볼 수는 없다. 따라서 어업권 역시 본질은 영업권과 같은 것으로 보아야 한다.

지하자원은 대표적인 재생불가능자원이며, 수산자원은 재생이 가능하기는 하나 지속 가능한 수준 이상으로 인출하여 사용하면 저량 자체가 소모되어 재생이 불가능해지는 자원에 해당한다. 반면 '수력'은 재생가능자원으로서 오랜 기간 인간이 경제적으로 사용해 온 대표적인 자연력에 해당한다. '경제상 이용할 수 있는 자연력'이 1919년

---

128) 최종화 · 차철표, 『한국의 수산법제』, 도서출판 두남, 2012, 63-64면.

소위 바이마르 헌법 제155조 '모든 경제적으로 이용 가능한 자연력(alle wirtschaftlich nutzbaren Naturkräfte)'과 이를 이어받은 1936년 중화민국헌법초안(이른바 五五憲草) 제118조의 '經濟上可供公衆利用之天然力'의 영향을 받은 것임[129]에 비추어 보면 1948년 제정 당시 이 문구는 풍력, 수력 등 전통적인 동력들을 염두에 두고 규정한 것으로 볼 수 있고, '수력'은 경제상 이용 가능한 자연력의 대표적인 예에 해당한다. 조력, 지열, 태양열 등도 현대과학의 발전에 따라 중요한 에너지원으로서 경제적인 의미를 가지게 되었으므로 모두 경제상 이용할 수 있는 자연력에 포함되는 것으로 볼 수 있다. 물론 헌법제정시부터 이미 논의된 바와 같이 경미한 자연력의 이용, 예를 들면 '시골에서 물레방아나 풍차를 돌리는 것'은 특허의 대상에 해당하지 않는다.[130] 따라서 이러한 자연력이 국유라고 하더라도 지열이나 태양열 등을 개인적으로 사용하는 것(예를 들면, 가정용 태양열 발전)이 금지되는 것은 아니다. 오직 일정 규모 이상으로 이들을 이용하는 사업을 실시하는 경우에만 특허의 대상이 되는 것으로 보아야 한다.

1948년 헌법제정 이후 경제의 발전과 환경의 변화로 말미암아 종래 무한정 재생이 가능한 것으로 생각하였던 토양이나 동식물들뿐 아니라 깨끗한 공기와 물의 순환, 홍수 및 기후조절 등 당연히 자연으로부터 제공되는 것으로 생각하였던 각종 생태계서비스들도 인간생활에 필수적이면서도 한정된 것으로서 경제적으로 가치를 가지며 희소성을 가지는 경제재(economic goods)에 해당하는 것으로 인식하게 되었다. 따라서 이제는 이러한 생태계서비스들도 모두 경제상 이용할 수 있는 자연력에 해당하는 것으로 보아야 한다. 그러한 대표적인 예가 대기와 물이다. 대기는 오랜 기간 분할되지 않는 전체로서

---

129) 전종익, 앞의 논문, 2013, 34면.

130) 위의 논문, 39면.

지배와 통제에 적합하지 않으므로 사유재산의 대상으로 삼기에 적절하지 않고 어느 누구에게도 속하지 않는 것으로 관념되어 왔다.[131] 그러나 오염의 문제가 심각해지면서 대기는 점차 희소성이 없는 자유재의 성격을 잃고 경제재로서의 성격을 가지게 되었고, 대기에 대한 권리는 재산권과 유사한 것으로 인식되게 되었다.[132] 깨끗하고 쾌적한 대기 자체가 자원으로서의 가치를 가지며 그러한 자원을 생산하고 유지하는 자연의 능력을 경제적인 가치가 있는 것으로 보면 대기 자체는 물론 그러한 정화 능력 모두가 헌법상 '경제상 이용할 수 있는 자연력'에 속하게 된다. 맑은 물과 이를 위한 자연의 정화능력도 대기와 같은 맥락에서 이에 포함되는 것으로 볼 수 있다. 따라서 일정한 정도를 넘는 각종 오염물질의 배출은 공동체 전체에 귀속되어 있는 대기와 물을 사적인 이익을 위해 사용하는 것에 해당한다. 물론 깨끗한 대기와 물 등 자원을 개인들이 일상적으로 사용하는 것은 생명권, 일반적 행동자유권, 직업의 자유 등의 행사에 필연적으로 포함되는 것으로서 그 자체로 허용된다. 다만 일반적인 생활과 영업활동에 필수적으로 수반되는 정도를 넘어 전체적인 배출량에서 자연의 처리한도초과에 기여도가 클 수 있는 규모로 이들 자원을 사용하는 경우만이 국가의 특별한 취급 대상이 된다.

나아가 이와 같이 지하자원을 포함한 각종 천연자원들을 공동체 전체에 귀속되는 것으로 보면 그 채취, 개발 또는 이용을 위한 기회의 공정한 배분[133]과 그로 인한 수익의 분배 역시 중요한 문제가 된다. 앞서 언급한 바와 같이 헌법 제120조 제1항의 특허는 공동체의 많은 사람들에게 혜택이 돌아가서 일반적 복지가 향상되는 경우에 이루어져야 하므로 그것에 가장 적합한 자에게 채취 등의 기회가 부여

---

131) Samuel C. Wiel, *supra* note 86, p.426.

132) 박세일 외, 앞의 책, 127면.

133) James Rasband et al., *supra* note 93, pp.39-40.

되어야 한다. 나아가 공동체의 천연자원을 통한 영업이익은 특허를 통한 특별한 법적 지위에서 나오는 것으로서 그것이 천연자원 자체에 아무런 감소를 가져오지 않더라도 일정한 대가를 지불하도록 하는 것에 아무런 문제가 없다. 하물며 광물 등 지하자원의 경우 재생불가능자원으로서 이들을 추출하여 사용하거나 판매하는 것은 그 자체로 공동체에 속해 있는 전체 자원의 저량을 소모하는 것에 해당한다. 또한 재생가능자원이라도 생태적 수용력의 범위를 넘어 사용하는 것 역시 이와 같다. 이러한 행위들은 공동체를 기준으로 보면 전체 자산의 총량을 감소시키는 행위로서 공동체 전체가 그로 인한 부담을 지게 된다.[134] 따라서 이러한 행위에 의한 수익은 공동체의 자산을 감소시킨 것에 비례하여 공동체 전체에 다시 분배될 필요가 있다. 예를 들면 지하수를 이용한 '먹는 샘물'의 제조·판매는 일상적인 범위를 넘어 공동체 전체의 자산인 지하수를 감소시키는 것이므로 이로부터 일정한 비율의 비용을 지급하도록 하는 것은 공동체의 자산을 이용하는 대가에 해당한다.[135] 마찬가지로 대기에 대한 오염물질의 배출은 물론 과도한 탄소배출 역시 공동체의 자연환경을 파괴하는 것에 해당하므로,[136] 기업들에게 일정 정도 이상의 탄소배출을 위해서 비용을 지급하도록 하는 것은 모두에게 속해 있는 대기사용의 대가를 지불하는 것으로서 정당성이 인정된다. 이러한 명목의 각종 부담금 등은 공동체가 집단적으로 소유한 자산을 사용할 권리의 대가로 지불하는 것이

134) 허먼 데일리, 앞의 책, 169면.

135) '먹는 물 관리법' 제31조는 샘물 등의 개발허가를 받은 자, 먹는 샘물 등의 제조업자뿐 아니라 먹는 샘물 등의 수입판매업자에게까지 수질개선부담금을 부과·징수할 수 있도록 규정하고 있다. 샘물 등의 개발업자나 먹는 샘물 등의 제조업자는 지하수 자원을 사용하는 점에서 헌법 제120조 제1항이 부담금의 근거가 될 수 있다. 그러나 먹는 샘물의 수입판매행위는 공동체의 천연자원을 이용하는 행위에 해당하지 않으므로 그에 대한 부담금의 근거는 전자와는 다른 것으로 보아야 한다.

136) 전종익, 「탄소배출권의 헌법적 성격과 거래제도」, 『법조』 제59권 제5호, 2010, 16면.

며 일종의 수수료(fee)와 유사한 것으로서 조세와 구별된다.[137] 이와 같이 징수된 금액들은 원래의 천연자원 소유자인 공동체 전체를 위하여 사용되어야 한다. 애초에 천연자원을 공동물로서 모두에게 귀속되어 있는 것으로 보면 이렇게 만들어진 재원에 대한 권리 역시 공동체 구성원 모두가 동등하게 가지고 있다고 보아야 한다. 천연자원으로부터 만들어진 수익의 배분과 관련하여 부담금 등을 재원으로 하여 일종의 펀드를 조성하고 이로부터 모든 구성원들에게 정기적으로 일정한 배당금을 지급하는 방안이 제시되고 있으며, 이는 공동체 구성원 모두에게 무조건적으로 일정한 현금급여를 지급하는 기본소득의 한 모형으로 논의되고 있다. 실제로 알래스카에서 석유를 추출하여 판매한 돈으로 이러한 제도를 시행하고 있다.[138]

Ⅳ. 결

서구의 경우 일정한 물건들을 성질상 공적인 성격을 가지고 있는 것으로 보아 사유재산의 대상에서 제외하고 공동체 구성원들이 그에 대하여 일정한 권리를 가지는 것으로 보는 만인공리물 법리는 로마법에서 시원적 모습을 찾아볼 수 있다. 이러한 법리는 발전을 거듭하여 중세를 거쳐 민사법뿐 아니라 공법과 국제법에 이르기까지 근대법의 여러 분야에서 공통적으로 영향을 주고 있다. 한편 중국과 조선의 법전통에서도 같은 취지의 법리들을 확인할 수 있다. 따라서 이러한 법리는 동서양의 법질서에 공통적인 것으로서 특정한 이념이나 이론에 의한 것이라 할 수 없다. 헌법 제120조 제1항이 연혁에 의하면 사회주의의 영향으로 일정한 천연자원들을 사유재산에서 제외하여 국가에게 귀속시키고 있는

137) 필리프 판 파레이스 · 야니크 판데르보흐트, 홍기빈 옮김, 『21세기 기본소득』, 흐름출판, 2017, 346면.

138) 위의 책, 347-349면.

것은 명백하다. 그럼에도 불구하고 위 규정이 천연자원 자체가 가지는 고유한 특성을 기반으로 설명될 수 있다면 이는 보편적인 법리에 의한 것으로서 반드시 사회주의와 관련하여 논의할 필요는 없다.

국가수립과 헌법 이론 측면에서 보면 국가수립 이전 개인들이 모여 국가수립의 목표를 공유하고 의사소통체계와 의사결정방법에 대한 합의에 이르면 인민공동체를 구성하게 되고, 그러한 공동체가 헌법을 제정하고 정부를 구성하면 국가가 수립된다. 공동체는 헌법을 제정하면서 공동체 지배하에 있는 자원들 중 일부를 사유재산으로 배분하고, 일부는 공동체 전체를 위하여 사용하도록 유보해 놓을 수 있으며, 이 경우 모든 구성원들은 유보되어 있는 자원으로부터 평등하게 이익을 향유할 수 있다. 후자의 경우 당해 자원들은 형식적으로 국가의 소유로 되어 있다 하더라도 실제로는 구성원 전체에게 귀속되어 공유되고 있다. 정부는 이에 대하여 사법상의 소유권과 같이 전면적이고 항구적인 사용·수익·처분권을 가지는 것이 아니며 인민의 이익을 위하여 이를 보전하고 관리할 의무를 진다. 따라서 공동체와 정부의 이와 같은 관계를 신탁관계와 유사한 것으로 볼 수 있다. 이는 헌법적으로 인민공동체와 국가의 관계를 신탁 또는 법인설립으로 보는 것과 부합하는 것으로서 이러한 공동체 전체의 공동물과 정부의 소유관계를 정리하면 다음과 같다.[139]

개인
↓
다중(단순한 개인들의 집합): 재산제도 없음
↓→ 공동체수립의 합의(목적, 의사결정방법)
인민(공동체): 공유
↓→ 헌법제정(신탁 또는 법인의 설립)
국가 수립(정부의 구성): 국유(공동물의 신탁)

139) 아래 표는 전종익, 앞의 논문, 2014, 305면의 표를 바탕으로 수정한 것임.

천연자원이 국유로 인정되는 것은 천연자원의 배타적 지배가능성 및 경합성 등이 인정되지 않는 고유의 성질과 함께, 이를 공동체 전체에 귀속시켜 그 존속과 번영을 위해 사용하여야 한다는 판단하에 이루어진 것이다. 1948년 헌법 제85조의 취지 역시 이와 다르지 않다. 1954년 비록 명문에서 '국유' 부분이 삭제되었다 하더라도 개정의 취지상 이와 같은 기본적인 입장이 변경된 것으로 볼 수는 없다. 따라서 헌법 제120조 제1항은 천연자원이 국유로서 공동체 전체에 귀속되어 있음을 규정한 것으로 보아야 하며, 위 조항의 '일정한 기간' 및 '특허'의 의미 역시 이러한 점의 근거로 볼 수 있다.

헌법 제120조 제1항은 재생불가능자원인 광물 등 지하자원과 재생가능자원인 수산자원과 함께 수력으로 대표되는 포괄적인 '경제상 이용할 수 있는 자연력'을 적용대상으로 규정하고 있다. 여기서 경제상 이용할 수 있는 자연력은 사회경제적 상황의 변화에 따라 대기, 바람, 바닷물의 이용 및 각종 신에너지와 재생에너지뿐 아니라 물의 순환, 탄소의 순환, 홍수 및 기후조절, 오염물질의 정화, 자외선 차단 등 각종 생태계서비스들까지 포괄하는 것으로 해석되고 있다. 따라서 광물과 수산자원 등 전통적인 천연자원과 관련된 각종 권리들 및 이를 바탕으로 한 법제들, 그리고 그로 인해 발생하는 수익의 배분 등은 물론 새로운 천연자원들에 대한 권리와 법제 등도 모두 헌법 제120조를 바탕으로 하여 설명되어야 한다. 예를 들면 전통적으로 물권으로 설명되었던 광업권과 어업권은 영업권과 같은 성질을 가지는 것으로 보아야 하고, 천연자원과 관련된 영업으로 인하여 발생한 수익에 대하여 부과되는 부담금은 국유인 천연자원의 사용대가로 보아야 한다.

이 글은 서구법 전통과 천연자원에 대한 기본적인 법리를 바탕으로 헌법상 천연자원 규정의 의미를 구체적으로 살펴보고 이를 바탕으로 관련 분야의 일부 사항에 대하여 새로운 설명을 제시한 것이다.

현재까지 이 분야에 대한 깊이 있는 연구를 찾아보기 어려운 상황에서 이 글은 시론적인 것에 해당한다. 이후 보다 많은 연구를 통하여 헌법 제120조 제1항을 풍부하게 해석해 낸다면 이를 바탕으로 관련 법제들에 대한 구체적이고 종합적인 검토를 실행하고 그 결과 헌법의 취지에 따라 법제를 개선하거나 새롭게 의미를 부여하는 작업이 가능하게 될 것이다. 당연히 관련 법령 규정들이 헌법의 취지에 반하고 개선이 이루어지지 않는 경우에는 위헌으로 선언하는 것이 필요하다. 이러한 작업들이 이루어질 때에야 비로소 위 규정이 천연자원의 이용과 개발에 대한 헌법상의 기본규정으로 기능하게 될 것이다.

참고문헌

제 1 장

[국내 문헌]

강명희, 「5·4운동」, 『강좌 중국사』 VI, 지식산업사, 1989.

권영성, 『비교헌법학』, 법문사, 1990.

권영성, 『헌법학원론』, 법문사, 2010.

김세호, 「군벌통치와 聯省자치」, 『강좌 중국사』 VII, 지식산업사, 1989.

김철수, 『학설 판례 헌법학』 상, 박영사, 2009.

김형종, 「신해혁명의 전개」, 『강좌 중국사』 VI, 지식산업사, 1989.

나현수, 「제1차 국공합작과 북벌」, 『강좌 중국사』 VII, 지식산업사, 1989.

민두기, 「민국혁명론」, 『강좌 중국사』 VI, 지식산업사, 1989.

민두기, 「중국국민당 改進과 改組」, 『동방학지』 제33권, 1982.

백영서, 「『建設』誌와 朱執信의 역할−54기 중국국민당 지도층의 사상적 모색」, 『동양사학연구』 제19권, 1984.

성낙인, 『헌법학』, 법문사, 2011.

손승희, 「신간자료를 통해 본 소련·코민테른과 중국국민당 '改組'−三民主義의 재해석과 관련하여」, 『史林』 제17권, 2002.

송석윤, 『위기시대의 헌법학』, 정우사, 2002.

신우철, 『비교헌법사−대한민국입헌주의의 연원』, 법문사, 2008.

심경수, 「소련헌법의 원형: 1918년 러시아 사회주의연방소비에트공화국헌법에 관한 고찰」, 『법학연구』 제1권 제1호, 1990.

양건, 『헌법강의』, 법문사, 2011.

유진오, 『憲法의 基礎理論』, 명세당, 1950.

유진오, 『憲法解義』, 명세당, 1949.

윤혜영, 「변법운동과 입헌운동」, 『강좌 중국사』 VI, 지식산업사, 1989.

이영록, 『유진오 헌법사상의 형성과 전개』, 서울대학교 박사학위논문, 2000.

임대희, 김택민 主編, 『譯註 唐律疏議－各則(下)』, 한국법제연구원, 1998.
전동현, 「손문 사후 중국국민당의 정체성 모색과 淸黨論」, 『제42회 전국역사학대회 발표자료집』.
전동현, 「중국국민당 改組시기 국민혁명이념의 형성－三民主義 해석을 중심으로」, 『이대사원』 제31권, 1998.
전종익, 「탄소배출권의 헌법적 성격과 거래제도」, 『법조』 제59권 제5호, 2010.
정종섭, 『한국헌법사문류』, 박영사, 2002.
정종섭, 『헌법학원론』, 박영사, 2011.
체스타 탄 저, 민두기 역, 『中國現代政治思想史』, 지식산업사, 1985.
최인호 외 역, 「공산주의당 선언」, 『칼 맑스, 프리드리히 엥겔스 저작 선집 1』, 박종철출판사, 1992.
한수웅, 『헌법학』, 법문사, 2011.

[국외 문헌]

ア.イ.デニソフ 編, 溪內謙 譯, 『ソヴェト國家と法の歷史(上)』, 巖松堂書店, 1956.
家永三郎 등 3人 編, 『明治前期の憲法構想』, 福村出版, 1987.
高橋勇治, 『中華民國憲法』 ,有斐閣, 1948.
郭 衛 編, 『中華民國憲法史料』, 文海出版社, 1947.
羅家倫 主編, 中國國民黨中央委員會黨史史料編纂委員會 編, 「本黨改進大凡」, 「中國國民黨本部現任職員一覽表」, 「中國國民黨改進宣言」, 「中國國民黨第1次全國代表大會之擧行 大會決議案」, 『革命文獻(第8輯)』, 中央文物供應社, 1953.
繆全吉 編著, 『中國制憲史資料彙編－憲法篇』, 國史館, 1989.
小島晋治·丸山松幸, 『中國近現代史』, 朴元熇 역, 『중국근현대사』, 지식산업사, 1991.
孫 文, 「民生主義與社會革命」, 「建國大綱」, 『孫中山選集』, 中華書局, 1978.
王厚生, 『中共制憲評論』, 文會出版社, 1955.
張耀曾 等 編, 『中華民國憲法史料』, 文海出版社, 1933.
張晉藩, 『中國法制史』, 한기종 등 역, 『중국법제사』, 소나무, 2006.

陣 澔(元), 『禮記集說(上)』, 己蜀書社, 1987.
A. Denisvo and M. Kirichenko, *Soviet State Law*, Foreign Languages Publishing House, 1960, http://www.marxists.org/history/ussr/government/constitution/1918
Feldbrugge, F. J. M. ed. *The Constitutions of the USSR and the Union Republics : analysis, texts, reports*, Sijthoff & Noordhoff, 1979.
V. I. Lenin, "Declaration Of Rights Of The Working And Exploited People", *Lenin's Collected Works*, Vol.26, Progress Publishers, 1972.

제 2 장

[1차 자료]

조선왕조실록 원문 및 번역자료 http://sillok.history.go.kr
정도전, 『국역 삼봉집』, 솔, 1997.
『經國大典』, 서울대학교 규장각, 1997.
『臨時政府樹立大綱 -美蘇共委諮問案答申集』, 새한민보사, 1947.
朝鮮總督府警務局, 『大正十一年 朝鮮治安狀況 2』, 高麗書林, 1989.
『대한민국임시정부 자료집 1-헌법·공보』, 국사편찬위원회, 2005.
『대한민국임시정부 자료집 3-임시의정원 II』, 국사편찬위원회, 2005.
『대한민국임시정부 자료집 4-임시의정원 III』, 국사편찬위원회, 2005.
『대한민국임시정부 자료집 5-임시의정원 IV』, 국사편찬위원회, 2005.
『대한민국임시정부 자료집 8-정부수반』, 국사편찬위원회, 2006.
『대한민국임시정부 자료집 11-한국광복군 II』, 국사편찬위원회, 2006.
『대한민국임시정부 자료집 33-한국독립당 I』, 국사편찬위원회, 2009.
『대한민국임시정부 자료집 34-한국독립당 II』, 국사편찬위원회, 2009.
『대한민국임시정부 자료집 35-한국국민당 I』, 국사편찬위원회, 2009.
『대한민국임시정부 자료집 37-조선민족혁명당 및 기타 정당』, 국사편찬위원회, 2009.
『대한민국임시정부 자료집 별책2-조선민족운동연감』, 국사편찬위원회, 2009.

『독립운동사 자료집 제7집』, 독립운동사편찬위원회, 1973.
『한국독립운동사 자료 3』(임정편 III), 국사편찬위원회, 1973.
金正明 編, 『朝鮮獨立運動(II) －民族主義運動篇』, 原書房:東京, 1967.
秋憲樹 편, 『資料 韓國獨立運動』 2, 연세대학교 출판부, 1972.
독립운동사 편찬위원회, 『독립운동사 제4권 -임시정부사』, 독립유공자사업기금운용위원회, 1972.
단재신채호전집편찬위원회, 『단재신채호전집』, 독립기념관 한국독립운동사연구소, 2008.
삼균학회 편, 『素昂先生文集』(上), 횃불사, 1979.
『한국독립운동사자료집－조소앙편(一)－』, 한국정신문화연구원, 1979.

[국내 문헌]

강만길, 『조선민족혁명당과 통일전선』, 역사비평사, 2003.
권영성, 『헌법학원론(개정판)』, 법문사, 2010.
김영범, 『의열투쟁 I -1920년대』, 독립기념관 한국독립운동사연구소, 2009.
김영수, 『한국헌법사』, 학문사, 2000.
박태균, 『원형과 변용 -한국경제개발계획의 기원』, 서울대학교 출판부, 2007.
박태원, 『약산과 의열단』, 깊은샘, 2000.
성낙인, 『대한민국헌법사』, 법문사, 2012.
신복룡, 「신채호의 무정부주의」, 『동양정치사상사』 제7권 제1호, 2007.
신복룡, 『동학사상과 갑오농민혁명(개정판)』, 선인, 2006.
신우철, 「건국강령(1941. 10. 28.) 연구 －'조소앙 헌법사상'의 헌법사적 의미를 되새기며」, 『중앙법학』 제10집 제1호, 2008.
신우철, 『비교헌법사－대한민국입헌주의의 연원』, 법문사, 2008.
심희기, 『조선후기토지소유에 관한 연구 －국가지주설과 공동체소유설 비판－』, 서울대학교 박사학위논문, 1991.
심희기, 『한국법제사강의』, 삼영사, 1997.
유승주, 『조선시대 광업사 연구』, 고려대학교 출판부 1994.
유치송, 『해공 신익희 일대기』 해공신익희선생 기념회, 1984.

윤대원, 『상해시기 대한민국임시정부 연구』, 서울대학교 출판부, 2006.
이현주, 『한국사회주의세력의 형성: 1919~1923』, 일조각, 2003.
이현희, 「3 · 1 민주혁명후 임시정부의 성립과 그 성격－민주체제형성의 추진－」, 『역사교육』 30 · 31, 1982.
이호룡, 『아나키스트들의 민족해방운동』, 독립기념관 한국독립운동사연구소, 2008.
임경석, 『한국 사회주의의 기원』, 역사비평사, 2003.
장세윤, 「재만 조선혁명당의 조직과 민족해방운동」, 『史林』 18, 2002.
전종익, 「중국근대헌법과 천연자원 규정의 도입」, 『법사학연구』 제44호, 2011.
정연태 외 2인, 「3 · 1운동의 전개양상과 참가계층」, 『3 · 1민족해방운동연구』, 청년사, 1989.
정종섭, 『헌법학원론(제7판)』, 박영사, 2012.
조동걸, 「조소앙의 생애와 민족운동」, 『한국현대사인물연구』 2, 백산서당, 1999.
조범래, 『한국독립당연구 1930~1945』, 선인, 2011.
조항래, 「조선혁명선언의 배경과 이념」, 『한국민족운동사연구』 10, 1994.
한시준, 「'독립운동 정당'과 해공 신익희」, 『한국민족운동사연구(우송조동걸선생정년기념논총)』 나남출판, 1997.
한시준, 「대한민국임시정부의 광복 후 민족국가건설론 －대한민국건국강령을 중심으로－」, 『한국독립운동사 연구』 3, 1989.
한시준, 「조소앙연구 －독립운동을 중심으로－」, 『사학지』 제18권, 1984.
한태연 외 4인, 『한국헌법사(상)』, 한국정신문화연구원, 1988.
홍선희, 『조소앙의 삼균주의 연구』, 한길사, 1982.
황승흠, 「제헌헌법 '제6장 경제'편의 형성과정과 그것의 의미」, 『법사학연구』 제30호, 2004.
황승흠, 「제헌헌법상의 근로자의 이익균점권의 헌법화과정에 관한 연구」, 『공법연구』 제31집 제2호, 2002.

제 3 장

[1차 자료]

『巨人의 숨결－古下 宋鎭禹 關係資料集』, 동아일보사, 1990.

『국회보 제20호』, 1958. 7.

『남조선과도입법의원속기록 2』, 여강출판사, 1984.

『남조선과도입법의원속기록 3』, 여강출판사, 1984.

『대한민국임시정부 자료집 8－정부수반』, 국사편찬위원회, 2006.

『대한민국임시정부 자료집 33－한국독립당 I』, 국사편찬위원회, 2009.

『대한민국임시정부 자료집 34－한국독립당 II』, 국사편찬위원회, 2009.

『미군정청 관보』, Vol.1, No.1, No.4, 원주문화사, 1993.

臨時政府樹立大綱－美蘇共委諮問案答申集, 새한민보사, 1947.

『자료 대한민국사 1』, 국사편찬위원회, 1968.

『자료 대한민국사 2』, 국사편찬위원회, 1969.

『자료 대한민국사 3』, 국사편찬위원회, 1970.

[국내 문헌]

고려대학교 박물관 편, 『민세안재홍선집 7』, 지식산업사, 2008.

고려대학교 박물관 편, 『현민 유진오 제헌헌법관계 자료집』, 고려대학교 출판사, 2009.

김남식 외 2인 편, 『한국현대사 자료 총서 5』, 돌베개, 1986.

김수용, 『건국과 헌법』, 경인문화사, 2008.

김오성, 「朝鮮人民黨의 性格」, 심지연, 『인민당연구』, 경남대학교 극동문제연구소, 1991.

김인식, 『광복 전후 국가건설론』, 독립기념관 한국독립운동사연구소, 2008.

金正明 編, 『朝鮮獨立運動(V) － 共産主義運動篇』, 原書房, 1967.

김철수, 『한국헌법사』, 대학출판사, 1988.

김효전, 「한국헌법과 바이마르 헌법」, 『공법연구』 제14집, 1986.

대한민국국회, 『제헌국회속기록 1』, 선인문화사, 1999.

몽양 여운형선생전집발간위원회 편, 『몽양 여운형 전집 1』, 한울, 1991.

민주주의민족전선 편, 『해방조선 I』, 과학과 사상, 1988.
백남운, 『조선민족의 진로 · 재론』, 범우, 2007.
서중석, 「해방후 주요 정치세력의 국가건설방안」, 『대동문화연구』 제27집, 1992.
서중석, 『한국현대민족운동연구』, 역사비평사, 1996.
송남헌, 『해방 3년사 I』, 까치, 1985.
송남헌, 『해방 3년사 II』, 까치, 1985.
송석윤, 위기시대의 헌법학, 정우사, 2002.
신우철, 「건국강령(1941. 10. 28.) 연구」, 『중앙법학』 제10권 제1호, 2008.
심지연, 『조선신민당연구』, 동녘, 1988.
심지연, 『조선혁명론 연구』, 실천문학사, 1987.
심지연, 『한국민주당연구 I』, 풀빛, 1982.
안재홍선집간행위원회 편, 『민세안재홍선집 2』, 지식산업사, 1983.
안종철, 「해방 전후 아더 번스(Arthur C.Bunce)의 활동과 미국의 대한정책」, 『미국사연구』 제31집, 2010.
유광호 외 4인, 『미군정시대의 경제정책』, 한국정신문화연구원, 1992.
유진오, 「國家의 社會的 機能(一)」, 『법정』 제3권 제3호, 1948.
유진오, 「朝鮮法制編纂委員會起草要綱(一)」, 『법정』 제3권 제6호, 1948.
유진오, 『헌법기초회고록』, 일조각, 1980.
유진오, 『憲法解義』, 명세당, 1949.
유치송, 『해공 신익희 일대기』, 해공신익희선생 기념회, 1984.
이경주, 「미군정기 과도입법의원과 조선임시약헌」, 『법사학연구』 제23호, 2001.
이기하, 『한국정당발달사』, 의회정치사, 1961.
이만규, 『呂運亨先生鬪爭史』, 민족문화사, 1946.
이영록, 「「권승렬안」에 관한 연구」, 『법과 사회』 제24호, 2003.
이영록, 「유진오 헌법사상의 형성과 전개」, 서울대학교 박사학위논문, 2000.
이영록, 『우리 헌법의 탄생』, 서해문집, 2006.
이정박헌영전집 편집위원회 편, 『이정 박헌영전집』, 역사비평사, 2004.
전종익, 「독립운동시기 천연자원과 주요산업 국유화 원칙의 도입」, 『공법연구』 제41집 제1호, 2012.

전종익,「중국근대헌법과 천연자원 규정의 도입」,『법사학연구』 제44호, 2011.
정상우,「미군정기 중간파의 헌법구상에 관한 연구」, 서울대학교 박사학위논문, 2007.
정용욱, 이길상 편,『해방전후 미국의 대한정책사 자료집 9-미소공동위원회 자료(4)』, 다락방, 1995.
정종섭,「한국헌법사에 등장한 국무총리제도의 연원」,『서울대학교 법학』 제45권 제4호, 2004.
정종섭,『한국헌법사문류』, 박영사, 2002.
중앙일보 현대사연구소 편,『미군 CIC 정보보고서 1』, 선인, 1996.
한태연 외 4인,『한국헌법사(상)』, 한국정신문화연구원, 1988.
허수열,『개발없는 개발-일제하 조선경제개발의 현상과 본질』, 은행나무, 2005.
홍기태,「해방후의 헌법구상과 1948년 헌법성립에 관한 연구」, 서울대학교 석사학위논문, 1986.
황승흠,「제헌헌법 '제6장 경제'편의 형성과정과 그것의 의미」,『법사학연구』 제30호, 2004.
황승흠,「제헌헌법 제16조 교육조항의 성립과정에 관한 연구,『국민대학교 법학논총』 제23권 제2호, 2011.
황승흠,「제헌헌법상의 근로자의 이익균점권의 헌법화과정에 관한 연구」,『공법연구』 제31집 제2호, 2002.

[국외 문헌]

家永三郎 등 3人 編,『明治前期の憲法構想』, 福村出版, 1987.
繆全吉 編著, 中國制憲史資料彙編 - 憲法篇, 國史館, 1989.
Arthur C. Bunce, "Proposed Three-year Program for the Rehabilitation of South Korea", 미군정기정보자료집 하지(John R. Hodge) 문서집 1, 한림대학교 아시아문화연구소, 1995.
Arthur C. Bunce, "the Future of Korea: Part I", *Far Eastern Survey*, Vol. XIII, No. 8, 1944, 한국정신문화연구원 편, 해방전후 미국의「대한인

식」 자료, 선인, 2001.

Dürig/Rudolf, *Texte zur deutschen Verfassungsgeschichte*, C.H. Beck, 1996.

Feldbrugge, F. J. M. ed., *The Constitutions of the USSR and the Union Republics : analysis, texts, reports* Sijthoff & Noordhoff, 1979.

[웹사이트]

1922년 아일랜드 헌법, http://www.irishstatutebook.ie/1922/en/act/pub/0001/print.html

1943년 필리핀 헌법, http://www.gov.ph/the-1943-constitution/

제 4 장

[1차 자료]

RG 84 Records of the Foreign Service Posts of the Department of State, 1788-1964, Korea, Seoul Embassy, Classified General Records, 1952-63.

RG 319 Records of the U.S. Army Staff, Records of the Office of the Chief of Civil Affairs, Security-Classified Correspondence of the Economics Division Relating to Korea, Japan, and the Ryukyu Islands, 1949-59.

RG 469 Records of U.S. Foreign Assistance Agencies, 1942-1963, The Deputy Director for Program and Planning: Program Office, Subject Files, 1952-57.

RG 469 Records of U.S. Foreign Assistance Agencies, 1942-1963, Office of the Dir: Geographic Files of the Director, 1948-55.

RG 469 Records of U.S. Foreign Assistance Agencies, 1942-1963, Office of the European Operations: Office of the Director Geographic Files, Central Files, 1953-54.

(이상 국립중앙도서관 해외수집기록물 문서군 http://www.nl.go.kr/nl/dataSearch/archives_search.jsp을 통해 검색)
국회속기록(국회회의록시스템(http://likms.assembly.go.kr/record을 통해 검색)
《경향신문》
《동아일보》
국사편찬위원회 편, 『(자료) 대한민국사』 26, 국사편찬위원회, 2007.
국사편찬위원회 편, 『(자료) 대한민국사』 28, 국사편찬위원회, 2008.
국사편찬위원회 편, 『한국경제정책자료』 8, 국사편찬위원회, 2013.
한국산업은행 기획조사부 역, 『네이산보고 - 한국경제재건계획』(상, 하), 한국산업은행, 1954.

[국내 문헌]

갈봉근, 「제헌헌법의 기본성격과 그 발전과정」, 한태연 외 4인, 『한국헌법사(상)』, 한국정신문화연구원, 1988.
강명옥, 「헌법경제조항개정 제의에 관하여」, 『법정』 64, 1954.
김영수, 『한국헌법사』, 학문사, 2000.
김철수, 『한국헌법사』, 대학출판사, 1988.
박명림, 「헌법, 국가의제, 그리고 대통령 리더십: '건국 헌법'과 '전후 헌법'의 경제조항 비교를 중심으로」, 『국제정치논총』 제48집 제1호, 2008.
박용상, 「제1공화국 헌정사」, 『법조』 제38권 제6호, 1989.
박일경, 『新稿 憲法』, 덕수출판사, 1956.
박태균, 「1950년대 미국의 대아시아정책과 ECAFE」, 『국제 · 지역 연구』 제12권 제2호, 2003.
박태균, 『우방과 제국, 한미관계의 두 신화』, 창비, 2006.
박태균, 『원형과 변용 - 한국 경제개발계획의 기원』, 서울대학교 출판부, 2007.
성낙인, 『대한민국헌법사』, 법문사, 2012.
신용옥, 「대한민국 헌법 경제조항 개정안의 정치 · 경제적 환경과 그 성격」, 『한국근현대사연구』 제44집, 2008.
유진오, 『憲法解義』, 명세당, 1949.

유진오, 『헌정의 이론과 실제』, 일조각, 1954.
윤세창, 『新稿 憲法』, 일조각, 1963.
이경호, 『憲法講義』, 일한도서출판사, 1959.
이대근, 『해방후·1950년대의 경제』, 삼성경제연구소, 2002.
이상철, 「1950년대의 산업정책과 경제발전」, 문정인·김세중 편, 『1950년대 한국사의 재조명』, 선인, 2004.
이소라, 「1952-55년 한미재단의 활동과 역사적 성격」, 『한국사론』 제62권, 2016.
이현진, 「타스카 사절단의 방한과 그 보고서의 성격」, 『역사와 현실』 제49호, 2003.
이현진, 『미국의 대한경제원조정책 1948~1960』, 혜안, 2009.
정상우, 『1954년 헌법개정에 관한 연구』, 서울대학교 석사학위논문, 2002.
정상우, 「1954년 헌법개정의 성격에 대한 비판적 고찰」, 『법사학연구』 제28호, 2003.
최상오, 「한국의 경제개발과 미국, 1948-1965: 경제계획과 공업화정책을 중심으로」, 『미국학논집』 37-3, 2005.
한웅길, 『新稿 憲法原論』, 남산당, 1965.
한태연, 『新憲法』, 법문사, 1960.

제5장

[국내 문헌]

강대우, 『광업법 및 광산보안법 해설』, 세종출판사, 2011.
강명옥, 『최신 행정법총론』, 고시학회, 1954.
곽윤직·김재형, 『물권법』, 박영사, 2015.
곽윤직·김재형, 『민법총칙』, 박영사, 2013.
김동희, 『행정법 I』, 박영사, 2018.
김동희, 『행정법 II』, 박영사, 2018.
김연승, 『광물법 비교연구』, 한국동력자원연구소, 1985.
김영희, 「커먼즈적 공유에 관한 고찰」, 『법과 사회』 제57호, 2018.

김하열, 『헌법강의』, 박영사, 2018.

류권홍, 「자원 소유권의 귀속－석유과 가스를 중심으로」, 『원광법학』 제25권 제2호, 2009.

마가렛 A. 맥킨, 「공동자원과 집합재 그리고 자본주의」, 최현 외 편, 『공동자원의 영역들』, 진인진, 2019.

박균성, 『행정법론(상)』, 박영사, 2017.

박균성, 『행정법론(하)』, 박영사, 2017.

박세일 외, 『박세일 법경제학』, 박영사, 2019.

성낙인, 『헌법학』, 법문사, 2020.

송병기 외 편, 『한말근대법령자료집 IV』, 대한민국국회도서관, 1971.

양건, 『헌법강의』, 법문사, 2018.

엘리너 오스트롬, 윤홍근·안도경 옮김, 『공유의 비극을 넘어』, 랜덤하우스, 2010.

유진오, 『헌법해의』, 명세당, 1949.

윤세창, 「행정법」, 『신조선법학전집 제1권』, 서울통신대학, 1948.

이계정, 『신탁의 기본 법리에 관한 연구－본질과 독립재산성－』, 경인문화사, 2017.

이배용, 「일제초기 광업법 개정과 광업침탈 실태」, 『동아연구』 제17집, 1989.

이종극, 『행정법정의』, 숭문사, 1953.

전종익, 「1948년 헌법 천연자원 및 주요산업 국유화 규정의 형성」, 『서울대학교 법학』 제54권 제2호, 2013.

전종익, 「1954년 헌법 천연자원 및 중요기업 국유화 규정의 개정의 의미」, 『헌법학연구』 제24권 제3호, 2018.

전종익, 「공동체로서의 국가와 정부」, 『서울대학교 법학』 제55권 제4호, 2014.

전종익, 「독립운동시기 천연자원과 주요산업 국유화 원칙의 도입」, 『공법연구』 제41집 제1호, 2012.

전종익, 「중국근대헌법과 천연자원 규정의 도입」, 『법사학연구』 제44호, 2011.

전종익, 「탄소배출권의 헌법적 성격과 거래제도」, 『법조』 제59권 제5호, 2010.

정연신, 「엘리너 오스트롬의 공동자원론을 넘어서: 자원관리 패러다임에서 커먼즈에 대한 정치생태학적 접근으로」, 최현 외, 『공동자원의 섬 제주 1 - 땅 물 바람』, 진인진, 2016.

정인섭, 『신국제법강의』, 박영사, 2018.

정종섭, 『헌법학원론』, 박영사, 2018.

조홍식, 「공공신탁이론과 한국에서의 적용가능성」, 『환경법연구』 제19호, 1997.

집필대표 곽윤직, 『민법주해』 제2권, 박영사, 1992.

집필대표 곽윤직, 『민법주해』 제4권, 박영사, 1992.

최병조, 『로마법강의』, 박영사, 2007.

최병조, 『로마법의 향연』, 도서출판 길, 2019.

최종화 · 차철표, 『한국의 수산법제』, 도서출판 두남, 2012.

편집대표 김대휘 · 김신, 『주석형법 각칙(5)』, 한국사법행정학회, 2017.

편집대표 김용담, 『주석민법 총칙(2)』, 한국사법행정학회, 2010.

필리프 판 파레이스 · 야니크 판데르보흐트, 홍기빈 옮김, 『21세기 기본소득』, 흐름출판, 2017.

한수웅, 『헌법학』, 법문사, 2019.

허먼 데일리, 박형준 옮김, 『성장을 넘어서 - 지속가능한 발전의 경제학 -』, 열린책들, 2016.

홍정선, 『행정법원론(상)』, 박영사, 2018.

홍정선, 『행정법원론(하)』, 박영사, 2019.

황동준, 『한국행정법(상)』, 일한도서출판사, 1953.

[국외 문헌]

我妻榮 · 豊島陞, 『鉱業法』, 有斐閣, 1958.

長沢一惠, 「近代鉱業と植民地朝鮮社會」, 『한림일본학』 제29집, 2016.

平田慶吉, “鑛業法”, 『現代法學全集』 第18卷, 日本評論社, 1929.

Alexander, Gregory S. & Peñalver, Eduardo M., *An Introduction to Property Theory*, Cambridge University Press, 2012.

Barnes, Richard, *Property Rights and Natural Resources*, Hart Publishing, 2009.

Barresi, Paul A., "Mobilizing the Public Trust Doctrine in Support of Publicly Owned Forests as Carbon Dioxide Sinks in India and the United States", *Colorado Journal of International Environmental Law and Policy*, Vol.23, 2012.

Baslar, Kemal, *The Concept of the Common Heritage of Mankind in International Law*, Maritinus Nijhoff Publishers, 1998.

Black's Law Dictionary, Thomson, 2005.

Blackstone, William, *Commentaries on the Law of England*, Vol.2, University of Chicago Press, 1979.

Carter, Alan, *The Philosophical Foundations of Property Rights*, Harvester Wheatsheaf, 1989.

Cohen, Morris R., "Property and Sovereignty", *Cornell Law Quarterly*, Vol.13, 1927－1928.

Coquillette, Daniel R., "Mosses from an Old Manse: Another Look at Some Historic Property Cases about the Environment", *Cornell Law Review*, Vol.64, 1979.

Cornu, Gérard, *Vocabulaire Juridique*, puf, 2008.

Epstein, Richard A., "The Public Property Doctrine", *Cato Journal*, Vol.7, 1987.

Grotius(translated by A. C. Campbell), *The Rights of War and Peace*, M. Walter Dunne Publisher, 1901.

Hamilton, Jonnette Watson & Bankes, Nigel, "Different Views of the Cathedral: The Literature on Property Law Theory", in Aileen McHarg et al.(eds), *Property and the Law in Energy and Natural Resources*, Oxford University Press, 2010.

Kube, Hanno, "Private Property in Natural Resources and the Public Weal in German Law – Latent Similarities to the Public Trust Doctrine",

Natural Resources Journal, Vol.37, 1997.

Lazarus, Richard J., "Changing Conceptions of Property and Sovereignty in Natural Resources: Questioning the Public Trust Doctrine", *Iowa Law Review*, Vol.71, 1986.

MORAND−DEVILLER, Jacqueline, *Droit Administratif des Biens*, Montchrestien, 2010.

Nanda, Ved P. & Ris, William K., Jr., "The Public Trust Doctrine: A Viable Approach to international Environmental Protection", *Ecology Law Quarterly*, Vol.5, 1975−1976.

Nef, John U., "Mining and Metallurgy in Medieval Civilisation", in M. Postan & E. E. Rich(eds), *The Cambridge Economic History of Europe*, Cambridge University Press, 1952.

Papier, Hans−Jürgen, "Recht der öffentlich Sachen", in Hans−Uwe Erichsen and Dirk Ehlers(eds), *Allgemeines Verwaltungsrecht*, 12 Aufl., De Gruyter Recht, 2002.

Perruso, Richard, "The Development of the Doctrine of Res Communes in Medieval and Early Modern Europe", *Tijdschrift voor Rechtsgeschidenis*, Vol.70, 2002.

Rasband, James et al., *Natural Resources Law and Policy*, Foundation Press, 2009.

Roggenkamp, Martha M. et al.(eds), *Energy Law in Europe*, Oxford University Press, 2016.

Rose, Carol M., "Romans, Roads, and Romantic Creators: Traditions of Public Property in the Information Age", *Law and Contemporary Problems*, Vol.66, 2003.

Rose, Carol M., "The Comedy of the Commons: Custom, Commerce, and Inherently Public Property", *The University of Chicago Law Review*, Vol.53, 1986.

Sax, Joseph L., "The Public Trust Doctrine in Natural Resource Law: Effective Judicial Intervention", *Michigan Law Review*, Vol.68, 1969－1970.

Schrijver, Nico, *Sovereignty over Natural Resources*, Cambridge University Press, 1997.

Stevens, Jan S., "The Public Trust: A Sovereign's Ancient Prerogative Becomes the People's Environmental Right", *U.C. Davis Law Review*, Vol.14, 1980.

Thomas, J. A. C., *The Institutes of Justinian － Text, Translation and Commentary －*, North－Holland publishing Company, 1975.

Waldron, Jeremy, *The Right to Private Property*, Oxford University Press, 1988.

Watson, Alan(trans.&eds.), *The Digest of Justinian*, University of Pennsylvania Press, 1985.

Weiss, Edith Brown, "The Planetary Trust: Conservation and Intergenerational Equity", *Ecology Law Quarterly*, Vol.4, 1984.

Wiel, Samuel C., "Natural Communism: Air, Water, Oil, Sea And Seashore", *Harvard Law Review*, Vol.47, 1934.

Will, David J., "Ecophilosophy and Natural Law", *Journal of Energy, Natural Resources and Environmental Law*, Vol.12, 1992.

[웹사이트]

Henry of Bracton, *On the Laws and Customs of England*, Vol.2, electronic version, 1968－1977, Harvard Law School Library, Bracton Online, http://amesfoundation.law.harvard.edu/Bracton/Framed/mframe.htm

Napoléon Bonaparte, *Code civil des français, Édition originale et seule officielle*, 1804, https://oll.libertyfund.org/titles/bonaparte－code－civil－des－francais－edition－originale－et－seule－officielle

Otto Mayer, *Deutsches Verwaltungsrescht* Bd.2, 1 Aufl., Duncker & Humbolt, 1896, http://www.deutschestextarchiv.de/book/show/mayer_verwaltungsrecht02_1896

찾아보기

[ㅈ]

[ㅊ]

[ㅋ]

[ㅌ]

[ㅍ]

[ㅎ]

저자약력

전종익

서울대학교 법과대학 졸업
서울대학교 대학원 법학과 졸업(석사, 박사)
Cornell Law School 졸업(LL.M)
제37회 사법시험 합격
헌법재판소 헌법연구관
미국 뉴욕주 변호사
(현) 서울대학교 법학전문대학원 교수

천연자원과 헌법

초판발행 2020년 12월 30일

지은이 전종익
펴낸이 안종만 · 안상준

편 집 윤혜경
기획/마케팅 조성호
표지디자인 조아라
제 작 고철민 · 조영환

펴낸곳 (주) 박영사
서울특별시 금천구 가산디지털2로 53, 210호(가산동, 한라시그마밸리)
등록 1959. 3. 11. 제300-1959-1호(倫)
전 화 02)733-6771
f a x 02)736-4818
e-mail pys@pybook.co.kr
homepage www.pybook.co.kr
ISBN 979-11-303-3784-5 94360
979-11-303-2631-3 (세트)

정 가 23,000원